丛书顾问

（以姓氏拼音字母为序）

顾明远　裴娣娜　史宁中　宋乃庆
田正平　叶　澜　钟秉林　朱小蔓

丛书编委会

主　任：张斌贤
委　员：（以姓氏拼音字母为序）
　　　　陈时见　程斯辉　褚宏启　杜成宪
　　　　范国睿　傅维利　高宝立　郭　戈
　　　　贺国庆　侯怀银　黄甫全　郝二军
　　　　靳玉乐　贾　娟　柳海民　刘贵华
　　　　刘海峰　刘立德　刘志军　楼世洲
　　　　马晓红　马云鹏　孟繁华　戚万学
　　　　司晓宏　石　鸥　石中英　孙杰远
　　　　田慧生　涂艳国　王建新　王嘉毅
　　　　王维平　吴康宁　肖　朗　徐小洲
　　　　徐　勇　余文森　翟　博　张民选
　　　　周洪宇　周作宇

理学大家周敦颐的教育思想

教育薪火书系·第一辑

孙先英　周　垚　饶益波 ◎著

山西出版传媒集团
山西人民出版社

图书在版编目（CIP）数据

理学大家周敦颐的教育思想/孙先英，周垚，饶益波著.—太原：山西人民出版社，2018.6
（教育薪火书系/张斌贤主编）
ISBN 978-7-203-10415-5

Ⅰ.①理… Ⅱ.①孙… ②周…③饶… Ⅲ.①周敦颐（1017—1073）-教育思想-研究 Ⅳ.①B40-092.441

中国版本图书馆 CIP 数据核字（2018）第 107905 号

理学大家周敦颐的教育思想

著　　者：孙先英　周　垚　饶益波
责任编辑：贾　娟
复　　审：傅晓红
终　　审：员荣亮
装帧设计：李尚斌　张国仁

出 版 者：山西出版传媒集团·山西人民出版社
地　　址：太原市建设南路 21 号
邮　　编：030012
发行营销：0351-4922220　4955996　4956039　4922127（传真）
天猫官网：http://sxrmcbs.tmall.com　电话：0351-4922159
E - mail：sxskcb@163.com　发行部
　　　　　sxskcb@126.com　总编室
网　　址：www.sxskcb.com

经 销 者：山西出版传媒集团·山西人民出版社
承 印 厂：山西出版传媒集团·山西人民印刷有限责任公司

开　　本：787mm×1092mm　1/16
印　　张：13.5
字　　数：250 千字
印　　数：1—3000 册
版　　次：2018 年 6 月　第 1 版
印　　次：2018 年 6 月　第 1 次印刷
书　　号：ISBN 978-7-203-10415-5
定　　价：68.00 元

如有印装质量问题请与本社联系调换

教育薪火 传承不息（总序）

钟秉林

在人类的历史长河中,教育一直伴随人类的文明进程在不断发展进步,那些弥足珍贵的教育著作、教育思想、教育人物和事迹,无时无刻不在拨动着教育工作者的心弦。我们永远无法忘记那些给我们留下宝贵思想财富的教育家,他们的思想、言论和实践,依然是激励我们教育工作者前进的动力。时至今日,教育的发展与变革更成为世界各国应对日趋激烈的国际竞争的重要战略。在科教兴国战略的指导下,党和国家对教育工作给予了高度的重视,深刻认识到教育家对教育事业的重要性。《国家中长期教育改革和发展规划纲要(2010—2020年)》就明确提出:"创造有利条件,鼓励教师和校长在实践中大胆探索,创新教育模式和教育方法,形成教学特色和办学风格,造就一批教育家,倡导教育家办学。"

要想成长为教育家或者在教育实践中能够起到扛鼎作用并非易事,需要我们教育工作者吸收过往教育家留下来的丰富教育营养,清晰地认识什么是真正的教育家,教育家应该具备什么样的素质和条件,做到融会贯通,大胆实践,自成一家。与此同时,在教育改革的大背景下,普通教师同样迫切需要能够在教书育人过程中得到启迪和突破的催化剂,教育家的思想和实践是经过检验的真理,是教学启迪催化剂的最佳选择。

然而,在浩瀚的书海中,以教育家为主线、囊括中外、跨越古今、自成体系的书系并没有面世。山西的《新课程》杂志社和《现代职业教育》杂志社,在教育的广袤园地上深耕多年,熟知一线教师的需求,希望为普通教师策划一套教育理论普及读物，以使广大中小学教师能够"近距离"地接触中外历代教育家的教育思想、实践经验和办学理念，促进教育理论水平的提高，从而更好地开展教育教学实践。书系的策划人与张斌贤教授为理事长的中国教育学会教育史分会的夙愿不谋而合，合作编写一套大规模的、以教育家为主线的书系的想法随之形成。

策划团队把书系命名为"教育薪火"，是希望教育家的教育思想能够薪火相传，不断推动人类文明的发展。"教育薪火"书系拟分为三辑出版，按照中国古代、中国近现代、外国古代和外国近现代分类。第一辑共选择了100余位中外教育家，一位教育家一本书，规模宏大，应该说能够在中国教育出版史上留下浓墨重彩的一笔。所选教育家都是经过书系编委会认真研究、充分论证而定的，他们在教育史上有较大的影响，能够启迪或者感染教育工作者，推进教育和教学的发展。当然，其中有的教育家更为名声在外的不是在教育上，但是他们在教育上的贡献毫不逊色于其他方面的贡献，比如我们熟知的一些革命家；另外，还包括了一些具有地方特色的教育家以及还没有被人们真正认识的教育家。

必须提及的是，中国教育学会教育史分会非常荣幸地邀请到我国著名的教育学者顾明远教授、叶澜教授、史宁中教授、宋乃庆教授、田正平教授、裴娣娜教授和朱小蔓教授等担任书系的顾问，成立了由40位教育学界具有重要影响的学者组成的编委会，为书系的质量保驾护航。

还需提及的是，《新课程》杂志社和《现代职业教育》杂志社为物色学有专长的作者付出了巨大的辛劳。书系的作者地域和院校分布广泛，既有北京师范大学、华东师范大学、东北师范大学、华中师范大学、陕西师范大学、南京师范大学、首都师范大学等师范院校的学者，也包括武汉大学、四川大学、南京大学、南开大学、天津大学、河北大学、河南大学等综合大学的教师。作者以教育史专业的中青年教师为主力军，他们朝气蓬勃、时代感强，研究范围涉猎较广，能大胆地探索和怀疑，一些新的教育研究成果不断涌现，为书系注入了难得的新鲜气息；他们与一线中青年教师同处一个频道，其思维模式很容易被接受。

客观而言,现在每年出版的教育类图书很多很多。一类为实践性强和操作性强的教学类图书,教师拿来就可以在课堂上使用;另一类为理论性强和学术性强的图书,印数少,流通范围小,普通教师往往望而却步。然而,教育理论只有指导教育实践才有存在的价值。在我看来,书系最具特色的价值就是秉承了教育理论通俗化这一理念,在教育理论研究者和普通教师之间架起了一道桥梁。书系以教育家为主线,坚持学术性与普及性并重,用通俗化的语言,或阐述教育家的教育思想精华,或叙写教育家的精彩教育事迹和教育实践,力图"润物细无声",让教师喜欢读,在读中提高素养,深刻理解教育家,形成自己的理论,推进"教育家办学"。

当然,书系在真实性上也颇下功夫。以史料为依据,实事求是叙述,客观全面评价,不有意拔高教育家的贡献,注重教育家闪光点的挖掘和传播,是教育家历史画卷现代版的呈现。书系成规模、系统化,学术性和可读性强,具有较强的收藏价值,非常适合各中小学图书室和大学图书馆选择配置。

中国教育学会教育史分会为教育事业做了一件好事,张斌贤理事长请我作序,我觉得理应支持,欣然应允。

希望广大教育工作者能够认真阅读这套图书,为自己的教育职业生涯发展打下坚实基础,为成长为新时期的教育家而不懈努力。

丁酉年正月于北京
(作者系中国教育学会会长、北京师范大学原校长)

前 言

周敦颐(1017—1073),本名周敦实,又名周元皓,字茂叔,北宋道州营道楼田堡(今湖南省道县)人,北宋著名文学家、哲学家,宋明理学的开山鼻祖,位居"北宋五子"之首,其他四位分别是邵雍、张载、程颢、程颐。著有《周元公集》《爱莲说》《太极图说》《通书》等,晚年定居庐山,为纪念故乡而命名居所旁溪水为濂溪,并名其居所为濂溪书堂,故而后世尊称其为"濂溪先生"。

周敦颐幼年丧父,投奔舅父——当时的龙图阁学士郑向,因聪慧仁孝,深得郑向喜爱。在郑向家居住的这段时间,周敦颐努力学习,参经悟道,为他之后学术水平的提升打下了良好的基础。在舅舅郑向的帮助下,周敦颐得到朝廷的恩荫,当上了将作监的主簿,开始了他的仕途。

1037年,郑向调任两浙转运使,周敦颐随迁润州丹徒县,不久,母亲、舅舅相继去世,周敦颐安葬母亲之后,便在润州鹤林寺守丧,在此期间得到范仲淹的指导。三年守丧期满之后,周敦颐出任洪州分宁县主簿,仕途一直比较顺利。

周敦颐无论在何地做官都非常重视发展当地的教育事业,在公务之余,周敦颐将很多的精力放在了开办学校、培养人才方面,其中最有影响力并一直传为佳话的就是培养了号称北宋理学宗师的二程——程颐和程颢。周敦颐作为二程的老师,对二程的哲学观有着直接的影响,此后,二程又培养出朱熹等赫赫有名的门人弟子,奠定了宋代理学发展的方向。可以说,宋代理学发展源于周敦颐。

嘉祐五年(1060)六月,周敦颐从合州回京,正好遇上了倾慕已久的王安石,两人促膝长谈、相互交流思想,双方都从对方那里得到了新的思想的启悟。嘉祐六年(1061),周敦颐升为国子监博士,通判虔州。在赴任途中,周敦颐应好友潘兴嗣邀在庐山游玩,对庐山产生了深厚的兴趣。熙宁五年(1072),周敦颐在不幸染上瘴疠后萌生了归隐之心,他辞官定居在庐山莲花峰下。次年六月,周敦颐病死于庐山濂溪书堂,终年 57 岁。

周敦颐教育思想的研究具有重要的实用价值,其在各地担任地方官时兴办学校,培养、选拔人才的方式对于当下的中小学办学具有指导意义。周敦颐在师道观方面对教师的标准、教师的职责等方面也有自己的看法,并对教师的重要性给予了充分的肯定,这些思想对于当下教师在教导学生的过程中提升自我,解决教学过程中出现的问题等也有很强的指导意义。此外,周敦颐对人才培养的目标和途径也有一套完整的思想体系,他提出的"立人极"的德育目标,与当下提倡的素质教育非常契合。同时,他提倡的"圣希天,贤希圣,士希贤"的三境界对于提升当前教育的水平也有重要的指导意义。

除了在教育理论上的建树之外,周敦颐在教育方法方面的思想对于广大师生来说则有着直接的指导作用。他总结的立志于学、惩忿窒欲、迁善改过、日积月累、务实慎动、观察体悟等教育方法在当下教育实践过程中仍然行之有效。

总而言之,周敦颐在教育方面做出了很多实践,并且取得了很大的成绩,其教育思想是基于一次次的教育实践得来的宝贵经验,在中国古代教育史上占据了重要的地位,是了解古代教育的重要参考资料,同时在指导当下的教育实践方面具有重要的意义。

基于以上原因,本书通过众多文献的梳理,对周敦颐的师道观、教育目标、教育方法、所使用的教材等方面进行了详尽的介绍。在此基础上,为了探讨周敦颐的教育成果,本书对周敦颐的弟子及其濂溪学派的学术特点进行了详细的阐述。通过对史料的抽丝剥茧,期望以此还原周敦颐教育思想的全貌。

古代的历史、制度纷繁复杂,难以完全掌握,有关这方面的著作也往往过于专业,不容易读懂。限于本书之受众,也为了增加本书的可读性和趣味性,笔者在书中对中国古代的历史、制度以及教育常识等方面也进行了口语化的阐述,同时在书中穿插运用古代历史中的趣味故事,以起到普及知识、吸引读者的作用。当然,由于笔者学识有限,书中也难免存在错误之处,希望广大读者能多提宝贵意见,以便于将来改正。

孙先英

目 录

第一章　周敦颐的师道观　　　　　　　　　　　　1

　　第一节　师道的内容　　　　　　　　　　　　3

　　第二节　师道的实施　　　　　　　　　　　　27

　　第三节　师道的意义　　　　　　　　　　　　41

第二章　周敦颐的教育目标　　　　　　　　　　　53

　　第一节　"立人极"的德育目标　　　　　　　55

　　第二节　"圣希天,贤希圣,士希贤"的三境界　72

　　第三节　"以仁育万物,以义正万民"的标准　83

第三章　周敦颐的教育方法　　　　　　　　　　　95

　　第一节　立志于学　　　　　　　　　　　　　97

　　第二节　惩忿窒欲　　　　　　　　　　　　　99

　　第三节　迁善改过　　　　　　　　　　　　　103

  第四节　日积月累　　　　　　　　　　　　　　106

  第五节　务实慎动　　　　　　　　　　　　　　109

  第六节　观察体悟　　　　　　　　　　　　　　116

第四章　周敦颐讲学中所用的教材及其讲题　　　　119

  第一节　宋代书院讲学之风的兴起　　　　　　　120

  第二节　周敦颐讲授的教材及其讲题　　　　　　124

  第三节　周敦颐讲学中的著名议题　　　　　　　147

第五章　周敦颐的高徒、好友及其濂溪学派　　　　155

  第一节　周敦颐的师承　　　　　　　　　　　　156

  第二节　周敦颐的入室弟子　　　　　　　　　　161

  第三节　周敦颐的学术好友　　　　　　　　　　176

  第四节　周敦颐的主要思想及其创立的濂溪学派　184

参考文献　　　　　　　　　　　　　　　　　　　203

第一章

周敦颐的师道观

周敦颐像

在中华民族光辉灿烂的古代历史文化中,"师道"是这座文化花园里一朵散发着扑鼻幽香的鲜花。早在夏、商、周时期,"师"字就已出现,在甲骨文中有"文师"的字样。"师"字有多种含义,其中有老师、学习的意思,比如我们耳熟能详的唐代韩愈的《师说》中提到的:"古之学者必有师。师者,所以传道受业解惑也。""道"在中国哲学中,是一个很重要的概念。《易经》曰:"一阴一阳谓之道。"其意思是说阴阳的交合是宇宙万物变化的起点。南宋朱熹把《中庸》中的"率性之谓道"的"道"字解释为:"道,犹路也。人物各循其性之自然,则其日用事物之间,莫不各有当行之路,是则所谓道也。"这样看来,所谓"师道",就是指教师应该走的道路。事实上,"师道"有广义和狭义之分。广义的"师道"是指实行教育的理念和规律,它包括教育目的、教育方法、教育作用、教育意义、教育内容、教育原则等。而狭义的"师道",则是指作为老师的原则、规律和方法,它包括怎么做老师、怎么教育学生等。

中国的师道观源远流长,它对社会尊师重教之风尚的形成、教育教学体系的优化都起到了很重要的作用。"师道"的首倡者是开儒学之先、立道统之端的圣人孔子。几千年来,为了纪念他,传播他的学说,弘扬他的道德和精神,全国各地建造了许多孔子庙。这些孔子庙简称孔庙,又称文圣庙,简称文庙。少年儿童入校读书,第一件事就是拜孔子像。学校里每有大型活动,第一项礼仪也是集体给孔子像鞠躬。

孔子及孔子的思想,对于中国人来讲,就像布帛菽粟那样,须臾不可离开。孔子之后又经孟子、荀子、董仲舒、韩愈等人的不断继承和发展,逐渐形成了传统,这些"师道"被古代名儒们倡导和实践,并被当时广大为人师表的教师所向往和追求。而到了宋代,被后人誉为"宋明理学开山鼻祖"的周敦颐,在作品《通书·师第七》中提出了"师为天下善"的观点,这不仅对当时的社会产生了重大影响,而且就现在来看,他的师道观也具有积极的意义,值得我们去领略和体会。

第一节 师道的内容

一、为师标准

探讨师道的内容,首先碰到的一个问题是何为师,为师的标准是什么。在我国古代周朝的时候,以教民之官为师,师即官师,亦师亦官。后来孔子创办私学,官、师分开,师成为专门的、职业的老师。再后来,在社会中,师便成为泛称,凡是那些人格、知识、经验有所长的人都可尊之为师。儒家经典《礼记·学记》记载:"能博喻然后能为师。"[①]也就是说博学多识,然后才有资格做老师。周敦颐在继承了这些观点的同时,也加入了自己的一些看法,通过对《通书》全面的考察,我们认为,在周敦颐看来,他更看重为师者的思想道德素质修养,认为那些身有"德"者才能为师。

什么是"德"呢?按照周敦颐在《通书》中的说法"德:爱曰仁,宜曰义,理曰礼,通曰智,守曰信"。所谓"德",其实就是儒家传统意义上的"仁义礼智信"。

儒家的"仁义礼智信"命题是关于如何处理人与人之间的关系提出来的。用我们现在的话来讲,所谓"仁"就是要心怀怜悯之心,要关爱别人,要帮助那些处于困顿苦难中的人们。"仁"是中华民族道德精神的重要内容,它不仅是最基本的、最高的德,而且还是最普遍的德性标准,成为人们心中的道德理念。中国人讲求仁爱,时至今日我们仍称那些有德者为"仁人",而批评无德者为"不仁"。在传统的中华文化中,"仁"与"人""道"是统一的,它们都是人之所以为人的根本特性,而仁爱之心人人都应该具有。

---

① 阮元校刻:《十三经注疏》,上海:上海古籍出版社,2011年版,第1523页。

所谓"义",简单来说,就是要有责任心,不仅对自己要有责任心,还要时刻以"义"来要求自己,而更重要的是在对待家庭、朋友、社会、国家时,也必须有"义",让自己的思想、行为符合"义"。现在我们有时候批评某个人,经常说他"忘恩负义",就是强调一个人必须有责任心。"义"是中华民族道德精神中一个重要的概念,它体现了社会性的人的特点和价值取向,是中华道德精神的精髓。在中华文化中,对人生的终极目标和根本价值的思考与追求,体现为对"义"的思考与追求。周敦颐说的"义曰宜",是合宜、应该的意思。他认为"义"是人们应该遵循的最高道义。"义"是一种人生观、价值观,比如我们经常说的义不容辞、义无反顾、见义勇为、大义凛然、大义灭亲、义正词严等。另外,"仁""义"同作为中华文化重要的民族道德精神,我们往往将二者并用,如仁义道德、仁至义尽、假仁假义、舍生取义等。

"礼",据东汉许慎《说文解字》记载:"礼,履也,所以事神致福也。从示从豊。"礼是会意字,它的繁体为"禮",从示,从豊。豊字从豆,象形,古代祭祀用的器,用于事神就叫"礼"。所以,"礼"最初的意思是举行仪礼,祭神求福。引申到日常生活中,"礼"就要求我们尊重别人,"礼"也就成为人与人交往之间的一种行为准则和规范。所以《左传》说:"夫礼,天之经也,地之义也,民之行也。""礼"是中华文化的突出精神,它的内容非常丰富:从制度文化层面讲,"礼"是伦理制度和伦理秩序,旧时的"礼制"和"礼教"有很多都已经不适用于今天了,我们应当摒弃;从精神文化层面讲,孔子说"内仁外礼",他认为"礼"与"仁"是相互联系的,它们互为表里,内心仁心爱人,行为体现出恭敬辞让,这就是礼的内在精神,重礼也就成了"礼仪之邦"重要的传统美德。现在,我国公民的基本道德规范就包括"明礼诚信",这里的"明礼",从广义来说,就是我们上文所讲的"礼"所具有的丰富内容;从狭义上说,就是指待人接物的表现要文明、有礼貌。另外,我们经常讲的"礼节""礼仪"等词语,不仅作为个人的道德修养,而且也被运用到处理与他人的关系之中。这些行为规范都是提升人类道德修养和文明水平的途径,已经成为一个人、一个国家文明程度的一种表征和直观展现。

所谓"智",指的是我们在处理事情、处理人与人之间的关系时,一定要有智慧。古人云"一叶落而知秋"就是智的体现。

所谓"信",就是要有信用,要说到做到,对自己承诺过的事情负责到底。

当然,儒家"仁义礼智信"的命题也是经历了一个逐步发展的过程。孔子曾将"智仁勇"称为"三达德",又将"仁义礼"组成一个系统。《礼记·中庸》记载:"子曰:'仁者,人也,亲亲为大;义者,宜也,尊贤为大。亲亲之杀,尊贤之等,礼所生也。'"①这句话的意思是说:仁,就是爱人,亲近自己的亲人最为重要,然后再亲及他人;义,就是处事得宜,尊敬贤者最为重要,然后再推及他人;亲近亲人有亲疏远近等级上的差别;尊敬贤者在德才禄位上也有尊卑高下的等级,这是由礼所生的。在这里,孔子将"礼"具体化和形式化,把它分为"仁"和"义"。"仁"以爱人为核心,"义"以尊贤为核心,"礼"是对仁和义的具体规定。

后来孟子在孔子"仁义礼"的基础上加入了"智",构成"四德"或"四端"。孟子曰:"仁之实,事亲是也;义之实,从兄是也;智之实,知斯二者弗去是也;礼之实,节文斯二者是也。"②这句话的意思是说:仁的本质就是侍奉父母;义的本质就是顺从兄长;智的本质就是要明白仁和义的道理而且不能背离它们;礼的本质就是要做到仁义,不失礼而且态度恭敬。再如孟子的"性善说":"恻隐之心,人皆有之;羞恶之心,人皆有之;恭敬之心,人皆有之;是非之心,人皆有之。恻隐之心,仁也;羞恶之心,义也;恭敬之心,礼也;是非之心,智也。仁义礼智,非由外铄我也,我固有之也,弗思耳矣。"③孟子在"性善说"中认为,同情心,人人都有;羞耻心,人人都有;恭敬心,人人都有;是非心,人人都有。同情心属于仁;羞耻心属于义;恭敬心属于礼;是非心属于智。

后来西汉的董仲舒又将"信"纳入其中,并称仁义礼智信为"常道",把它们说成是与天地长久的经常法则,号"正常"。曰:"仁义礼智信五常之道。"④

在这里,周敦颐继承了儒家"仁义礼智信"的优良传统,更是将"仁义礼智信"解释为爱、宜、礼、通、守等概念,而且对"仁"和"义"还创造性地做出了一番详细的阐述,提出了一些自己的观点。

"圣可学乎?"曰:"可。"曰:"有要乎?"曰:"有。""请问焉。"曰:"一

---

① 阮元校刻:《十三经注疏》,上海:上海古籍出版社,2011年版,第1629页。
② 阮元校刻:《十三经注疏》,上海:上海古籍出版社,2011年版,第2723页。
③ 阮元校刻:《十三经注疏》,上海:上海古籍出版社,2011年版,第2749页。
④ 班固著:《汉书》,北京:中华书局,1964年版,第2505页。

为要。一者无欲也,无欲则静虚、动直,静虚则明,明则通;动直则公,公则溥。明通公溥,庶矣乎!"①

《通书·圣学第二十》

在这里,周敦颐将"仁"在爱人的基本概念上增加了"无欲"的内容,所谓"无欲"就是没有私欲。周敦颐认为"仁"的外在表现为"爱人",其内在表现则是"无私"。只有无私,才能要求从自己做起。而且在《通书·爱敬第十五》中说:"君子希有众善,无弗爱且敬焉。"认为虚心好学,并博爱大众,则能"贵且尊"。这是圣人、君子应该具有的道德修养,也是为师者应该具有的道德品质。仁者爱人,爱人是人对于自我的发现、肯定和尊重,也是由人心中发出,而施于人的。仁由心生,而不是由物生发,仁即无私。"己所不欲,勿施于人",要求从自己做起,要树立自己的主体人格意识。这也正是作为老师应该追求的职业品性。

"宜曰义",按照周敦颐的理解,这里的"宜"是指人们行事要合于时宜、事理,也就是准确掌握行事的分寸。首先,在周敦颐看来,"义"是非常重要的,《通书·顺化第十一》中说:"故圣人在上,以仁育万物,以义正万民。""义"是圣人教化百姓的工具。其次,在他看来,"义"的外在表现是正直,其内核则是羞辱之心。因此,"义"作为"德"的一个内容、一项为师的标准,是极其重要的。正如周敦颐在《通书·道第六》中所言:"圣人之道,仁义中正而已矣。守之贵,行之利,廓之配天地。岂不易简?岂为难知?不守,不行,不廓耳!"

从上面我们看出,周敦颐的师道观继承了儒家的"五常"说。另外,值得注意的是,周敦颐不仅认为为师要有"德",而且在端正对待"德"的态度上,也提出了自己的看法。

文,所以载道也。轮辕饰而人弗庸,徒饰也。况虚车乎?文辞,艺也;道德,实也。笃其实,而艺者书之,美则爱,爱则传焉。贤者得以学而至之,是为教。故曰:"言之无文,行之不远。"然不贤者,虽父兄临之,师保勉之,不学也,强之不从也。不知务道德,而第以文辞为能者,艺焉而已。噫!弊也久矣!②

《通书·文辞第二十八》

---

① 周敦颐:《周敦颐集》,北京:中华书局,2009年版,第31页。
② 周敦颐:《周敦颐集》,北京:中华书局,2009年版,第35页。

第一章 周敦颐的师道观

君子以道充为贵,身安为富,故常泰无不足。而铢视轩冕,尘视金玉,其重无加焉尔!①

《通书·富贵第三十三》

在《文辞》这一章中,周敦颐探讨了"文辞"和"道德"的关系,认为"文辞,艺也;道德,实也",文辞不过是外在的形式,是传达"道"的凭借,而"德"才是实际、实在的。作为老师,必须要"学而至之",才能教书育人,并认为现在社会的这种取舍失当,已经是久弊,如果要为人师表,就必须正确处理这个问题。

周敦颐在这里探讨的"文辞""道德""富贵"等关系,和孔子在《论语·雍也》中说的"质胜文则野,文胜质则史,文质彬彬,然后君子"有诸多相似。孔子的这句话是说:质朴多于文采,就像个乡下人,流于粗俗;文采多于质朴,就流于虚伪、浮夸。而只有质朴和文采配合恰当,才是君子。孔子的这段话确切地说明了文与质的对立统一,文与质相互依存,不可分离,只有恰当地处理文质关系,才能达到文质彬彬般理想的君子人格模式。

周敦颐在这里指出的"文辞"和"道德"的命题,从文化人类学的角度来理解,"道德"是指人类朴素的本质,"文辞"则指文化的累积。文辞是重要的,如果没有了文辞,人们可能就像孔子所说的那样,是一些粗野、落后的原始人。但另一方面,"道德"才是人们本质的东西,"文辞,艺也;道德,实也",如果太注重文辞而使其超越了本质的道德,就会如同孔子说的那样,显得浮夸和没根基。从个人修养的角度来理解,"道德"是指质朴的品质,"文辞"则是指文化的修养。那么,太注重文辞,就会让人过于文雅,显得像个酸秀才、书呆子,注重繁文缛节而不切实际。

从某种角度讲,周敦颐在这里提到的"道德"和"文辞"的关系,包括了写作、艺术、审美的内容和形式,以及内在美与外在美、质朴与文饰等诸多内容,我们可以从这些方面加以理解和发挥。比如南宋末年大词人张炎,张炎是宋词最后一位重要的词人,一般选宋词的书,选到最后,就得选张炎的,讲到最后,也得讲张炎。张炎在他的词中寄托了乡国衰亡之痛,备极苍凉。张炎精通音律,审音拈韵,细致入微,遣词造句,流丽清畅。在词的创作中,张炎主张"清空"

---

① 周敦颐:《周敦颐集》,北京:中华书局,2009年版,第40页。

"骚雅",倾慕周邦彦、姜夔。而对于吴文英,张炎认为他雕琢太过,词意晦涩而且格调不高。因此,在《词源》下卷中批评吴文英的词作:"梦窗词如七宝楼台,炫人眼目,碎拆下来,不成片段。"

在《富贵》这一章中,周敦颐认为钱财和官位不过是身外之物,对自身道德修养的追求就是贵,安身立命就是富,真正的富贵应该是对真知道义的追求,以至达到至美至善的境界。这一点我们可以从晋代陶渊明的事迹中体会到。

根据《晋书·陶潜传》记载,陶渊明是东晋后期的大诗人、文学家。东晋末期,朝政日益腐败,官场黑暗。陶渊明生性淡泊,正如他自己在《五柳先生传》中所言:"闲静少言,不慕荣利。好读书,不求甚解。"在家境贫困、入不敷出的情况下仍然坚持读书作诗。他关心百姓疾苦,有着"猛志逸四海,骞翮思远翥"的志向。由于看不惯官场上的那一套恶劣作风,不久就辞职回家了,随后州里又来召他做主簿,他也辞谢了。

后来陶渊明又断断续续地在江州刺史桓玄、镇军将军刘裕等人的门下当过几任参军一类的小官,并最终因生计所迫、亲友所劝而当了彭泽的县令。公元405年秋,42岁的陶渊明到彭泽担任县令。这年冬天,在陶渊明到任81天时,恰巧浔阳郡派遣督邮来检查公务,浔阳郡的督邮刘云以凶狠贪婪远近闻名,每年两次以巡视为名向辖县索要贿赂,每次都能捞到很多好处,如果你不答应他,他就会栽赃陷害你。这次他一到彭泽,就差县吏去叫县令陶渊明来见他。陶渊明不是个阿谀奉承的人,不肯趋炎附势,对这种"拿着鸡毛当令箭"的人很是看不起,但为了养家糊口,他也不得不去见一见。在陶渊明准备动身的时候,县吏拦住陶渊明说:"大人,参见督邮要穿官服,并且束上大带,不然有失体统,督邮如果乘机以此大做文章,会对大人不利的!"这一下,陶渊明再也忍受不下去了,他长叹一声说:"吾不能为五斗米折腰,拳拳事乡里小人邪!"这句话的意思是说:我怎能因为县令五斗的薪俸,就低声下气地侍奉这些小人。说完,陶渊明索性取出官印,将它封好,并且马上写了一封辞职信,随即离开只当了80多天县令的彭泽。

辞官之后的陶渊明安贫守节,与妻子翟氏躬耕陇亩,过着"夫耕于前,妻锄于后"的生活。尽管生活不易,但陶渊明始终不愿为官禄所累。宋文帝元嘉元年

(424),江州刺史檀道济亲自到他家访问,他对江州刺使送来的米和肉坚拒不受。朝廷曾征召他任著作郎,也被他拒绝了。

陶渊明不为五斗米折腰的故事为我们留下一段佳话。在当时的社会,如果他愿意,即使谈不上荣华富贵,但至少可以不为吃穿发愁。可是陶渊明为了守护自己的赤子之心,不愿意向世俗低头,最后他毅然决然地选择了艰苦但自由的人生道路。有失必有得,归隐后清贫的生活让陶渊明获得了心灵的自由,让他发现了田园生活中那些不为人们重视的美,他将笔端对准它们并写出了具有独特风格并流传百世的诗文。如他的《饮酒·其五》一诗:

> 结庐在人境,而无车马喧。
> 问君何能尔?心远地自偏。
> 采菊东篱下,悠然见南山。
> 山气日夕佳,飞鸟相与还。
> 此中有真意,欲辨已忘言。①

通过《文辞》和《富贵》两章内容来看,在周敦颐的师道观里,"德"不仅是评价一个人是否能成为师的标准,而且对每个人来讲,对于"德"的追求才是人生意义之所在。一个放弃对"德"的追求,放弃对内心学识道德修养追求的人,而对外在的形式之美或身外的富贵荣宠表现出异常执着的人,他们的人生价值观都是不可取的,他们没有为师的资格,更谈不上"师道"了。周敦颐自己就是这样一个有"德"之人,这一点我们可以从周敦颐脍炙人口的《爱莲说》中看出来:

> 水陆草木之花,可爱者甚蕃。晋陶渊明独爱菊。自李唐来,世人盛爱牡丹。予独爱莲之出淤泥而不染,濯清涟而不妖,中通外直,不蔓不枝,香远益清,亭亭净植,可远观而不可亵玩焉。
>
> 予谓菊,花之隐逸者也;牡丹,花之富贵者也;莲,花之君子者也。噫!菊之爱,陶后鲜有闻。莲之爱,同予者何人?牡丹之爱,宜乎众矣。②

---

① 陶渊明:《陶渊明集》,北京:中华书局,1979年版,第89页。
② 周敦颐:《周敦颐集》,北京:中华书局,2009年版,第53页。

理学大家周敦颐的教育思想

北宋神宗熙宁四年（1071），周敦颐到星子（今江西省星子县）任南康知军。周敦颐对莲花颇为喜爱，到了星子后，他在军衙东侧挖开了一口池塘，里边全部种上荷花。当时已五十五岁的周敦颐身体状况并不是很好，所以经常到这口池塘来观赏荷花，以求得身心的安宁。有时他独身一人前往，有时邀得三五幕僚好友，于是这篇脍炙人口的散文《爱莲说》便问世了。

《爱莲说》虽然只有一百来字，但字字珠玑，历来为人所传诵。周敦颐仕途偃蹇，仕宦三十余年以来，一直沉沦下僚，在地方辗转。他晚年之所以卜居庐山，庐山秀美的风景固然是其原因之一，但人文环境才是他隐居于此真正的决定性因素。东晋名僧慧远与陶渊明曾在庐山结成莲社，这层历史渊源正映衬了周敦颐的退隐之意。面对古贤，周敦颐在感叹"菊之爱，陶后鲜有闻"后，自然发出心声："莲之爱，同予者何人？"

周敦颐是一个淡泊名利、不求闻达的人。北宋文学大家黄庭坚在《豫章集·濂溪诗序》中称誉他说："人品甚高，胸怀洒落，如光风霁月……"他的这种高洁的人品，诚如他的传世散文佳作《爱莲说》，恰恰是他洒落胸怀所透射出的精神折光。荷花，是中国古代文学中一个重要的意象，古往今来文人骚客喜爱吟咏它，不过大多数文人都是惊叹于它"清水出芙蓉，天然去雕饰"的清姿素容。但周敦颐的这篇《爱莲说》却匠心独运，他通过对莲的形象和品质的描写，歌颂了莲花坚贞的品格，从而表达了作者洁身自爱的高洁人格和洒落的胸襟。

文章先写了陶渊明爱菊和世人盛爱牡丹的情况，从正反两方面作比较，并以此为铺垫，然后才从容不迫地说出自己喜爱莲花的原因——"出淤泥而不染，濯清涟而不妖，中通外直，不蔓不枝，香远益清，亭亭净植，可远观而不可亵玩焉"。这是一段脍炙人口的名句，句句说的都是莲花，而同时句句又都是在说君子的道德品行。接下来作者又分别把菊、牡丹和莲花称为花中的"隐逸者""富贵者"和"君子"，以比喻的方式，巧妙地把借花喻人的用意点了出来，赞颂了像莲花那样的君子的高尚志节，而对追求富贵的世俗思想加以讽刺。

值得注意的是，周敦颐的这篇《爱莲说》不仅充分展现了"莲文化"的魅力，而且还暗含佛学的意蕴。在周敦颐的思想中有佛教的渊源，这正如明代黄绾在《明道编·卷一》中所说："宋儒之学，其入门皆由于禅。濂溪、明道、横渠、象山由于上乘;伊川、晦庵皆由于下乘。"在《河南程氏遗书·卷六》中,"二程"及其弟子在游定夫中也说:"周茂叔穷禅客。"这说明了周敦颐的佛学渊源。另外,从与周敦颐交游的这些人中我们也可以看出他的佛学渊源。周敦颐和赵抃、潘兴嗣等人友善,其亦私淑苏轼、黄庭坚二人。而赵抃是佛慧法泉禅师的法嗣(注:具有传承的师徒关系),潘兴嗣是黄龙慧南禅师的法嗣,苏轼是东林常总禅师的法嗣,黄庭坚是黄龙祖心禅师的法嗣,诸公于佛法皆有契会。周敦颐往往在公事之余,与诸公参禅问道。比如在《万安香城寺别虔守赵公》一诗中就有"公暇频陪尘外游,朝天仍得送行舟。……谈终道奥愁言去,明日瞻思上郡楼"的语句。周敦颐虽一生为官,然公事之余,徜徉于佳山胜水之间,参禅问道于佛寺道观之中,以其天资超迈而自得于心,终能有所发挥,作《太极图说》《通书》,融儒释道于一炉,专言性理诚静的道理,从而开启宋代儒家道学的先河。

周敦颐一生与佛教结下了不解之缘,乃是不争的事实。而莲花也往往和佛教有着十分密切的关系,在佛教寺庙中随处都可以看到莲花的形象。莲花"出淤泥而不染"的生长特性与佛教教义相吻合。佛教是着重寻求解脱人生苦难的宗教,它将人生看作苦海,希望人们能从苦海中摆脱出来,其解脱的途径是:此岸—济渡—彼岸。莲花生长在污泥浊水中,但却不为污泥所染,最后开出无比鲜美的花朵,可谓超凡脱俗。莲花生长在污泥之中,就犹如人生在浊尘的世界,这自然要与污浊相处在一起,受许多邪恶污秽事物的侵扰。佛教要求人们不要受世间邪恶污秽的侵扰和影响。

在佛教中莲花是一种祥瑞之兆。传说佛祖降生时,皇宫御苑中出现了八种瑞相,其中最主要的一种瑞相便是池中突然长出大如车轮的白莲花。佛祖降生时,在他的舌根上放射出千道金光,每一道金光化作一朵千叶白莲,每朵莲花之中坐着一位盘足交叉、足心向上的小菩萨。同时莲花又是佛教中的美好圣洁之物,佛教中往往以莲花作比喻,以莲花为代表。比如在佛教故事中,佛祖释迦牟尼的母亲,就长着一双莲花般美丽清亮的大眼睛。另外,佛教有"花开见佛性"的说法,这里的花指的就是莲花,也就是莲的智慧和境界。人有了莲的心境,就出现了佛性。因此,佛经常常将莲性比佛性。《大智度论·释初品中户罗波罗蜜下》中说:"比如莲花,出自污泥,色虽鲜好,出处不净。"《佛说四十二章经》中说:"我为沙门,处于浊世,当如莲花,不为污染。"

理学大家周敦颐的教育思想

周敦颐在《爱莲说》中说的"出淤泥而不染,濯清涟而不妖,中通外直,不蔓不枝,香远益清,亭亭净植"深受佛教思想影响,在周敦颐看来,佛性不过是人性的映射,莲的自性清净、在泥不染也是一种人格要求,佛教要求人们摆脱欲望和邪见的污染,"灭染成净",而周敦颐的君子之说援佛入儒,用佛学比附儒学,把人性修养问题从儒家日常生活领域提升到了一个更为高深的哲学层次。

二、为师职责

教师的职业,不同于其他所有的职业,它是培养人、教育人、塑造人的职业,是人类灵魂的工程师。正所谓"学高为师,身正为范",教师的一切言行举止都深深地影响着学生,都是学生的榜样。那么,在周敦颐这里,他认为为师的职责又是什么呢?

> 圣希天,贤希圣,士希贤。伊尹、颜渊,大贤也。伊尹耻其君不为尧、舜,一夫不得其所,若挞于市;颜渊不迁怒,不贰过,三月不违仁。志伊尹之所志,学颜子之所学,过则圣,及则贤,不及则亦不失于令名。[①]
>
> 《通书·志第十》

在这里,周敦颐明确提出"志伊尹之所志,学颜子之所学"就是为师职责。要想了解周敦颐关于为师职责的看法,对"志伊尹之所志,学颜子之所学"的解读就是我们打开这扇大门的钥匙。那么,什么是"志伊尹之所志,学颜子之所学"呢?

所谓"伊尹之志",其原文出自《孟子·尽心》:

> 公孙丑曰:"伊尹曰:'予不狎于不顺,放太甲于桐,民大悦。太甲贤,又反之,民大悦。'贤者之为人臣也,其君不贤,则固可放与?"
>
> 孟子曰:"有伊尹之志,则可;无伊尹之志,则篡也。"[②]

[①] 周敦颐:《周敦颐集》,北京:中华书局,2009年版,第22页。
[②] 阮元校刻:《十三经注疏》,上海:上海古籍出版社,2011年版,第2769页。

这里，孟子认为，如果贤能的人有伊尹爱君的志向，就可以放逐国君；如果没有伊尹秉忠心以爱君，就会在放逐国君时心生篡位之意，这是不正确的。为了更好地理解"伊尹之志"，我们先了解一下伊尹这个人物。

伊尹，名伊，一说名挚，夏末商初人，曾辅佐商汤王建立商朝，被后人尊称为中国历史上的贤相，奉祀为"商元圣"。伊尹是商初重臣之一，甲骨卜辞中称他为伊，金文则称为伊小臣。相传伊尹生于伊水边，自幼被有莘国国君的御用厨师收养，从小对烹调技法耳濡目染。长大后，伊尹感到自己虽然掌握了一些具体的烹饪技能，但对一些食材的生长情况和特点却了解不多，很难进行创新和进一步提高。于是他决定离开师父，到"有莘之野"隐居躬耕。《孟子》及山东东昌、莘县的旧县志中都有关于伊尹耕莘的记载。莘地（即今山东省莘县）土地肥沃，生物繁茂，是躬耕的理想之地。于是伊尹便只身来到莘野北部（今莘县城北），造庐垦荒，种谷种豆，养鸡养羊，结网打鱼，过起了自种、自养、自猎、自烹、自食的生活。在莘县的生活经历，让伊尹对食品有了更深入的认识，其烹调理论得到了很大提高。

在莘地的时候，伊尹见有莘国君有贤德，想劝说他起兵灭夏。为接近有莘国君，他自愿沦为奴隶，充任有莘国君贴身厨师。国君发现其才干，提拔为管理膳食之官。经过长期观察，伊尹终于发现，有莘氏与夏同姓，均为夏禹之后，血缘联系难以割断，况且有莘国小力弱，不足以担当灭夏重任。伊尹见商汤有贤德，只有汤才是理想人选，于是决定投奔汤。自愿当奴隶，借着有莘国君嫁女给商汤的机会，充当陪嫁来到商汤身边，做起了厨师。商汤渐渐发现这个厨师不一般。有一次，商汤询问饭菜的事，伊尹借机说："做菜既不能太咸，也不能太淡，要调好佐料才行；治国如同做菜，既不能操之过急，也不能松弛懈怠，只有恰到好处，才能把事情办好。"又借烹调"至味"，说明任用贤才、推行仁义之道可得天下的道理，而只有得天下者才能享用人间所有的美味佳肴。还分析天下形势，劝商汤施仁政灭夏。商汤听了，很受启发，任命伊尹为"阿衡"（宰相）。在商汤和伊尹的经营下，商汤的力量开始壮大，最终推翻了夏朝。伊尹研究美食，没有忘记以天下为己任。《孟子》一书中记载："伊尹躬耕于有莘之野而乐尧舜之道。"在他心目中，整个人世间好比做菜的厨房，他把复杂的治国之道讲成令人垂涎的食谱。老子说的"治大国若烹小鲜"，就是借用伊尹对商汤所说的治国道理。

伊尹虽奴隶出身，却乐尧舜之道。因为后来被商汤封官为尹，故以伊尹之名传世。据《尚书·商书》记载,伊尹辅佐商汤灭夏,又帮助商汤制定了各种典章制度,使商朝初期社会稳定,经济发展,从而名扬天下。商汤死后,伊尹历经外丙、仲壬,又做了汤王长孙太甲的师保。后来太甲不遵守商汤的大政方针,为了教育太甲,伊尹将太甲安置在特定的教育环境中——商汤墓葬之地桐宫,他本人与诸大臣代为执政,史称"共和执政",并著《伊训》《肆命》《徂后》等训词,讲述如何为政,什么事可以做,什么事不可以做,以及如何继承商汤的法度等问题。在伊尹创设的特定教育环境中,太甲守桐宫三年,追思商汤的功业,深刻反省,"处仁迁义",学习伊尹的训词,逐渐认识了自己的过错,悔过反善。当太甲有了改恶从善的表现后,伊尹便适时亲自到桐宫迎接他,并将王权交给他,自己仍继续辅佐太甲。在伊尹的耐心教育下,太甲复位后"勤政修德",继承商汤之政,果然有了良好的表现。商朝的政治又出现了清明的局面。《史记》载:"诸侯咸归殷,百姓以宁。"于是伊尹又作《太甲》三篇、《咸有一德》一篇,褒扬太甲。太甲终成有为之君,被其后代尊称为"大宗"。

在《孟子》和《通书》中,孟子和周敦颐的切入点稍有不同,周敦颐认为太甲不守尧舜之道,因而被伊尹放逐;孟子是从太甲放于桐宫,而伊尹无篡位之意出发。其实他们的精神实质都是一样的,都认为"伊尹之志"就是推崇"尧舜之道"。正如朱熹所言:"志伊尹之所志,不是至于私。大抵古人之学,本是欲行。伊尹耕于有莘之野,而乐尧舜之道,凡所以治国平天下者,无一不理会。"[①]周敦颐认为教师教育学生要以伊尹为榜样,致力于治理国家,心系百姓,为人们造福,培养学生的责任感和使命感。

那么,什么又叫"学颜子之所学"呢?颜子即颜回,字子渊,春秋末期鲁国曲阜人,他是孔子最喜欢的弟子,其主要事迹见于《论语》。从汉代起,颜回就被列为七十二贤之首,孔门十哲之首,有时祭孔时独以颜回配享。此后历代统治者不断追加谥号:唐太宗尊之为"先师",唐玄宗尊之为"兖公",宋真宗加封为"兖国公",元文宗又尊为"兖国复圣公",明嘉靖九年改称"复圣"。至今,山东曲阜还有复圣庙。

在颜渊生活的那个时代,周天子的王权继续衰落,而且各诸侯国也逐渐衰

[①]周敦颐:《周敦颐集卷之四》,长沙:岳麓书院,2007年版,第70页。

落了,鲁国在经过"三桓专权"(三桓即鲁桓公后裔孟孙氏、叔孙氏、季孙氏)以及"陪臣执国命"两个时期后,不仅宫室衰败,鲁国旧日的贵族世家也大都衰落。颜氏家族到了颜回父子时,除了保有祖传的贵族身份及颜路的鲁卿大夫头衔外,便只有陋巷简朴的住宅及五十亩郭外之田,十亩郭内之圃了。在生产力极为低下的春秋时期,些许田产难以维持一个贵族家庭的生计,颜回父子不得不省去作为贵族家庭的一般性开支,简居于陋巷。

颜回十三岁拜于孔子门下,颜回刚入孔门时,在弟子中年龄最小,性格内向,沉默寡言,才智较少外露,有人便觉得他有些愚。清代的马骕在《绎史》引《冲波传》中记载了这样一件事:

> 子路、颜回浴于洙水,见五色鸟,颜回问,子路曰:"荧荧之鸟。"后日,颜回与子路又浴于泗水,更见前鸟,复问由:"识此鸟否?"子路曰:'同同之鸟。'颜回曰:"何一鸟而二名?"子路曰:"譬如丝绡,煮之则为帛,染之则为皂。一鸟二名,不亦宜乎?"

有一次,颜回和子路一起去洙水洗澡,在途中他们看见了一只五色鸟,颜回便问子路这是什么鸟。子路回答说:这叫荧荧鸟。过了些日子,颜回和子路又去泗水洗澡,又在河中碰见五色鸟,颜回就再次问子路:您认得这种鸟吗?子路回答说:这叫同同鸟。颜回于是反问子路:为什么同一只鸟却有两个不同的名字呢?子路说:就像鲁绢一样,用清水漂洗就是帛,用颜色染就是皂,一种鸟两个名字不是很自然吗?

颜回平时性格很内向,沉默寡言,不向别人炫耀自己的才智,看起来给人一种很笨拙的感觉,颜回的忠厚与内向,掩盖了他的聪颖善思,就连孔子一开始也认为颜回是个愚钝之人,正如《论语·为政》所言:"子曰:'吾与回言终日,不违,如愚。退而省其私,亦足以发,回也不愚。'"孔子向颜回讲课,一整天下来颜回从不提出异议和疑问,像是蠢笨的样子。在颜回回去之后,孔子考察他日常生活中的言行,发现他在现实生活中方方面面的作为都能够发挥自己所讲授的知识与经验,颜回其实并不蠢笨。颜回是孔子得意的学生,孔子称赞他:"一箪食,一瓢饮,在陋巷,人不堪其忧,回也不改其乐。"为人谦逊好学,"不迁怒,不贰过"。在《论语·雍也》里也称赞他"贤哉回也""回也,其心三月不违仁"。

颜回也非常尊重老师，对孔子无事不从、无言不悦。《论语·子罕》记载："颜渊喟然叹曰：'仰之弥高，钻之弥坚，瞻之在前，忽焉在后！夫子循循然善诱人，博我以文，约我以礼，欲罢不能。既竭吾才，如有所立卓尔。虽欲从之，末由也已。'"颜回赞誉孔子的学问：越是抬头看，就越觉得它高明；越是用力钻研，就越觉得它深奥。看着它似乎在前面，等我们向前面寻找时，它又忽然出现在后面。老师的道虽然这样高深和不易捉摸，可是老师善于有步骤地诱导我们，用各种文献知识来丰富我们，提高我们，又用一定的礼节来约束我们，使我们想停止学习都不可能。我已经用尽我的才能，似乎已能够独立工作，要想再向前迈一步，又不知怎样做了。颜回的聪敏过人、虚心好学，使他较早地认识到孔子学说的精深博大，他对孔子的尊敬已超出一般弟子的尊师之情。他以尊崇千古圣哲之情尊崇孔子，其亲若父与子。所以在少正卯与孔子争夺弟子时，曾使"孔子之门三盈三虚"，唯有颜回未离孔门半步。

周敦颐对颜渊是极其推崇的，在《通书》中有很多章都涉及颜子。

夫富贵，人所爱也，颜子不爱不求，而乐乎贫者，独何心哉？天地间有至贵至爱可求而异乎彼者，见其大而忘其小焉尔！见其大则心泰，心泰则无不足，无不足则富贵贫贱处之一也。处之一，则能化而齐，故颜子亚圣。[①]

《通书·颜子第二十三》

不愤不启，不悱不发。举一隅不以三隅反，则不复也。子曰："予欲无言，天何言哉！四时行焉，百物生焉。"然则圣人之蕴，微颜子殆不可见。发圣人之蕴，教万世无穷者，颜子也。圣同天，不亦深乎！常人有一闻知，恐人不速知其有也，急人知而名也，薄亦甚矣！[②]

《通书·圣蕴第二十九》

在《颜子》这一章里，周敦颐从颜渊虽处贫穷却自得其乐的心态出发，阐述了颜子安贫乐道、超脱世俗的追求，洞见道体，自得其乐，达到亚圣的境界。在《圣蕴》这一章里，周敦颐探讨颜子境界远于贤而近于圣，独怀圣人不言之义，与圣心相契无间，以自身默修实践功夫阐明圣学渊源之蕴，给后学者无穷之教化。

[①]周敦颐：《周敦颐集》，北京：中华书局，2009年版，第32页。
[②]周敦颐：《周敦颐集》，北京：中华书局，2009年版，第36页。

第一章　周敦颐的师道观

在周敦颐心中，他是非常推崇颜渊的，而且在教育自己的学生程颐、程颢时，也往往举颜渊的例子，周敦颐教导程氏兄弟要思索"孔颜乐处"：颜回身居陋巷，不改其乐；孔子"饭疏食饮水，曲肱而枕之，乐亦在其中矣"。后来据《二程遗书》记载："昔受学于周茂叔，每令寻颜子、仲尼乐处，所乐何事""自十五六时受学于周"。可见周敦颐倡言的"孔颜之乐"对程颢、程颐兄弟的影响之大。

据《宋史·道学传》记载："程颐，字正叔。年十八，上书阙下，欲天子黜世俗之论，以王道为心。游太学，见胡瑗问诸生以颜子所好何学。"有一天，程颐游太学，宋朝的太学是皇室的最高学府，当时的太子中允、天章阁侍讲、著名的"北宋三先生"之一的胡瑗在太学教授诸生，出了一个题目让学生作答，题目为《颜子所好何学论》。这个题目来源于《论语·雍也》。子曰："贤哉回也，一箪食，一瓢饮，在陋巷，人不堪其忧，回也不改其乐。贤哉回也！"颜回是孔子弟子中的佼佼者，孔子很喜欢他，颜回家里很穷，居住在陋巷，但是他不以为意，依然"不改其乐"，那么颜回所乐的到底是什么事情，有什么事情能够让达不到吃饱穿暖这些基本要求的颜回如此忘我陶醉，如此不知疲倦呢？程颐也写了一篇策论，题目为《颜子所好何学论》，《宋元学案·卷十六·伊川学案下》收录了这篇文章：

> 圣人之门，其徒三千，独称颜子为好学。夫《诗》、《书》、六艺，三千子非不习而通也，然则颜子所独好者，何学也？学以至圣人之道也。

> 圣人可学而至与？曰：然。学之道如何？曰：天地储精，得五行之秀者为人。其本也真而静，其未发也五性具焉，曰仁义礼智信。形既生矣，外物触其形而于动中矣，其中动而七情出焉，曰喜怒哀惧爱恶欲。情既炽而益荡，其性凿矣。

> 是故觉者约其情使合于中，正其心，养其性，故曰"性其情"。愚者则不知制之，纵其情而至于邪僻，牿其性而亡之，故曰"情其性"。

> 凡学之道，正其心，养其性而已。中正而诚，则圣矣。君子之学，必先明诸心，知所养，然后力行以求至，所谓"自明而诚"也。故学必尽其心，尽其心则知其性。知其性，反而诚之，圣人也。故《洪范》曰："思曰睿，睿作

圣。"诚之之道,在乎信道笃。信道笃则行之果,行之果则守之固,仁义忠信不离乎心,造次必于是,颠沛必于是,出处语默必于是。久而弗失,则居之安,动容周旋中礼,而邪僻之心无自生矣。

故颜子所事,则曰"非礼勿视,非礼勿听,非礼勿言,非礼勿动"。仲尼称之,则曰"得一善则拳拳服膺,而弗失之矣",又曰"不迁怒,不贰过","有不善未尝不知,知之未尝复行也"。此其好之笃,学之之道也。视听言动皆礼矣,所异于圣人者,圣人则不思而得,不勉而中,从容中道;颜子则必思而后得,必勉而后中。故曰:颜子之与圣人,相去一息。

孟子曰:"充实而有光辉之谓大,大而化之之谓圣,圣而不可知之谓神。"颜子之德,可谓充实而有光辉矣;所未至者,守之也,非化之也。以其好学之心,假之以年,则不日而化矣。故仲尼曰:"不幸短命死矣!"盖伤其不得至于圣人也。所谓化之者,入于神而自然,不思而得,不勉而中之谓也,孔子曰"七十而从心所欲,不逾矩"是也。或曰:"圣人,生而知之者也。今谓可学而至,其有稽乎?"曰:"然。孟子曰:'尧、舜,性之也;汤、武,反之也。'性之者,生而知之者也;反之者,学而知之者也。"又曰:"孔子则生而知也,孟子则学而知也。后人不达,以谓'圣本生知,非学可至',而为学之道遂失。不求诸己而求诸外,以博文强记、巧文丽辞为工,荣华其言,鲜有至于道者,则今之学与颜子所好异也。"

在这篇文章中,程颐开宗明义,认为颜子一生所追求的就是达到圣人的道德和境界。在文中说:"圣人之门,其徒三千,独称颜子为好学。夫《诗》、《书》、六艺,三千子非不习而通也,然则颜子所独好者,何学也?学以至圣人之道也。"孔子的门生有3000人,精通六艺之学的也有72人,但是没有一个人像颜回这样好学到痴迷的地步。程颐认为这是因为唯独颜回想真正地学到圣人的"道",这个得"道"正是颜回快乐的源头所在。

紧接着程颐从人的本性角度论述了人性的纯粹至善,他认为人的本性是真而静的,但随着外部环境的影响,人的本性慢慢产生了变化,一个是"性其情",另一个是"情其性"。前者通过个人的努力,摒弃了心性中不好的因素,让本性归于中正,而后者则是纵情恣欲,放任而不知节制,最后就只会成为恶人。人是秉承天地的精气而生的,因此人的本性是"真而静",每个人生来都具备"仁义礼智信",程颐把这叫做"五性",当新生的人接触到世俗的时候,就产生了七情——喜怒哀惧爱恶欲。聪明人懂得"约其情使合于中",达到中庸养生之道,而"愚者则不知制之,纵其情而至于邪僻,梏其性而亡之"。学习的目的就在于教导人不要走入邪僻的地步,而应该修身养性。当人能够达到"中正而诚"的境界时,就成为"圣贤"了。古人曾经认为圣人是生而知之的人,即一出生就通晓世间道理的人,程颐对这个观点进行了反驳,他认为圣人同样可以通过学习而达到,并且以孔子、孟子为例说"孔子则生而知也,孟子则学而知也"。

整体上程颐认为,颜子不仅具有先天优良的个人禀性,更重要的是通过后天个人的努力,最后终于有所成。程颐评价他说:"颜子之与圣人,相去一息。"

胡瑗看到了程颐的这份答卷,非常吃惊,当即将程颐请来相见,两人相谈甚欢。从此胡瑗对程颐非常看重,除了给他安排官职之外,还向当时的权贵极力推荐他。当时的学界名流吕公著认识程颐以后,也被他的学识所折服,因此将自己的儿子吕希哲送到程颐门下学习。这之后跟程颐学习的人络绎不绝,"而四方之士,从游者日众"。程颐也尽心尽力地将自己所学的东西教给这些门生,这些学生中比较出名的有吕希哲、吕希纯、邢恕、杨国宝等。

程颢也深受"孔颜之乐"的影响,他曾写过一首《秋日偶成》:

    闲来无事不从容,睡觉东窗日已红。
    万物静观皆自得,四时佳兴与人同。
    道通天地有形外,思入风云变态中。
    富贵不淫贫贱乐,男儿到此是豪雄。①

从这首诗里,我们无不看到"孔颜之乐"对程颢产生的影响,诗中程颢表达了一种随遇而安、怡然自得的人生观,其中的"万物静观皆自得,四时佳兴与人同"更是道出了一种"淡泊以明志,宁静而致远"的人生境界。

后来湖湘学派的创立者,与周敦颐濂学有着渊源的,被称之为"五峰先生"

---

① 傅璇琮等主编:《全宋诗》,北京:北京大学出版社,1995年版,第8374页。

的胡宏在其《通书·序略》中说:"周子患人以广闻见,工文词。矜智能、慕空寂为事也,故曰'学颜子之所学'。"①而且周敦颐指出在追求人格成就的道路上,存在士、贤、圣三个层次,颜子以其不迁不贰的心性功夫、三月不违仁的大贤境界,指引了为学方向,树立了道德成就的标尺,赶上他则为贤,超过则为圣,即使不如他,也会有很好的道德声誉。

其实,周敦颐所谓"学颜子之所学",主要目的是为了培养学生的道德品格。要摆脱急功近利的学习目的,应当"修德""务实",提高自我品性。周敦颐认为,教师的职责并不在于让学生知"句读",而是在于启发、引导、鼓励受教育者树立志向,修炼品德,这才是他"学颜子之所学"的实质。

三、为师根本

东汉王符在《潜夫论》卷三中说:"修身慎行,敦方正直,清廉洁白,恬淡无为,化之本也。"王符认为修养自己的品德,谨慎自己的行为,诚实正直,清正廉洁,这是改变社会风气的根本。其实这句话同样适用于为师,可以说是"师之本也"。换句话说,要想成为老师必须具有较高的思想品性。在周敦颐的教育思想体系中,他非常强调并且认为为师根本的思想品性就是"诚"。

"诚"是儒家伦理思想体系中一个重要的范畴,也是中国传统道德的一项基本规范。"诚"的基本含义就是要真实无妄、诚实不欺,它既是一项做人的道德准则,也是道德修养的重要内容。在现代教育中,关于"诚"的教育占据很重要的地位,孔子说:"人无信不立。"诚信是一个社会赖以存在的道德基础,也是一个人做人的基本原则。我们在强调对学生进行诚信教育的同时,作为老师,自己也要加强自己对"诚"的道德的培养。古人云:"诚者,开心见诚,无所隐伏也;信者,诚实不欺,信而有征也。"可见"诚"的重要性。

在周敦颐的《通书》中,"诚"字一共出现了 21 次,包涵了周敦颐丰富的哲学见解,所以明末清初思想家黄宗羲在著作《宋元学案·卷四·濂溪学案上》中

---

① 周敦颐:《周敦颐集》,北京:中华书局,2009 年版,第 117 页。

说:"周子之学,以诚为本。""诚"是中国古代哲学的一个重要的命题,周敦颐思想体系中的"诚"来源于《礼记·中庸》而又有所发展。

我们先看《礼记·中庸》中关于"诚"的见解:

> 诚者,天之道也;诚之者,人之道也。①

所谓"诚者,天之道也",意思是说"诚"是天地之大道,天地之根本规律;所谓"诚之者,人之道也",是说追求"诚",是做人的根本原则,"诚之"就是追求"诚"。人生于宇宙之间,原本是诚的,但也有私欲,有个"己"的存在,若能克服己私,那么就能"诚"了。

孟子在《离娄上》中进一步说:

> 居下位而不获于上,民不可得而治也。获于上有道:不信于友,弗获于上矣。信于友有道:事亲弗悦,弗信于友矣。悦亲有道:反身不诚,不悦于亲矣。诚身有道:不明乎善,不诚其身矣。是故,诚者,天之道也;思诚者,人之道也。至诚而不动者,未之有也;不诚,未有能动者也。②

孟子这段话的意思是说:处于低下的地位不能得到上级的信任,就无法治理好百姓。得到上级信任是有方法的:首先你得取得朋友的信任,如果你无法取信于朋友,那么你就不能得到上级的信任。得到朋友的信任也是有方法的:那就是侍奉父母要诚心诚意,要让他们感到愉悦,如果你做不到这点,你就无法取信于朋友。侍奉父母并让他们高兴也是有方法的:那就是你必须得诚心诚意,如果你反躬自问而心意不诚,是无法让父母高兴的。想让自己诚心诚意也是有办法的:那就是你必须懂得什么叫善,如果你弄不明白善的道理,也就不能让自己诚心诚意。所以说,"诚"是上天的准则,追求诚,是做人的原则。自己非常诚心却无法感化别人那是不可能的;自己不诚心却想感动别人也是不可能的。

在这里,孟子认为"诚"不仅是一个人的处事原则,一种道德修养,更是一种社会伦理道德。诚,是上天的、本来的准则和规律;去追求诚,则是一个人为

---

① 阮元校刻:《十三经注疏》,上海:上海古籍出版社,2011年版,第1632页。
② 阮元校刻:《十三经注疏》,上海:上海古籍出版社,2011年版,第2721页。

人处世的准则。孟子倡导的"以诚待人"的原则,在周敦颐看来,作为一名老师的根本之所以在"诚",就在于"诚"能够在教育事业中起到教化作用。为师者有"诚",教导学生有"诚",最后取得的则是一种和谐统一的社会局面。再如:

> 唯天下至诚,为能尽其性;能尽其性,则能尽人之性;能尽人之性,则能尽物之性;能尽物之性,则可以赞天地之化育;可以赞天地之化育,则可以与天地参矣。①

《中庸》中这段话的意思是说:只有至诚恳切的人,才能发挥他的本性,到达极致,能尽他自己的本性,就能尽知他人的本性;能尽知他人的本性,就能尽知万物的本性;能尽知万物的本性,就可以赞助天地万物的化育;能赞助天地万物的化育,就可以与天地并列为三了。而最后达到能与天地参的境界,也就可以成为圣人了。

这种观点在周敦颐看来是正确的。这种尽其性而能赞天地之化育,最后成为圣人的"诚"的思想,正是周敦颐教育的目的所在,也是周敦颐所认为的为师之根本。

我们接下来看周敦颐自己在《通书》中对于"诚"的见解。

> 诚者,圣人之本。大哉乾元,万物资始,诚之源也。乾道变化,各正性命,诚斯立焉,纯粹至善者也。故曰:一阴一阳之谓道,继之者善也,成之者性也。元亨,诚之通;利贞,诚之复。大哉《易》也,性命之源乎!②
>
> 《通书·诚上第一》

> 圣,诚而已矣。诚,五常之本,百行之源也。静无而动有,至正而明达也。五常百行,非诚非也,邪暗塞也,故诚则无事矣。至易而行难,果而确,无难焉。故曰:一日克己复礼,天下归仁焉。③
>
> 《通书·诚下第二》

首先周敦颐从天道的角度对"诚"做出了解读。在这里他引用了《易经》乾

---

① 阮元校刻:《十三经注疏》,上海:上海古籍出版社,2011年版,第1632页。
② 周敦颐:《周敦颐集》,北京:中华书局,2009年版,第13页。
③ 周敦颐:《周敦颐集》,北京:中华书局,2009年版,第15页。

卦中的象词"大哉乾元,万物资始",并称为"诚之源也"。在《易经》中,首立乾坤二卦,乾为天,坤为地;乾为父,坤为母;乾为阳,坤为阴。在中国传统文化中,认为宇宙的产生,万物的出现,是由乾坤二卦、阴阳二爻同时相互运作的结果,若离开了乾坤二卦,就谈不上什么宇宙,更谈不上什么万物了。周敦颐认为"诚"来源于天道,即"大哉乾元,万物资始,诚之源也",所谓"乾元",即是万物的本源。另外,"诚"也有着一个变化发展的过程,即"乾道变化,各正性命,诚斯立焉,纯粹至善者也",就是说万物在发展变化中逐渐确立自己的实质、形体时,"诚"也就确立了。

接着,周敦颐从人道的角度又对"诚"做出了解释。"诚"源于乾元,为一切道德的基础,依靠"诚道"得"五常之本,百行之源"。所谓"五常",即仁、义、礼、智、信;所谓"百行",即是社会关系的总和。在这里,周敦颐认为"诚"是五常的根本,是孝、悌、忠、信等百行的来源,可以说有了"诚"便有了人伦道德。的确,我们时刻都处于社会关系的网中,如果我们能以"诚"待之,那么就能正确调和生活、工作中遇到的人、事,能做到和谐的状态。如果不能以"诚"对待,那我们难免就会偏激,就会有成见,以至于给我们的工作和生活带来不必要的麻烦,这便是人与人交往的基础。

周敦颐分别从天道和人道的角度肯定了"诚","诚"之所以是为师根本,就在于它是天道的本质属性,是人伦道德的根源,是一名老师的立身之根本。周敦颐自己就是一个"诚"的人,我们可以从他与赵抃的交游中看出来。

赵抃(1008—1084),字阅道,宋衢州西安人,景祐元年(1034)进士,任殿中侍御史,弹劾不避权势,由于面颜黑,人称"铁面御史",与当时的包拯齐名。在历史上,赵抃是一个为人正直,没有私心,疾恶如仇,敢于同贪官污吏作斗争的人,是北宋难得的好官。周敦颐和赵抃的交游经历了由猜忌到成为挚友这样一个过程。

宋嘉祐元年(1056),周敦颐任合州判官时,赵抃为梓州路转运使。合州当时属梓州路管辖,周敦颐是赵抃的下级。赵抃曾到合州视察,有人诬告周敦颐不务正业,是个沽名钓誉的人。甚至还有人诬告周敦颐有违法受贿行为。赵抃本来想拿周敦颐开刀,由于告密的人拿不出具体证据,只好当面训斥几句了事,但是,赵抃从此对周敦颐有了不好的印象。而周敦颐则始终如一,不卑不亢,处之泰然。这正如后来度正在《濂溪先生周元公年表》记载:"先生前在合阳,或谮之清献(赵抃),清献临之甚威,先生处之超然。"

嘉祐六年(1061),吏部任命周敦颐为虔州通判,此时赵抃已经出任虔州知州。两个已生嫌隙的人,现在却要在一起工作。面对这种情况,一些好友就劝周敦颐要求吏部另派地方,以避开赵抃。但是,周敦颐没有这样做,他认为自己并没有什么不对的地方,待之以"诚"即可,不应当躲避。后来赵抃了解到周敦颐在洪州分宁县、袁州卢溪镇、郴州郴县、桂阳县的一些情况,特别是周敦颐任袁州司理参军时顶撞自己的顶头上司王逵以及任郴县县令时为知州李初平讲学并承办其丧事等情况,对他的触动很大。再加上周敦颐仍然与过去一样,一边为政,一边讲学。他那渊博的学识,使他在虔州文人学子中很受推崇。后来赵抃终于认识到周敦颐是一位德才兼备的人,是一个值得信任的人,而不是之前听别人说的那样。赵抃是一个拿得起、放得下的人,既然周敦颐是君子,他就放下架子,整理衣冠,带着家人,亲自来到周敦颐寓所,拉着他的手说:"几失君矣,今日方知周茂叔也。"从此以后,赵抃居然同周敦颐成了莫逆之交。终其一生,赵抃都在关心和关注着周敦颐。

后来赵抃被朝廷召回充任侍御史,这让周敦颐在虔州失去了一位知己。从此以后,他们一个南留,一个北去,再也没有见过面。但是,他们的心却是息息相通的,特别是赵抃,心里一直挂念着周敦颐。他多次向朝廷推荐周敦颐,并在士大夫中宣传周敦颐的事迹。熙宁元年(1068),时任邵州知州的周敦颐正在州衙批阅文件,忽闻钦差大臣宣周敦颐接旨,原来是宣布他升任广南东路转运判官。周敦颐这次升迁,得力于赵抃与吕公著的推荐。当时,赵抃已由成都路府召回中书。吕公著,字晦叔,寿州(今安徽凤台县)人,是北宋初期宰相吕夷简之子,曾通判颍州。英宗时封为龙图阁学士。神宗时,召为翰林学士。赵抃与吕公著关系密切,经常在他面前谈及周敦颐的为人、为官与为学,认为人才难得,可堪重用。因此,周敦颐在吕公著心目中留下了良好的印象。鉴于周敦颐在永、邵二州的政绩,吏部拟升任周敦颐为郴州知州。但是,赵、吕二人觉得知州不足以尽周敦颐之才,于是在神宗面前交相荐举。特别是吕公著,专门写了一道奏章保举周敦颐。其奏章全文如下：

> 臣伏见尚书驾部员外郎、通判永州军事周敦颐，操行清修，才术通敏，凡所临莅，皆有治声。臣今保举，堪充刑狱钱谷繁难任使。如蒙朝廷擢用，后犯正入己赃，臣甘当同罪。其人与臣不是亲戚，谨具状闻，伏候敕旨。

神宗接到吕公著的保举奏章后，改任周敦颐为广南东路转运判官。

纵观整个交友过程，周敦颐始终如一，秉持着"诚"，做好自己分内的事情，"不以物喜，不以己悲"。最后他的才能和品质终于得到了赵抃的肯定和赞许。

周敦颐的这种以"诚"为本的教育思想也对后世产生了重要影响，明末清初思想家黄宗羲在《宋元学案·卷二十》中引《元城道护录》记载：

> 安世从温公学，与公休同业。凡三四日一往，以所习所疑质焉。公欣然告之，无倦意。凡五年，得一语曰"诚"。安世问其目，公喜曰："此问甚善！当自不妄语人。"予初甚易之，及退而骤括日之所行，与凡所言，自相制肘矛盾者多矣。力行七年而成。自此言行一致，表里相应，遇事坦然，常有余裕。
>
> 温公谓安世："平生只是一个诚字，更扑不破。诚是天道，思诚是人道，天人无两个道理。"因举左右手，顾之笑曰："只为有这躯壳，故假思以通之。及其成功，一也。"

刘安世（1048—1125），北宋官吏，字器之，号元城、读易老人。刘安世以直谏而闻名，被世人称之为"殿上虎"。登进士第，不就选。从学于司马光，光入相，荐为秘书省正字，又因吕公著荐，为右正言，累迁左谏议大夫，进枢密都承旨。章惇用事，贬英州安置，徙梅州，徽宗立得赦，历知衡、鼎、郓州及镇定府。刘安世在蔡京为相后，连谪至峡州羁管。其有《尽言集》传世。

刘安世作为司马光的学生，他自己说，在跟随老师五年的时间中，所学到的就是一个"诚"字，而他更是花了七年的时间才真正做到"诚"。司马光教导刘安世求诚要从"不妄语"做起，就是不能说谎，还说诚是天道，思诚是人道。

虽然周敦颐也讲"诚",而且他的"诚"也并非来源于司马光,但是这里列举的刘安世的两段话,可以为我们理解周敦颐的"诚"提供参考。特别是他所说的"言行一致,表里相应,遇事坦然,常有余裕"那种精神境界,颇符合周敦颐对"诚"的理解。

另外,值得注意的是,周敦颐将"诚"和"圣"联系到一起,他认为"诚者,圣人之本","圣,诚而已矣"。这样看来,周敦颐认为通过对"诚"的道德修养,是可以通往圣人的道路的。因此,作为一个老师,要去传道授业,自己首先就必须严于律己,将道理理解透彻。教育学生要有"诚",自己就得对"诚"有所体会,这样不仅可以更好地教育学生,也能够完善自己的道德修养,在迈向圣人、贤者的道路上越来越近。这也是周敦颐认为"诚"是为师根本的原因之一。

第二节 师道的实施

一、要立志高远

> 夫志当存高远,慕先贤,绝情欲,弃疑滞,使庶几之志,揭然有所存,恻然有所感;忍屈伸,去细碎,广咨问,除嫌吝,虽有淹留,何损于美趣,何患于不济。若志不强毅,意不慷慨,徒碌碌滞于俗,默默束于情,永窜伏于凡庸,不免于下流矣。①
>
> 《诸葛亮集·诫外甥书》

诸葛亮告诫自己的外甥:"一个人应当有高尚远大的志向,仰慕先贤,戒绝情欲,抛弃阻碍前进的因素,使先贤的志向在自己身上显著地得到存留,在自己内心深深地引起震撼;要能屈能伸,丢弃琐碎,广泛地向人请教咨询,去除猜疑和吝啬,这样即使因受到挫折而滞留,也不会损伤自己的美好志趣,又何必担心达不到目的。倘若志向不刚强坚毅,意气不慷慨激昂,那就会碌碌无为地沉湎于流俗,默默无闻地被情欲束缚,势必沦入凡夫俗子之列,甚至免不了成为庸俗的下流之辈。"在诸葛亮看来,一个高远的志向,定然是不同凡俗的志向。它"绝情欲,弃凝滞",不被个人的情性欲望所诱惑;它"忍屈伸,去细碎",不以个人的富贵荣辱为目的;它充盈着大情大爱,让人自然而然地懂得坚强弘毅、慷慨昂扬。这样的志向,是不同凡俗的志向,是为学之人所当立的志向。

作为老师,身负重担,在教育下一代,培养学生的同时,自己也应当拥有高远志向。古往今来,杰出的老师大都志存高远。在北宋周敦颐的教育思想中,所谓高远志向就是要努力成为圣人。在《通书》中他反复提到"圣",出现在周敦颐著作中的圣人有伊尹、孔子和颜渊。值得注意的是,在中国传统文化中"圣

---

① 张连科校注:《诸葛亮集校注》,天津:天津古籍出版社,2008年版,第111页。

人"最初的意思是指向儒家的。儒家所谓"圣人",是指那些德行完备、人格修养达到了"止于至善"程度的人。据《孔子家语·五仪解》记载:

> 公曰:"何谓圣人?"
>
> 孔子曰:"所谓圣者,德合于天地,变通无方。穷万事之终始,协庶品之自然,敷其大道而遂成情性。明并日月,化行若神。下民不知其德,睹者不识其邻。此谓圣人也。"

这段话意思是说:所谓圣人,他们在自身品德的修养上能同天地宇宙融为一体,他们充满了智慧,而且智慧是变通的。他们能参透领悟宇宙万物的起源和终结,与天下的一切生灵,世间万象融洽无间,和谐相处,把天道纳入自己的品性中,内心光明如同日月,像神明般化育众生,平民百姓不能明白他的品德有多么崇高伟大,即使能领略到,也无法真正明白他的德行边际到底在哪里。达到这种境界的人才是圣人。

《孔子家语·五仪解》一书虽有真伪之辩,但对于"圣人"一词的解释却是比较详细和妥帖的。再如后来南宋司马光在《资治通鉴》中说:"是故才德全尽谓之圣人,才德兼亡谓之愚人,德胜才谓之君子,才胜德谓之小人。"在这里司马光强调的是"德"的重要性。据中国古典记载,那些著名的、比较受认可的圣人主要有伏羲、黄帝、炎帝、颛顼、帝喾、尧、皋陶、舜、禹、伊尹、傅说、商汤、伯夷、周文王、周武王、周公、柳下惠、孔子等人。

在周敦颐的师道思想中,师道的实施对于老师来讲,立志成为"圣人"是非常重要的。

> 天以阳生万物,以阴成万物。生,仁;成,义也。故圣人在上,以仁育万物,以义正万民。天道行而万物顺,圣德修而万民化。大顺大化,不见其迹,莫知其然之谓神。故天下之众,本在一人。道岂远乎哉!术岂多乎哉![1]
> 《通书·顺化第十一》

---

[1] 周敦颐:《周敦颐集》,北京:中华书局,2009年版,第23页。

> 十室之邑,人人提耳,而教且不及,况天下之广,兆民之众哉!曰,纯其心而已矣。仁、义、礼、智四者,动静、言貌、视听无违之谓纯。心纯则贤才辅,贤才辅则天下治。纯心要矣,用贤急焉。①

《通书·治第十二》

以上两章,分别从对个人的修养和对现实的意义来阐述立志"圣人"的作用。我们知道,在儒学传承体系中,"成圣"一直是一个重要的话题,周敦颐在《通书》中提出了一整套完备的理论。在这里从个人修养方面讲,周敦颐在《顺化》一章里认为立志成为圣人就是要修炼自己的仁、义、礼、智等德行,这一方面第一节已有论述,此处不再赘述。而从对现实的意义来讲,《治第》一章涉及"积极入世"的儒家思想,我们不妨了解一下儒家"积极入世"的思想。

儒家是倡导入世的,《论语·子张》记载:"子夏曰:'仕而优则学,学而优则仕。'"南宋理学家朱熹在《四书集注》中写道:"优,有余力也。仕与学,理同而事异,故当其事者,必先有以尽其事,而后可及其余。然仕而学则所以资其仕者益深,学而仕则所以验其学者益广。"用现在的话来说,子夏说的"学"与"仕"的关系,其实是学习与实践的关系,并不是仅仅限于字面里的做官,他说工作之余继续学习可以增长才干,学习之余可以通过实践来检验学到的东西。

这一点我们可以从孔子周游列国的行径看出来。孔子入世的目的是宣扬大道,改革无道的社会。孔子在《论语·微子》中说:"鸟兽不可与同群,吾非斯人之徒与而谁与?天下有道,丘不与易也。"意思是:人不能与鸟兽同群,自己只能和芸芸众生生活在一起;如果天下有德政,政治清明,自己就不会参与变革社会了。孔子认为,越是乱世,贤者越应该肩负起匡正时弊、改良社会的重任。可见,孔子考虑的是世间众生,是因为天下没有德政,自己才投身社会,变革天下。难怪在《论语·八佾》中,卫国一个镇守仪地边界的官在与孔子见面交谈后,对孔子的学生说:"君子之至于斯也,吾未尝不得见也。""二三子何患于丧乎?天下之无道也久矣,天将以夫子为木铎。"意思是:你们何必为孔子丧失官位担忧呢?天下已经很长时间没有德政了,上天要借孔子来宣扬大道。孔子周游列国、希望出仕的目的是辅佐国君,实现政治理想,而不是谋求衣食俸禄。

---

① 周敦颐著:《周敦颐集》,北京:中华书局,2009年版,第24页。

孔子认为在无道的社会里，为了拿俸禄，为了取得富贵而做官是可耻的。这正如他在《论语·泰伯》中所说："邦有道，贫且贱焉，耻也；邦无道，富且贵焉，耻也。"孔子希望施行仁德之政，主张复兴"周礼"，他自信地认为，上天让他了解周文化的目的就是让他来传播周文化，振兴周文化。

在孔子的一生中，他总是希望自己能够进入并干预这个社会，能够介入国家政治生活，借助君主来实现自己的政治抱负。对于主张行在言先的孔子来说，这自信满满的背后有多么强烈的求仕愿望啊！即使是后来如孟子这样的儒士，也都徘徊在齐梁之间表现出这种热烈的救国之心。由此可知，儒家其实是有着强烈的入世情怀的。

在入世这一点上，周敦颐也是鼓励的，他认为"圣人"的入世必须以德行的修养为基础，在此基础上才能"以仁育万物，以义正万民""心纯则贤才辅，贤才辅则天下治，纯心要矣，用贤急焉"。一方面立志成为圣人，可以在仁、义、礼、智等德行上修炼自己，让自己德才兼备，在通往圣人的道路上更进一步，另一方面"学而优则仕"，可以将领悟到的天道，学习到的德行、才能用之于实践，最后达到"天下治"的目的。

二、要轻名重实

在周敦颐的教育思想中，师道的实施离不开轻名重实，不仅老师教育学生要轻名重实，更重要的是老师自身也应当做到轻名重实。在《通书》中有两章涉及轻名重实的教育思想。

> 实胜，善也；名胜，耻也。故君子进德修业，孳孳不息，务实胜也。德业有未著，则恐恐然畏人知，远耻也。小人则伪而已！故君子日休，小人日忧。①
>
> 《通书·务实第十四》

---

① 周敦颐：《周敦颐集》，北京：中华书局，2009年版，第25页。

文,所以载道也。轮辕饰而人弗庸,徒饰也,况虚车乎?文辞,艺也;道德,实也。笃其实,而艺者书之,美则爱,爱则传焉。贤者得以学而至之,是为教。故曰:言之无文,行之不远。然不贤者,虽父兄临之,师保勉之,不学也;强之,不从也。不知务道德,而第以文辞为能者,艺焉而已。噫!弊也久矣!①

《通书·文辞第二十八》

在《务实》中,周敦颐的观点涉及了"名实"的命题。"名实"是中国哲学的一个课题,这里的名指概念,实指实际存在于世之物。春秋战国时期,社会处于大变革时期,旧有之名已不能容纳新的现实,于是名实之辩产生了。孔子主张"正名",用周礼固有之名去纠正已经变化了的内容。墨子则强调不是名决定实,而是实决定名。之后墨子又发展了这一观点,认为名是事物的概念。名的作用在于指谓、描绘内容,名实的关系是"以名举实",并从逻辑学的角度对名实关系作了深入探讨,极大地促进了名实论和形式逻辑理论的发展。后来,荀子也提出"制名以指实",认为名是用来指谓实的、约定俗成的概念,它决定于实,一旦形成就不能轻易改变。

周敦颐在这里提到的名实其实是对孔子的名实思想的继承。孔子说:"政者,正也。"认为社会稳定,政治有序的前提是"正政",而正政的核心是"正名"。孔子在《论语·子路》中提出了正名的思想:

子路曰:"卫君待子而为政,子将奚先?"子曰:"必也正名乎!"子路曰:"有是哉,子之迂也!奚其正?"子曰:"野哉,由也!君子于其所不知,盖阙如也。名不正,则言不顺;言不顺,则事不成;事不成,则礼乐不兴;礼乐不兴,则刑罚不中;刑罚不中,则民无所措手足。故君子名之必可言也,言之必可行也。君子于其言,无所苟而已矣。"

孔子通过对子路的回答告诉我们:名分不纠正,言语就不顺当;言语不顺当,事情就办不成;事情办不成,礼乐就不能兴起;礼乐不能兴起,刑罚就失去一定标准;刑罚失去一定标准,百姓就惶惶然不知所措了。因此,君子定下一种

---

① 周敦颐:《周敦颐集》,北京:中华书局,2009年版,第35页。

名分,一定要让它可以说得顺当,说得出来,也一定让它可以行得通。君子对于自己的言论,要求做到一丝不苟。在孔子看来,正名问题事关重大,几乎是一切社会问题中最为重要的事情,孔子的推论是从名不正出发,由名推及言,再到事,再到礼乐,再到刑罚,最终落在"民无所措手足"上,其逻辑顺序为"名之必可言也,言之必可行也"。

那么,在这里,周敦颐也认为精修德业才是正职,才是重实,才是善,否则就是耻辱,会因为名不正、德业不休而日日隐忧。务实,实际上就是一个人的价值观念,是一个人的品性,也是衡量一个人人生观的重要标准,也就是周敦颐在《务实》章中说的"实胜,善也;名胜,耻也"。一代名臣魏征就是这样一个轻名重实的人。

魏征,字玄成,北周静帝大象二年(580)生于巨鹿下曲阳(今河北晋县西)的一个书香门第。青少年时代的魏征,生活非常清贫,但他勤奋好学,希望将来有所作为。隋末大乱,魏征便辞别亲人,出家当了道士,游历四方。炀帝大业十三年(617),魏征38岁,瓦岗农民起义军领袖李密仰慕魏征的才华,请魏征为谋士,这样,这位有意纵横天下的书生,几经周折,卷入了隋末汹涌澎湃的农民起义的怒涛之中。魏征先后在李密领导的瓦岗军和窦建德领导的河北起义军中待了两年多。主择臣,臣亦需择主而事之,李密也好,窦建德也罢,在许多关键时刻都不能采纳魏征的意见,结果都很快兵败降唐,魏征也两次成为唐军的俘虏。

降唐之后,唐太子李建成听说魏征有才,并不因他以前的经历而疏远他,于是招魏征为太子洗马,成为一个主管东宫经籍图书的小官。后来经过"玄武门之变",魏征终于投入明主李世民的怀抱,并逐步取得了他的信任。入朝议事之后,魏征一如既往,耿介直言,秉性不改,只要是于国有害的,他敢冒天下之大不韪,置身家性命于不顾,在皇帝面前屡屡"犯颜"直谏,为唐王朝的政治清明,兴旺繁荣,鞠躬尽瘁,死而后已。

魏征为臣期间以直言敢谏闻名,据《贞观政要》记载,魏征向李世民面陈谏议有50次,呈送给李世民的奏疏有11件,一生的谏诤多达"数十余万言"。其次数之多,言辞之激切,态度之坚定,都是其他大臣所难以伦比的。在魏征看来,自己身为臣子,谏言皇帝是自己的本职工作,他并不是为了荣誉,为了让自己声名远扬才这样做,即使是在去世之前,他还说:"我不愁别的小事,只担心国家的兴亡。"这真是做到了鞠躬尽瘁,死而后已。

在《文辞》中,周敦颐从文辞和道德关系的角度告诉我们如何做到轻名重实。他认为德才是实际的,文辞不过是外在的修饰,这不禁使我们想到了孔子提出的"质胜文则野,文胜质则史,文质彬彬,然后君子"的观点。南宋朱熹在《论语集注》中说:"言学者当损有余,补不足,至于成德,则不期然而然矣。"清代刘宝楠《论语正义》也说:"礼,有质有文。质者,本也。礼无本不立,无文不行,能立能行,斯谓之中。"孔子所谓"文",是指合乎礼的外在表现;"质"则指内在的仁德品行,只有具备"仁"的内在品格,同时又能合乎"礼"表现出来,方能成为"君子"。其实这里周敦颐和孔子的观点是一致的,那就是要以德为实,把个人德行的修炼当作重点,而不是潜心用力于文辞上。

另外,在这一章中周敦颐揭示了当时"不知务道德,而第以文辞为能"的现象,这一点我们可以从宋初文学运动中看出来。唐朝安史之乱后,逐渐形成藩镇割据的局面。五代十国时,带兵的节度使纷纷独立,称王称霸。公元960年,后周大将赵匡胤通过陈桥兵变,黄袍加身,建立了北宋,这是五代时期兵士第四次拥立皇帝,历史的经验和自身的经历,使在不断兵变中产生出来的北宋王室终于觉悟到军人执政的危险性,于是决定实行重文轻武的政策,自此以后大凡北宋的重大事件,基本上都与这一国策有直接或间接的联系。

北宋政府为了"重文",扩大了科举考试的招生名额,隋唐初设进士,岁取不过30人,宋时多至700人。在科举考试的内容上,特别是在宋仁宗明道、宝元时期,科举考试只讲究诗词歌赋,因此,与孙复、石介并称"宋初三先生"的胡瑗强烈要求纠正这种取士不以"体用为本"的弊端。

胡瑗(993—1059),即胡安定,字翼之,泰州海陵人。北宋著名学者、教育家、思想家,祖籍陕西安定堡,故学者称其为"安定先生"。胡瑗集教育理论、教育实践和教学改革于一身,开宋代理学先河,被王安石誉为"天下豪杰魁"。胡瑗一生都在从事教育事业,先后在泰州、苏州、湖州和京师太学执教30年左右,受教育者不下数千人,对教育事业做出了很大贡献。

理学大家周敦颐的教育思想

在胡瑗的教育思想中，他非常注重教育的目的，要培养"致天下之治"的人才。在《松滋县学记》中他开宗明义地说："致天下之治者在人才，成天下之才者在教化，教化之所本者在学校。"他从"致天下之治"的政治目的出发，揭示了人才、教化、学校之间的内在联系，提出了自己的独到见解：一是为什么要重视教育。胡瑗认为，治理好国家关键在人才，人才要通过教育培养。二是如何办教育的问题。他认为，首先要"师儒"，就是以孔孟之道管理和从事教育；其次要普及教育于"民"；最后要地方行政长官兴办学校。北宋初期，教化不兴，风俗浮薄，当时的科举制度崇尚声律浮华，以诗赋取士，社会上普遍存在着"苟趋禄利"、轻"教化"、重"取士"的风气，且各地又没有建立学校。为了培养真正合格的致治之才，胡瑗认为必须建立"敦尚行实"的学校，这种"立学教人"的主张在当时是有进步意义的。同时，胡瑗大胆改革教育，首创分科教学。胡瑗为了贯彻"明体达用"的教育思想，在中国教育史上首先创立了分斋教学的制度。他设立经义和治事二斋，依据学生的才能、兴趣、志向施教。经义主要学习"六经"，治事又分为治民、讲武、堰水（水利）和历算等科。凡入治事斋的学生每人选一个主科，同时加选一个副科，另外还附设小学。这种大胆尝试，既使学生能领悟圣人经典义理，又能学到实际应用的本领，可以胜任行政、军事、水利等专门性工作。实践证明，这种教育内容和教学方法的改革是非常有效和成功的，它培养了一批学有专长的人才。如长于经义之学的孙觉、朱临、倪天隐等，长于政事的范纯仁（范仲淹之子）、钱公辅等，长于文艺的钱藻、腾元发等，长于军事的苗授、卢秉等，还有长于水利的刘彝等人。

为了力纠科举考试只讲究诗词歌赋的社会时弊，胡瑗在答宋神宗问时说："臣闻圣人之道，有体、有文、有用。君臣父子，仁义礼乐，历世不可变者，其体也；举而措之天下，能润泽斯民，归于皇极者，其用也。"在这里胡瑗主张以培养通经致用的人才作为教育的根本目的，他在这里说的"体"是指君臣父子、仁义礼乐，这是封建社会的基本道德标准；"用"是指掌握运用基本道德标准去治理国家。也就是说，胡瑗认为教育不能只是为了科举考试，获取功名，而是培养既精通儒学经典，又能在实践中运用的人才。

再如柳开。柳开（947—1000），北宋散文家，原名肩愈，字绍先（一作绍元），号东郊野夫，后改名开，字仲涂，号补亡先生，大名（今属河北）人。开宝六年进士，历任州、军长官、殿中侍御史，提倡韩愈、柳宗元的散文，以复兴古道、述作经典自命。反对宋初的华靡文风,为宋代古文运动倡导者。作品文字质朴,然有枯涩之病,有《河东先生集》。柳开为人粗狂,自称"师孔子而友孟轲,齐扬雄而肩韩愈"。他原字肩愈,就是要继承韩愈;字绍元,就是要继承柳宗元。后又不满韩、柳,改名开,自以为能另辟蹊径。

宋代的诗文革新运动,经由柳开等人的启蒙,欧阳修等人的发展,最后在苏轼等人的努力下终于完成,它是唐代古文运动的继续和发展。北宋的古文运动以韩、柳文章为号召,以复古为旗帜,是配合北宋政治变法形势的一次全面的文风革新。

首先,中唐古文运动打破了骈文占据文坛的局面,但后期的古文家们未能全面继承和发展韩、柳的文风传统,而是把古文运动引向了歧途。由于晚唐战乱频发,社会黑暗,一些文人看不清社会前途,追求享乐,于是内容空虚、形式华美的骈文又开始发展起来。经过五代至北宋初,浮靡的文风发展为西昆体。以杨亿为代表的西昆派,自认为是在学习李商隐,实际上是片面追求李商隐创作中形式美的倾向,这只是一种文字消遣的方式。这与北宋的社会发展形势很不适应,一些有识之士起来补偏救弊,急切要求对文风进行改革。其次是由于政治革新的需要。北宋中期,阶级矛盾日益加剧,民族矛盾也渐趋紧张。因此,仁宗时期就有范仲淹的庆历新政,神宗时期又有王安石的变法。他们主张振兴国家必须实行全面的政治经济改革。同时也要求诗文反映现实,适合政治改革的需要。范仲淹在《奏上时务书》中建言:"敦促词臣,兴复古道。"宋仁宗也下诏申戒浮文,提倡散体:"有辞涉浮华,玷于明教者,必加朝典,庶复古风。"王安石更主张文贵至用,使诗文革新成为政治革新的一个重要方面,并为政治革新服务。另外,宋代理学的兴起也是促进诗文革新的一个因素。理学家们作文继承了韩愈的"重道",却抛弃了韩愈的"好文"。他们只要求用简便的文字宣传理学,对于讲究骈偶、堆砌典故、辞藻华丽、内容空虚的"时文"与西昆诗风很不满意。他们这种注重内容、反对空泛、讲究平实、反对浮靡的论文观点,与诗文革新家们的主张虽然差别很大,但在反对西昆文风的态度上是一致的,也起到了推动文风改革的作用。

作为宋代古文运动的先驱,柳开提倡复古,反对五代颓靡的文风,他提倡一种"古其理,高其意,随言短长,应变作制,同古人之行事"的古文,他认为古文"非在辞涩言苦,使人难读诵之,在于古其理、高其意,随言短长,应变作制,同古人之行事,是谓古文也"。他认为道和文有主次的关系,"文恶辞之华于理,不恶理之华于辞",他特别强调道对文的决定意义,认为文应该为现实政治文化服务。柳开的理论开了后来欧阳修诗文革新运动的先声,他的古文理论在一定程度上打击了宋初浮靡的文风,他主张文字要宣传孔孟之道,作文要有助于封建教化,提倡古文,反对北宋初的浮靡文风。其理论是否正确,我们暂且不论,但是从中可以看出当时宋初文学尚辞,注重修饰,"务道德"则是次要的。因此,在这里,作为理学家的周敦颐,对于这种"第以文辞为能者"提出了自己的见解,主张精修德业,轻名重实。

三、要外思内省

《洪范》曰:思曰睿,睿作圣。无思,本也;思通,用也。几动於彼,诚动於此。无思而无不通为圣人。不思,则不能通微;不睿,则不能无不通。是则无不通,生於通微,通微生於思。故思者,圣功之本,而吉凶之机也。《易》曰:"君子见几而作,不俟终日。"又曰:"知几其神乎!"①

《通书·思第九》

"思曰睿,睿作圣"本出自《尚书·洪范》:

一曰貌,二曰言,三曰视,四曰听,五曰思。貌曰恭,言曰从,视曰明,听曰聪,思曰睿。恭作肃,从作乂,明作晢,聪作谋,睿作圣。②

《洪范》是《尚书》中一部极为重要的典籍,它原是商代贵族政权总结出的统治经验,"洪"的意思是"大";"范"的意思是"法"。"洪范"即统治大法,旧传是箕子向周武王陈述"天地之大法"。在周武王灭商后,由于西周本是诸侯国,虽一统天下却没有典籍参考以治理国家,因此,周武王向殷纣王的叔父箕子请教,箕子将洪范九畴里治国的九种大法传于周王,周武王依此而大治天下。

"思曰睿,睿作圣","睿"是通达的意思,"思曰睿"意思是说思虑要通达;"睿作圣"意思是说通达就会圣明。"思曰睿,睿作圣"的含义就是思虑通达,而至圣明。所以,思睿的意思就是希望我们自己多思多想,只有思路通达,才能做出正确的事,少犯错误,少走弯路。"思曰睿,睿作圣"是《洪范》五事之一。"貌

---

① 周敦颐著:《周敦颐集》,北京:中华书局,2009年版,第21页。
② 阮元校刻:《十三经注疏》,上海:上海古籍出版社,2011年版,第188页。

曰恭,恭作肃",即形象要恭敬严肃,要注意自己的形象和仪表、仪态;"言曰从,从作义",即语言要顺从,有逻辑性,能说服别人,能达到治理的效果;"视曰明,明作哲",即眼睛要明亮,要能够看清万物的变化和规律;"听曰聪,聪作谋",即要善听、会听,要通过听去准确地分析,更好地归纳总结,这样才能善于谋划。

《洪范》总共提出了"五事",为何周敦颐在《通书》里只将"思"专门作为一章进行阐述,这是颇有深意的。似乎在周敦颐看来,在为人师表以及授人以渔的过程中,相比貌、言、视、听等而言,思才是最重要的,对教育起着重大的作用。那么周敦颐认为的"思"究竟如何呢?

"无思,本也",这里周敦颐将"思"这一概念做出了明确的交代。在周敦颐的哲学观念中,他认为思维的本体是无,无思维是本质,它承载着思维,只有无思才能让无穷无尽的思维活动在我们的思维本体运转,并在其中不断地变化,不断地演变。"思通,用也",在这里周敦颐认为思通是无思的延伸,我们的思维并不是毫无价值的抽象的东西,它是可以作用于现实存在的。所谓"通",其实就是说通过思维的能力用来认识社会、改造社会。"用"就是作用,强调的是"思"的实践性。

通过对"思"的本体做出解释,周敦颐告诉了我们"思"是什么。接下来周敦颐进一步推衍大义,告诉我们为什么"思"如此重要,在教育中为何要外思内省。"几动于彼,诚动于此",要理解这句话的意思,我们就必须知道什么是"几"。《易经》曰:"夫易,圣人之所以极深而研几也。"《周易》里的这句话是要让我们把握住世界上极深的道理。"几"其实就是一种可能,一种潜在性,是还没成为有形有相的一种存在,虽然不是必然的,但随着事物的发展,就有可能成为必然。

对"几"的把握是"思"的一个前提条件。古往今来,那些能够真正把握"几"的人,往往最后都能成功。唐朝名将郭子仪,以武举起家,后平定安禄山、史思明之乱,累官至中书令,封汾阳王,赐号尚父。年八十五卒,赠太师,谥忠武。后人评价他:"天下以其身为安危者殆三十年,功盖天下而主不疑;位极人臣而众不嫉,穷奢极欲而人不非之。"这些是怎么做到的呢?很重要的一点就是郭子仪善于识"几"。郭子仪所处的唐朝藩镇割据,君臣互相猜忌,文臣武将皆感自危,甚至连私下的交往都互不信任。一些人为怕引起别人的怀疑,恨不得一入深宅,便与世隔绝,和谁也不相往来。在众臣子中,唯有已封为汾阳王的郭子仪与众不同,郭府每天大门敞开,任人出入,他竟不闻不问。郭子仪的儿子们觉得父亲做得太过分了,劝他说:"您功业显赫,但不尊重自己,不管贵贱都随便进入您的卧室,古代的圣人和权臣也不会这样做。"郭子仪笑着对儿子说:"你们怎么知道我的用意。我有马五百匹,部属仆从千人。如果我一向修筑高墙,关闭门户,和朝廷内外不相往来,倘若与人结下私怨,再有嫉贤妒能之人调唆,那我们全家的大祸也就不远了。现在我坦荡无邪,四门洞开,纵有人谗言污我,也找不到借口加害。"

郭子仪到了晚年,退休家居,忘情声色来排遣岁月。那个时候,后来在唐史《奸臣传》上出现的宰相卢杞还未成名。有一天,卢杞来拜访他,他正被一帮家里所养的歌伎们包围,得意地欣赏玩乐。一听到卢杞来了,马上命令所有女眷,包括歌伎,一律退到会客室的屏风后面去,一个也不准出来见客。他单独和卢杞谈了很久,等到客人走了,家眷们问他:"你平日接见客人,都不避讳我们在场,谈谈笑笑,为什么今天接见一个书生却要这样慎重?"郭子仪说:"你们不知道,卢杞这个人很有才干,但心胸狭窄,睚眦必报。长相又不好看,半边脸是青的,好像庙里的鬼怪。你们女人们最爱笑,没有事也笑一笑。如果看见卢杞的半边青脸,一定要笑,他就会记恨在心,一旦得志,你们和我的儿孙,就没有一个活得成了!"不久卢杞果然做了宰相,凡是过去看不起他、得罪过他的人,一律不能免掉杀身抄家的冤报。只有对郭子仪的全家,即使稍稍有些不合法的事情,他还是曲予保全,认为郭令公非常重视他,大有知遇感恩之意。以上的故事就可以看出郭子仪是多么善于识"几",其识"几"已经达到了非常深厚的境界,无怪其生前享有名气,死后也成为我国历史上"富贵寿考"四字俱全的极少数名臣之一。

周敦颐认为我们想要把握住这种可能、这种潜在性,那就必须要通过"思",发挥思维的力量,去思考、去寻求解决的办法。我们常说要"防微杜渐",就是要通过"思"来把握事物发展的轨迹,做出最明确的判断。聪明的人要善于识"几",在现实社会中,可以说时时充满机会,时时充满危机,如果你不能做出正确的判断,不去认真地思考,就不能识"几",机会来临时,会把握不住,而危机来临时,会造成重大损失。

孔融小时候聪明好学,才思敏捷,巧言妙答,大家都夸他是奇童。孔融让梨的故事让我们看到了孔融谦让的一面。孔融4岁的时候,有一天,父亲买了一些梨子,特地拣了一个最大的梨子给孔融,孔融摇摇头,却另拣了一个最小的梨子,说:"我年纪最小,应该吃小的梨,那个梨就给哥哥吧。"父亲听后十分惊喜。孔融让梨的故事,很快传遍了曲阜,并且一直流传下来,成了许多父母教育子女的典范。

不仅如此,孔融小时候学习勤奋,善于思考。孔融的父亲外出拜客总是带着孔融。孔融十岁那年,他随父亲来到洛阳。正逢洛阳太守李膺在任,孔融径直往大府内走。这时守门人忙把他拉住,问道:"你是哪家小孩,到一边玩去!"孔融严肃地回答说:"请你们进去通报,山东孔融来访。"守门人见他一本正经,也不知是什么来头,笑着问:"小公子,可有红帖?"孔融说:"我家和你家主人世代交往,又有师生之谊,无需红帖,只管通报。"守门人怕慢待贵客,只好进去通报。这时李膺正和许多文人雅士交谈,听了通报,一时想不起这位孔融和自己家庭是什么关系,只好说:"请进!"孔融兴冲冲地走进大厅,一边向主人问候,一边拱手招呼各位来宾,态度不亢不卑。李膺一边让座,一边打量着这位俊才少年,心里好生奇怪:这小孩从未见过面,而他为何自称通家呢?于是,李膺问道:"小公子,你说我们两家世代交情,我怎么想不起来啊!"孔融微笑着说:"五百年前孔子曾经问礼于老子,孔子姓孔,老子姓李,说明孔、李两家五百年前就有师生之谊。今你姓李,我姓孔,也是师生关系,我们两家不是累世通家吗?"

孔融语出惊人,在座客人无不暗暗称奇。太守李膺不禁哈哈大笑起来:"小公子真神童也。"唯有太中大夫陈韪不以为然,冷冷地说:"小时候聪明的人,长大后未必有作为。"孔融笑着说:"这样说来,先生小时候一定很聪明。"这一巧妙对答,弄得陈韪面红耳赤,无言以对,暗暗坐在一旁生气。孔融则目不斜视,装着大人模样,一本正经地喝着茶,引得众人哈哈大笑。

"无思而无不通,为圣人",周敦颐这里的"无不通"其实就是要做到融会贯通。一个人之所以能称之为圣人,是因为他能够做到无思无不通,能通过思维的力量做到举一反三。而作为普通人,要先学会思,要善于思,要锻炼和修炼我们的思维,这样才能通微,才能见微知著,才能善于识"几",所以"不思则不能通微"。"故思者,圣功之本,而吉凶之几也",在这里周敦颐突出了"思"的重要性,他认为"思"是"圣功之本",是圣人之所以成为圣人的一个重要因素,圣人伟大业绩的根本也在于此。正是由于圣人能够"思",因此,在圣人看来吉凶之兆也就具有不确定性了,如果我们看到它的确是好的,则趋善则善,如果看到它的确是不好的,那么就驱恶避邪。除此之外,吉凶也不是绝对的,不是泾渭分明的,它是相对的,是可以相互转换的。我们常说的"塞翁失马,焉知非福"就是这个道理。那么我们如何断定它的好坏,它的凶吉呢?周敦颐给我们明确指出了方法,那就要用思的力量,像圣人那样,对"吉凶之几"做出衡量,做出判断,从而正确应对事物,做出好的处理。

　　这样整体下来,在《通书·思第九》这一章中,周敦颐先从本体论解释了"思",告诉了我们"思"是什么,然后再通过论述,告诉了我们"思"的重要性,希望我们做到外思内省,做到能思、会思,从而正确判断"吉凶之几"。有趣的是,孔子也曾说过"吾日三省吾身",孔子主张人应当寻求自身与他人的契合,在求诸他人之时首先要求诸自身,以此感化世人,引导世人。其实内省也是一种思考,是对自身的行为乃至品性作出正确的思考,以此让自己的德行修养臻于至善的境界。这样看来,孔子和周敦颐的教育思想对于"思"在某种程度上有着一定的一致性,他们两人都希望无论是老师还是学生,都应当外思内省。

第三节　师道的意义

一、必要性

教育是无处不在的,它是每个人都无法回避的事实。教育由教育者、受教育者和教育措施三个要素组成。教育者是主导性因素,他是教育活动的组织者和领导者;受教育者即我们平常说的学生,他必须发挥主观能动性,才能真正受到教育,获得知识;而教育措施则影响教育活动的效果,教育者和受教育者只有凭借这些措施,才能完成教育。如果这三者互相促进,那么就能取得较好的教育效果,如果三者有一个环节出现了问题,那么整个教育活动也就难免会受到影响。

在这里,我们讲师道的意义,其实主要突出的是教育者的意义和影响。凡是那些对受教育者在知识、技能、思想、品德、智力、体质上有教育影响的人,都可以称之为教育者,正如孔子所说"三人行,必有我师焉"。作为一名合格的教师,他肯定是一名教育者,但一名教育者不一定是一名教师。因为所谓教师,是指履行教育教学职责的专业人员,即韩愈说的"传道、受业、解惑"。那么,在周敦颐的教育思想中,师道又拥有怎样的影响和意义呢?

(一)道义非师友不可得

> 天地间,至尊者道,至贵者德而已矣。至难得者人,人而至难得者,道德有於身而已矣。求人至难得者有於身,非师友则不可得也已。①
> 《通书·师友上第二十四》

在《师友上》这一章中,周敦颐提出了自己"道义非师友不可得"的观点,在

---

① 周敦颐:《周敦颐集》,北京:中华书局,2009年版,第33页。

这之前他阐述了"至尊者道""至贵者德"等概念,他说"天地间,至尊者道,至贵者德而已矣"。道,即天道、人道。而德,即能得到天道和人道的就是德。归根结底,就是前边我们讲的"仁义礼智信"这"五常"。在这里,周敦颐认为只有我们得到了"五常",把它们放在德行修养之中,那么我们就可以称之为有德之人了。

"至难者得人,人而至难得者,道德有于身而已矣。"在这里,周敦颐认为得人是一件难事,而最难得到的又是那些集道德于一身的人。我们前面说过那些被后世称之为圣人的人,大都是"道德有于身"的人,但这样的人又能有多少呢?例如孔子,作为道德的典范具有普遍意义,而孔子的思想境界是崇高的、浩瀚的,而且用之于实践也大都是切实可行的。在当今社会中,能够将道德集于一身的人可以说是少之又少,现代文明的冲击导致传统文化的缺失,能够主动去学习和传承传统文化的人少之又少,就更不用说修身养性了。

既然道德如此重要,那么我们该向何处寻求呢?"非师友则不可得也已"这便是周敦颐给我们的答案。我们前面讲到为师标准时就讲到,周敦颐非常注重为师者的道德修养。俗话说:"近朱者赤,近墨者黑。"我们平常经常与有道德的人相处,和有智慧的人打交道,那么在潜移默化中我们自身的道德和自己的智慧就会增长。正如我们求学,理当向德高望重的老师学习,学习他们的智慧,学习他们的知识,通过对他们的学习,你将站得更高,看得更远,你精神的境界也就会相应得到升华。

总的来看,在这一章中周敦颐通过层层推进,引人入胜,先告诉我们,天地间最尊贵的是道德,最难得到的是集道德于一身的人,那么既然集道德于一身的人如此尊贵和稀少,那么,我们该如何向这一类人学习呢?那就是通过"师友"!

在现代教育中,学校教育在整个教育体系中起着莫大的作用。在学校教育中,老师对学生的教育又是重要的一环。学校教育作为人类传承文明成果的一种方式和途径,它一方面为学生传递知识,为学生以后的"安身立命"打下良好的基础;另一方面是培养学生的道德品行,让学生学会共同生活、学会关心、学会分享、学会合作,使学生学会更好地融入群体与社会当中,从了解自身出发,在错综复杂的事物中学会选择,拥有正确的价值判断能力。并且,让学生懂得承担责任,包括对自己、对家庭、对社会的责任。老师的人格魅力对学生性格的形成与发展具有重大的影响,正如教育家加里宁所言:"教师的世界观、品行、生活,他对每一现象的态度都这样或那样地影响着学生。"由此可见,教师的人格以及一言一行都具有巨大的教育价值,其对学生灵魂的塑造作用是无可比拟、难以替代的。俗话说:"亲其师,信其道。"老师作为"道"的载体,其所传播的各种道理,在一个学生成长的过程中起到的巨大作用是不言而喻的。

(二)道义由师友有之

> 道义者,身有之,则贵且尊。人生而蒙,长无师友则愚。是道义由师友有之。而得贵且尊,其义不亦重乎!其聚不亦乐乎![1]
>
> 《通书·师友下第二十五》

在《师友下》这一章里,周敦颐阐释了"道义由师友有之"的观点,认为道义可以通过对师友的学习来获得。值得注意的是,在这里周敦颐并没有说道义必须得由师友来传授,道义的获得还有别的途径,是可以选择的,这正体现了周敦颐思想的开阔。

在这一章开头,周敦颐所说的"道义者,身有之,则贵且尊"其实和上一章中讲的"天地间,至尊者道,至贵者德而已矣"意思相近。周敦颐所强调的是一个人应当拥有道义这种优秀的品质,如果一个人拥有道义,那么他在社会生活中就会"贵且尊",就会有极高的声望,会受到周围人的尊敬和景仰。如果一个人没有道义的品质,不仁不义,那么大家就会避而远之,唯恐与之交往。也就是说,一个人的品德和信誉的好坏,会很自然地在社会中呈现出因果关系。

北宋的林逋就是这样的人。林逋(967—1028),字君复,又称和靖先生,是北宋著名的隐逸诗人。林逋从小就非常爱学习,广泛涉猎经史百家,个性孤高自好,喜欢恬淡宁静的生活,早年曾游历于江淮等地,四十多岁后隐居于杭州西湖孤山之下,由于常年足不出户,以植梅养鹤为乐,又传说他终生未娶,故有"梅妻鹤子"佳话的流传。

杭州孤山多梅。每当腊风初度,便暗香浮动,疏影横斜,玉蕊怒放,情境高雅,探幽揽胜者多往观赏。年复一年,便形成了孤山赏梅的胜迹。林逋隐居孤

---

[1] 周敦颐:《周敦颐集》,北京:中华书局,2009年版,第34页。

理学大家周敦颐的教育思想

山,躬耕农桑并大量植梅,写出了不少咏梅佳句,其中要数《山园小梅》一诗最为脍炙人口,并在诗词界引起了轰动。

众芳摇落独暄妍,占尽风情向小园。
疏影横斜水清浅,暗香浮动月黄昏。
霜禽欲下先偷眼,粉蝶如知合断魂。
幸有微吟可相狎,不须檀板共金尊。①

在这首诗歌里,林逋写道:百花凋零的时节,独有梅花迎着寒风盎然盛开,它那明媚艳丽的景色把小园的风光都占尽了。梅花稀疏的影儿,横斜在清浅的水中,清幽的芬芳在昏黄的月光之下轻轻浮动。寒雀想要飞落下来时,先偷看梅花一眼;蝴蝶如果知道梅花的幽美,肯定会销魂失魄。幸喜我能低声吟诵,和梅花亲近,用不着俗人敲着檀板唱歌,执着金杯饮酒来欣赏它。

这首诗不仅把幽静环境中的梅花清影和神韵写绝了,而且还把梅品、人品融会到一起,其中"疏影""暗香"两句,更成为咏梅的千古绝唱,引起了许多文人的共鸣。

大中祥符五年(1012),宋真宗听闻了林逋的名气,赏赐他粟帛,并招他做官。林逋内心虽然非常感激,但并不以此自傲。很多人都劝他出去做官,都被他婉言谢绝了,他说:"然吾志之所适,非室家也,非功名富贵也,只觉青山绿水与我情相宜。"他的志向只在青山绿水之中,追求的是自己内心的一种平静,一种心性素养的道德累积。天圣六年(1028)林逋去世,宋仁宗赐给他谥号"和靖先生"。"和靖"就是内心祥和平静的意思。纵观林逋一生,他不追求"尊且贵",洁身自好,注重自己的心性修养,最后却取得了"尊且贵",这正是周敦颐所说的"道义者,身有之,则贵且尊"。

所以我们要认识道德,重视道德,且敢于承担。这里值得注意的是,周敦颐所说的富贵,并非通常意义上的富贵,它不是一种外向的追求,而是一种内向

---

① 傅璇琮等主编:《全宋诗》,北京:北京大学出版社,1995年版,第1218页。

追求;不是在意于世之富贵,而是一种自身寻求。孔子曾说:"富与贵,是人之所欲也,不以其道得之,不处也;贫与贱,是人之所恶也,不以其道得之,不去也。"孔子在这里说的就是一种在世之富贵,即我们平常所说的"君子爱财,取之有道"。周敦颐则另辟蹊径,主张一种向内心需求富贵的理论,可以说是对儒家人生理论的一种发展。

那么周敦颐为何要强调师道,主张师道呢?这得从"人生而蒙,长无师友则愚"说起。人一出生,只是一个懵懂婴儿,还处在蒙昧状态,还只是一张白纸。我们常说"从小做起",之所以注重青少年的教育,就是这个道理,希望一个人从小就接受正确的教育,注重德育,重道重义,为拥有至善的德行打好基础,最后成为圣人。韩愈说"人非生而知之者,孰能无惑",这就是周敦颐所说的"人生而蒙"的情况。所以为了从小就给他们进行良好的教育,老师就成了学生成长过程中的重要人物。

西汉刘向的《列女传·卷一·母仪》中记载:"孟子生有淑质,幼被慈母三迁之教。"孟子的母亲,世人称为孟母。孟子小时候,居住的地方离墓地很近,孟子学了些祭拜之类的事,玩起办理丧事的游戏。他的母亲说:"这个地方不适合孩子居住。"于是将家搬到集市旁,孟子学了些做买卖和屠杀的东西。母亲又想:"这个地方还是不适合孩子居住。"又将家搬到学宫旁边,孟子学会了在朝廷上鞠躬行礼及进退的礼节。孟母说:"这才是孩子居住的地方。"就在这里定居下来了。这个耳熟能详的故事,我们往往以"近朱者赤,近墨者黑"去解释它。其实"孟母三迁"的故事也体现了周敦颐"人生而蒙,长无师友则愚。是道义由师友有之"的观点。孟子由于年幼,自己并没有成熟的思想,他家附近是墓地,他就学别人办丧事的动作;他家附近是集市,他就学着别人做买卖和屠杀。孟子的这一行为被孟母看见了,孟母认为孩子从小应该学习好的东西,因此她第三次把家搬到了学宫旁边,孟子受环境的影响学会了礼仪和礼节,也为孟子以后的品行修养打好了基础。

"是道义由师友有之",这里的师友主要指道义上的师友,并非我们平常所说的师友。古人主张修德,强调一个人的德育,把修德放在做人的首位。《左传》云:"太上有立德,其次有立功,其次有立言;虽久不废,此之谓不朽。"①因此,在周敦颐看来,师道之所以具有必要性,就在于"人生而蒙",而师友却能为他们道德上的修养指点迷津,如果他们缺乏道德的教育和道义上的师友,那么,他们也就缺乏成其为人的教育,就会陷入道德上的愚蠢和道义上的愚昧。

二、重要性

我们前面讲到师道的必要性,那么接下来我们将探讨师道的重要性,来看师道的意义。

> 或问曰:"曷为天下善?"曰:"师。"曰:"何谓也?"曰:"性者,刚柔善恶,中而已矣。""不达。"曰:"刚,善:为义,为直,为断,为严毅,为干固;恶:为猛,为隘,为强梁。柔,善:为慈,为顺,为巽;恶:为懦弱,为无断,为邪佞。唯中也者,和也,中节也,天下之达道也,圣人之事也。故圣人立教,俾人自易其恶,自至其中而止矣。故先觉觉后觉,暗者求于明,而师道立矣;师道立,则善人多,善人多,则朝廷正,而天下治矣。"②
>
> 《通书·师第七》

我们曾经学习过韩愈的《师说》,其中就提到:"古之学者必有师。师者,所以传道受业解惑也。"强调了"师"的重要性。那么,什么是天下至善至美的事呢?周敦颐认为是师,也就是老师。

在中国传统文化中,"师"有着非常高的地位。"天、地、君、亲、师"是人们长期以来祭拜的对象,充分地表现出民众对天地的感恩,对君师的尊重,对长辈的怀念之情。同时也体现出"民众的敬天法地、孝亲顺长、忠君爱国、尊师重教的价值取向"。如果说父母孕育了人的肉体,那么老师培育了人的心灵。这个"师"不仅是传授文化知识的老师,而且也指心灵根源的精神导师。正因为师享

---

① 阮元校刻:《十三经注疏》,上海:上海古籍出版社,2011年版,第1979页。
② 周敦颐:《周敦颐集》,北京:中华书局,2009年版,第30页。

有很高的地位,因此,历史上产生了很多尊师重教的故事,根据《二程语录·侯子雅言》记载:"游、杨初见伊川,伊川瞑目而坐,二人侍立,既觉,顾谓曰:'贤辈尚在此乎?日既晚,且休矣。'及出门,门外之雪深一尺。"北宋时期,有一位叫杨时的人,很有学问。在杨时还是青少年时,他就非常用功。他拜程颐为老师时,程颐已经四十岁了,有一天,天空浓云密布,眼看一场大雪就要到来。午饭后,杨时为了向老师请教一个问题,约了同学游酢一起去老师家里。守门的告诉他们,程老夫子正在睡午觉。他们不愿打扰老师的午睡,便一声不响地立在门外等候。天上飘起了鹅毛大雪,越下越大。雪花落在他们身上,寒风打在他们脸上,两人都冷得发抖,可他们还是站在门外等着。过了很长时间,程颐醒过来,这才知道他们在门外雪地里已经等了很久,便赶快叫他们进来。这时候,门外的雪已经积了一尺多深了。正是因为杨时能尊敬师长,虚心求教,学业才进步很快,后来成为一位知名的学者,被尊称为"龟山先生"。这就是"程门立雪"的故事。

再如张良的故事。张良是秦末汉初时期杰出的军事家、政治家,汉高祖刘邦的谋臣,"汉初三杰"之一。张良年轻时,曾计划要刺杀秦始皇,失败后,为躲避官府通缉,潜藏在下邳。有一天,张良闲游到一座桥上,遇见一位穿褐衣的老翁。那老翁见张良走近,便故意将鞋坠落桥下,让张良下桥去捡,张良为此很是不高兴。等张良把鞋捡上来交给老翁时,老翁又让他帮着把鞋穿上。于是,张良跪着帮老翁穿上了鞋。老翁没客气,笑眯眯地离开了。临走时留下了一句话:"小子可教矣!五天后黎明时分在这里等我。"张良按老翁的指示,五天后天刚亮,他就来到桥上,不料老翁早已待在那里了,见了张良便怒斥道:"跟老人约会迟到,岂有此理。过五天再早些见我。"说完就离去了。又过五天后,鸡刚打鸣,张良便匆匆地赶到了桥上,可是不知怎么的,他还是比老翁来得晚。老翁这回更不高兴了,只是重复了一遍上回说的,就拂袖而去了。这下张良可有点急了,又过了五天,他索性觉也不睡了,在午夜之前便来到桥上等着。一会儿老翁来了,见着他便点头称是。从袖中拿出一本书,很神秘地说:"你读了这本王者之书,就可以做帝王的先生了。十年之后,兵事将起。再过十三年,你到济北,可以与我重逢,谷城山下的那块黄石,便是我的化身。"说完飘扬而去。天一亮,张良打开书一看,原来是《太公兵法》,张良特别高兴。后来,张良认真研读黄石老翁授给的那部兵法书,真的当上了汉高祖刘邦的高级参谋,帮助汉高祖刘邦统一了全国,开创了大汉王朝。

那么周敦颐何以认为天下至善的是"师"呢?为了回答这个问题,周敦颐先从心性上进行了一系列分析，他将人的心性分为刚善、刚恶、柔善、柔恶四种。周敦颐认为，人性中当刚处在善的一面时，它表现出"为义"，是说这个人很有道义，讲义气，能够为朋友两肋插刀，大仁大义，有责任心和关爱心，具有英雄豪杰之士的风范和气概；"为直"，即正直，是说这个人很直率，很耿直，不会拐弯抹角；"为断"，善于决断，善于明辨是非，善于看清楚事物的本质，拿得起放得下，有决断之力；"为严毅"，能严格要求自己，对别人则要根据情况来判断，如果对方相信你的话，可以适当严格要求，但如果不相信你，就应该适当放宽一些；"为干固"，做事积极肯干，并且能够持之以恒。当刚处在恶的一面时，它表现出"为猛"，老子在《道德经》中说："勇于敢则杀，勇于不敢则活。"这是告诫我们勇也要适度，不能盲目勇敢。在生活中我们可以看到有些人讲义气，性格豪迈，很多时候会不管三七二十一，做事很莽撞；"为隘"，即狭隘，容不得人；为强梁，是说性格过于刚强、凶暴，以至于与强盗无异。

柔和刚一样，也表现出善恶的区分。柔，处在善的一面时，表现出"为慈"，慈爱，仁爱之心，是一种很温柔、善良、慈和的状态；"为顺"，和顺，善于听取别人的意见，坤道就是以顺承为主，我们进德修业就应该以顺为主；"为巽"，在《易经》中"巽"指风，有服从之意，讲究柔和。当柔处于恶的一面，也就是过于柔，会表现出"为懦弱"，过于柔顺，不能坚持自己的意念；"为无断"，优柔寡断，拿不起也放不下；"为邪佞"，就会不顾客观事实和规律，无主见，阿谀奉承，奴颜媚骨。

这些心性在周敦颐看来都是不可取的，他所认可的则是"唯中也者"的心性。在这里，周敦颐希望我们的心性居中，要在刚柔之中居中，不能让自己的性格偏颇，也不能让自己的心性过于懦弱，即我们所谓的"中庸"。"中庸"并不是我们一般所理解的好好先生。就像一只手，始终紧握拳头是畸形，只张不合也是畸形，一定要舒卷自如，这才正常。所以，凡事要适可而止，不偏不倚，这才是中庸之道。所以，周敦颐接下来说"唯中也者，和也"，这个和，就是指和谐。《易经》云："保合太和乃利贞"，就是要求我们做什么事，无论是刚柔善恶，一定要居中，只有居中才能知位守位，才能立于不败之地，才能安步当车。

那么，周敦颐引出"中"为何用如此多的篇幅来探讨这四种心性，这又和我们讲师道的重要性有什么关系呢？

原来在周敦颐看来，"中"这种心性是圣人所具有的一种品行，师道的重要性就在于引导学生对"中"的培养。因此,一个人在老师的指引之下可以掌握这种"中",处理事情的时候,能居中,不超前,也不落后,让自己的内心和谐,做到"故先觉觉后觉,暗者求于明",那么就能"师道立矣","师道立,则善人多;善人多,则朝廷正而天下治矣"。这些效果都是"中"这种品行带来的,都是在师道的作用下形成的。而且周敦颐认为师道并不仅局限于学校师生的教育,而是涵盖了整个社会。师道是圣贤之道,是仁信忠恕、礼义廉耻的道德观对社会政治、经济、文化、教育的覆盖。如果师道能够达到这样的教化效果,那么自然而然有才德的人便多了,而且能够为君王所赏识,能够居于上位,因此"朝廷正而天下治矣"的局面也就指日可待了,这便是周敦颐所认为的师道的重要性。

其实周敦颐在这里强调的是教育对于一个国家的重要意义。而当我们回首我国古代的文化,它恰是重视教育的,视教育为民族生存的命脉。由于我们的祖先很早便懂得教育的重要性,远在四五千年以前就有了教育活动。传说伏羲、神农、黄帝、尧、舜等,都十分重视教育。据《尚书·舜典》记载,虞时即设有学官,管理教育事务,如命契为司徒"敬敷五教",即负责对人民进行父义、母慈、兄友、弟恭、子孝五种伦理道德的教育;命夔"典乐",即负责对人民进行音乐和诗歌教育。由于中华民族具有悠久的重视教育的优良传统,所以四五千年来,我国古代灿烂辉煌的文化不仅能一脉相承,历久弥新,而且其内涵也较世界上其他古老民族更加充实而光辉。

根据历史文献记载,我国古代教育的起源,可以追溯到夏、商、西周以前。古代教育以生产资料私有制为经济基础的条件下形成和发展起来的。西周时不仅有国学,还有乡学;不仅有大学,还有小学;不仅有宫廷教育,还注意幼儿教育,逐渐形成了一个以礼、乐、射、御、书、数为主体的"六艺"教育体制。"礼"包括政治、历史和以"孝"为根本的伦理道德教育,"乐"包括声乐、器乐、舞蹈的教育,"射"即射技教育,"御"以驾兵车为主的军事技术教育,"书"即学习写字的教育,"数"即简单的数量计算教育。

到春秋战国时期,"私学"作为一种新兴教育形式开始发展起来,出现了一批闪烁着智慧光芒的民间私学大师,如孔子、墨子、孟子、荀子等。他们在教育思想上都有所建树,这是私人自由讲学带来的成果。不仅《论语》《墨子》《孟

理学大家周敦颐的教育思想

子》《荀子》《管子》《吕氏春秋》等典籍中记载了大量的教育资料,而且还出现了像《礼记·学记》《礼记·大学》《荀子·劝学》《管子·弟子职》等教育专著。《学记》与《大学》就是这一时代丰富的教育经验与教育理论的总结,成为世界上最早出现的自成体系的古典教育学专著,奠定了中国古代教育思想的基础。

到了西汉,汉武帝采纳了董仲舒"罢黜百家,独尊儒术"的建议,实行了思想专制主义的文化教育政策和选士制度,这对后世产生了深远的影响。汉武帝元朔五年(前124)开创太学,中国开始有了专门传授知识、研究学问的学校,设在京师长安的西北城郊,规模相当可观。它作为中国当时的最高学府,与西方的雅典大学、亚历山大尼亚大学等同为世界上最古老的高等学校。太学选聘学优德劭者任教授,称为"博士";招收学生,随教授学习,称为"博士弟子"。太学的课程以通经致用为主,学生分经受业,经考试及格,任用为政府官吏。政府给予"博士弟子"优厚的待遇。西汉平帝元始四年为太学学生始建校舍,能容纳万人,规模巨大。东汉太学学生曾达三万多人,京师形成了太学区。东汉太学有内外讲堂,讲堂长十丈、宽三丈,同时听讲人数在数百人以上,出现了"大都授",一种集体讲授的教学形式。汉代的学校,是官学与私学并举。官学除了中央政府所办太学之外,地方政府所办的学校,郡国曰"学",县曰"校",乡曰"庠",聚曰"序"。私学则分两种:小学程度的称为"书馆",而由著名经师设帐聚徒讲学的,一般具有大学程度。班固赞颂汉代"学校如林,庠序盈门",可以想见当时学校教育发达的盛况。

晋代中央学制分为两种,一为国子学,一为太学。前者限五品以上的贵族子弟入学,内设祭酒一人,博士一人,助教十余人。后者为平民子弟而设,立博士员十九人。太学的规模很大,晋武帝时,太学生曾超过七千人。北方少数民族所建十六国中,不乏仰慕汉族文化而兴学者,如前赵刘曜、后赵石勒都建立了太学及小学。南北朝时期,学校教育以北朝为盛。北魏太学亦设五经博士,学生为州郡选派,多达三千人。南朝宋文帝时,在京师设立四学:儒学、史学、玄学、文学,称为"四学制",打破了儒家一统教育的状况。到梁朝时,学校教育渐渐有了合儒、佛、道于一堂的做法。魏晋南北朝的选士制度,除了察举孝廉、选士仍沿两汉旧制外,又新增一种旨在匡正两汉选举制度之流弊的"九品中正制"。

唐代建立了中央到地方完备的学制体系。中央设国子监总辖各学。国子监具有双重性质,既是大学,又是教育行政管理机构。下设国子学、太学、四门学、书学、算学、律学等,此外还有弘文馆、崇文馆。地方官学即府州县和专门学校也很发达。唐代出现了律学、书学、算学、医药学、兽医学、天文学、音乐学等门类多、范围广的实科专门学校。

唐宋以后,又出现了一种新的教育机构——书院。书院原为藏书、校书,或私人治学、隐居之地。宋代书院将教育、教学和学术研究结合起来,成为著名学者授徒讲学、培养人才的地方。当时著名的有江西庐山的白鹿洞书院,湖南衡阳的石鼓书院,河南商丘的应天府书院,湖南长沙的岳麓书院,河南登封的嵩阳书院,江苏江宁德茅山书院等。元代政府也大力扶植书院。书院院址多选于山林名胜之地,主持人被称为"洞主"或"山长",建制有民办、官办、民办官助等多种形式。

明代学校,中央有国子监及宗学(贵族学校),地方有府学、州学、县学,边疆及特殊地方则有卫学(军事学校)。地方学校规模虽有大小,但彼此不相统属,皆有送学生至中央国子监的资格。此外,地方性专科学校还有军事、医学、阴阳学等专业。清代学制,大抵沿袭明制。地方府、州、县学计有一千七百余所,学生两万七千余人。明清科举沿袭宋元,分乡试、会试、殿试三种。考试内容,第一类为经义,出题限于四书五经,文体多为八股;第二类为诏诰律令;第三类为经史时务策。清代科举除常科外,又有特科,如山林隐逸、博学鸿词等,以网罗不愿应试的学者;还有翻译科,鼓励满人翻译汉文。另外,还有武举之设。

"百年大计,教育为本",在21世纪的今天,教育水平已经是一个国家是否强大的重要依据。如果一个国家的国民拥有良好的教育,他们就会在城市、人文、法制、经济等领域取得领先地位,社会就会安定。国家的教育是民族振兴和社会进步的基石,也是提高全民素质、促进人的全面发展的根本途径。在我国,我们实行教育强国的政策,要强国必先强教育,教育强则国强。就目前而言,我国已经是一个教育大国,但还不是一个教育强国。建设一流的国家,必须首先发展一流的教育,强国必先强教育,已成为当今中国经济社会发展的内在需求,也是加快我国从教育大国向教育强国转变的重要手段。回顾历史,教育强则国家强。优先发展教育,建设教育强国,是推进国家富强,实现人民富裕的持久动力。教育强国是世界潮流,是竞争保障。只有教育的强大,才能赢得经济的强大。或许这样就能取得周敦颐所说的"人善""天下治"的局面。

第二章

周敦颐的教育目标

周敦颐像

理学大家周敦颐的教育思想

教育是什么？教育是教人学做人——学做"现代好人"。

梁启超《教育与政治》

教育对于我们每个人来说一点都不陌生，我们从小就开始接受各种教育。在中国，教育有着漫长的发展过程。据古典文献记载，在约4000年前的原始社会时期，我国就出现了教育机构的雏形——"庠"。"庠"字的本义是养羊的地方，后来变成了储存粮食的仓库，再后来又具有了养老的功能，久而久之，"庠"就变成了赡养老人和教育幼儿的场所。

"教育"一词的出现则相对较晚，最早见于《孟子·尽心上》："君子有三乐，而王天下不与存焉。父母俱存，兄弟无故，一乐也；仰不愧于天，俯不怍于人，二乐也；得天下英才而教育之，三乐也。"后来东汉文字学家许慎在他的著作《说文解字》中这样解释教育："教，上所施，下所效也"；"育，养子使作善也"。与现代教育相比，古代教育更注重道德的教育，注重培养学生的道德品行。

我们在上文谈教育的发展，固然教育是重要的，但是如果没有教育目标的话，那么，我们在教学活动中就会失去方向，不知道下一步该做什么，最终要达到什么目标。所谓教育目标，是指把受教育者培养成社会需要的人的总目标和总要求，就是教育所要达到的最终目的。在宋代理学家、教育家周敦颐看来，教育目标是极其重要的，他在作品《太极图说》《通书》以及杂著中提出了著名的"立人极"的德育目标"圣希天，贤希圣，士希贤"的三境界和"以仁育万物，以义正万民"为标准的一系列理论，为我们现代教育提供了一些启迪和思考。

第一节 "立人极"的德育目标

一、德育

想要弄清楚周敦颐的教育目标,必须得对几个基本概念有所了解,首先就是德育。那么,什么是德育呢?

当今世界各国都把德育放在整个教育体系的首位,在我们国家更是如此。现代教育学中所说的德育有广义和狭义之分。广义的德育,泛指一切影响人的品德的活动,而狭义的德育则是指学校教育中的学校德育。学校德育,是指根据特定的社会要求和德育规律,对受教育者实施有目的、有计划的影响,培养受教育者特定的政治思想意识、道德品质和良好的心理素质的活动。教育法规定,国家在受教育者中进行爱国主义、集体主义、社会主义的教育,进行理想、道德、纪律、法制、国防和民族团结的教育。在这里我们大概可以知道,现代德育主要从政治思想、道德素质和心理素质三个方面对学生进行教育。

与现代德育相比,古代德育在政治思想、道德素质、心理素质这三种教育中更注重道德素质的教育。中国自古以来就非常重视个人的道德教育,并形成了十分发达的德育传统,以至于整个古代教育都指向德育。中国古代德育最早可以追溯到四五千年前,根据历史记载,传说中的伏羲、神农、黄帝都十分重视德育。中国古代德育是一种典型的、具有人文主义色彩的教育文化。从德育目标来看,它是以做人为德育的首要目的;从德育内容方面看,中国古代德育一直重视教人以德行和智慧,而不只是单纯的知识。

概括地说,中国古代德育往往以人性论为基础,以"仁"为核心,注重德行的修养以及德育政治伦理化的价值追求为特点。

人性论是中国古代德育思想体系的基础。儒家提出了多种人性的假设，儒家关于人性的假设是为协调社会，并对其进行有效控制以及推行他们的政治学说服务。以此为目标，他们对人性问题进行了大量的长期深入的研究，形成中国哲学的一大特色。中国人性论思想主要有以下两大特点。

（一）人与禽兽有别，突显人性

> 人之所以异于禽兽者几希，庶民去之，君子存之。舜明于庶物，察于人伦，由仁义行，非行仁义也。①
>
> 《孟子·离娄下》

孟子这句话是说：人和禽兽的差异就那么一点儿，普通人抛弃它，君子却保存它。舜明白一般事物的道理，了解人类的常情，其行为都是以仁义为根本，而不是为行仁义而行仁义。在这里，孟子指出人虽绝大部分同于动物，但却具有"异于禽兽者几希"的部分（孟子称之为"性善"）；要做好人、做君子，关键在于克制同于禽兽的部分而保存发扬那"几希"的"人性"。用我们今天的话来说，就是有没有精神方面的东西。这和我们现在一般的看法是基本吻合的，人既是动物的人，也是社会的人，人的自然属性跟禽兽没有太大的差别，而人的社会属性则是人和动物的根本区别所在，所以高尚的人就应该发展人与动物相区别的一方面。所以，孟子说："庶民去之，君子存之。"普通人往往忽视了这一点，而只有品质高尚的人才注意保存和发展这一点，并且会努力做到像舜那样"明于庶物，察于人伦，由仁义行"，从一般事物的道理和人类的常情出发行仁义之道，而不是为行仁义而行仁义，不顾人之常情。

（二）以性善说为主

> 恻隐之心，人皆有之；羞恶之心，人皆有之；恭敬之心，人皆有之；是非之心，人皆有之。恻隐之心，仁也；羞恶之心，义也；恭敬之心，礼也；是非之心，智也。仁义礼智，非由外铄我也，我固有之也，弗思耳矣。②
>
> 《孟子·告子上》

儒家的人性论大都以性善说为主，而性善说最早则是由孟子提出。在孟子之前，孔子提出了"性相近也，习相远也"，意思是说人的本性是相近的，但由

---

① 阮元校刻：《十三经注疏》，上海：上海古籍出版社，2011年版，第2727页。
② 阮元校刻：《十三经注疏》，上海：上海古籍出版社，2011年版，第2749页。

于后天习染的不同而发生了很大差别。孔子还提出"唯上智与下愚不移"的命题,他认为人的本性相近,但仍有"智"和"愚"的差别。孔子的仁学中含有人性善的思想,在此基础上,孟子明确地提出了人性善的学说,把性善论的观点系统化,将"性善论"发展到了一个新阶段。

《孟子·告子上》这段话中,孟子认为人的善性是先天所具有的,是人本性所使然。恻隐之心属于"仁",羞恶之心属于"义",恭敬之心属于"礼",是非之心属于"智"。孟子指出:仁、义、礼、智四德,不是外面强加于人的,而是人的本性所固有的。仁、义、礼、智四德是性善的表现,其核心是"仁"。孟子认为,人的善性来源于人先天具有的善端,即在人先天所固有的本性中就具有善的萌芽,他说:"恻隐之心是仁的萌芽,羞恶之心是义的萌芽,恭敬之心是礼的萌芽,是非之心是智的萌芽。"这些先天的善端存在于人的心性之中,再通过后天的教育使这些善的萌芽成长起来,人的善性就能充分地表现出来。扩充善端,使善性发扬开来,就能保住政权,国家就能安宁;如果不扩充善端,不发扬善性,就不能侍奉父母,会成为一个不孝之子。所以,仁、义、礼、智四德是协调家庭和社会的重要伦理规范。

此外,还有荀子的"性恶论",董仲舒的"性三品论",扬雄的"性善恶混论"。荀子在《性恶》等篇中说"人之生,故小人",他强调"人之性恶,其善者伪也",他所说的"人性恶"是否真的就是人们通常所理解的"人性本质为恶"呢?在先秦儒家思想中,荀子和孟子的思想有很大的不同,其主要根源就在于两者人性观的差异。不过,对于人性自然的理解,荀子与孟子却基本一致。孟子主张人天生有"四端"之善,人之善性与生俱来,"如水之就下也",是自然而然的。荀子也认为所谓的人性指的是"生之所以然",是人生而即有的自然之性,包括生理和心理两个方面。而且,无论尧舜或是桀纣,是人皆如此。明代大儒王守仁在《传习录·卷下》中曾说"荀子性恶之说,是从流弊上来说",而"孟子从源头上说性,要人用功在源头上明彻。荀子从流弊说性,功夫只在末流救正"。王守仁在这里认为导致孟、荀二人对人性本质的伦理评价的不同,就在于二者对人性判断起点的把握有巨大差异。他指出荀子的人性思想是从自然之性的"流弊上来说",不无道理,荀子对人性"恶"的评价正是从自然之性与社会生活的交感流变中得来。在荀子那里,"性"才是人类的自然属性,它"不可学""不可事",是不需要学习而自然就有的东西,同时又有着"好利""疾恶"极易导致"争夺"与"残贼"的可能;而"辞让""忠信"等"善"的德行则是对"性"通过学习和践行礼义来进行人为控制与改造的结果,故称作"伪",即人类的社会属性。由此可见,荀子人性论中的"性伪之分"实则是将人的自然属性和社会属性做了一个本与末、源与流的划分。另外,荀子认为人性自然,人生来就有趋暖避寒、求逸恶劳等本性,但他所谓人性之"恶",却是由放纵这一本性而不加节制所造成的对社会的负面影响,以传统道德观念加以判断而得来,荀子自身并没有像孟子证明人性之善那样对人之恶性进行先验的论证。因此,荀子所谓性恶,其实质应当是纵性才谓恶。因此,荀子所论及的人性,其本质恰是无所谓善恶的"本始材朴"的自然之性,它既有转化为恶的可能,也有发展为善的可能。只不过在荀子看来,如果"从人之性",放纵这一自然人性不去管它,只可能会导致社会秩序的混乱,而很难产生善的结果。他也正是依据这一点,才对人性做出了"人性恶"的判断。

受到孔子"唯上智与下愚不移"的影响,董仲舒提出了"性三品说",将人划为三类。他的性三品学说糅合了先秦时代孟子性善论与荀子性恶论两大学说体系,认为人性从总体上分为仁(善)和贪(恶)两大特性,这种善恶之分是由"天副人数"即天意造成的。天赋的仁和贪按照不同的比例附加到不同的人身上,就形成了三种人、三种品性。一种是先天性善、不教而成的上品"圣人之性",一种是先天性恶、教也不善的"下品之性",还有先天有善有恶、教而后能善的中品"中民之性"。董仲舒的这三性全面吸收了孟子、荀子以及先秦以来的性善、性恶论。他说:"圣人之性不可以名性,斗筲之性又不可以名性,名性者,中民之性。"即把人划分为圣人、斗筲之人和中民三类。董仲舒认为圣人在古代是指君王,高贵的人生下来就高贵;斗筲是指地位低下的人,奴才生下来就是奴才;只有在地位最高的人和地位最低的人之间的那些人可以通过努力来改变自己的人生。在"性三品论"中,董仲舒用有善有恶的"中民之性"将孟子的先天性善和荀子的后天性善结合起来,先天性善配合他的天人感应学术,维护封建纲常人伦的绝对属性,后天性善说明了明君统治和教化的必要性,二者缺一不可。

东汉的扬雄也提出了自己对人性的看法,他说:"人之性也善恶混,修其善则为善人,修其恶则为恶人。"在这里,扬雄把人性分为两种:一是善,一是恶。而且认为人性所具有的这两种因素是与生俱来的,但是经过后天环境的影响以及个人自己的努力,如若能够发展善的因素就会成为善人,而那些任随恶的因素发展的人就会变成恶人。在《太玄·玄摘》中,扬雄进一步指出:"人之所好而不足者,善也;人之所丑而有余者,恶也。君子日强其所不足而拂其所有余,则玄道之几矣。"扬雄强调后天的学习和修养,认为"学者所以修性也","学则正,否则邪",要求君子"日强其所不足","拂其所有余"。扬雄"性善恶混"的观点是对孔子"性相近也,习相远也"思想的发挥。他离开了人的社会性而讲人性的善恶,仍然是一种抽象的人性论。

扬雄之后,心性学说众说纷纭,比如后来唐代的韩愈还提出了"性三品论",但总体看来,人性本善的倾向始终占据着人性论的主流。

(三)仁

"仁",是儒家学说的重要概念,它的本意是仁爱。中国古代德育的核心内容是"仁",德育旨在培养人,而"仁"恰好包含了有关"人"的一系列规定。那什么是"仁"呢?

"仁"在《论语》中出现了一百多处,孔子首先把"仁"作为儒家最高道德规范,提出以"仁"为核心的一套学说。"仁"的内容包涵甚广,其核心是爱人。"仁"字从人从二,也就是人们互存、互助、互爱的意思,故其基本含义是指对他人的尊重和友爱。孔子说"仁者爱人""仁者,人也"。在孔子看来,"仁"就是一个人的最高原则,是一个人一生的追求所在,这也被后世儒家所肯定而推广。

从对待"仁"的态度讲,儒家主张任何人都应当怀有一种为"仁"的愿望,应当虔诚地去追求"仁",而且认为,如果这样做了,那么就会得到"仁",就会为"仁"。能不能达到"仁"这种境界,这主要源自内心对"仁"的追求,这种追求不是靠他人来推动,只能依靠自己,只有在主体主动的追求之下,才有可能达到"仁"这种理想境界。这样看来,儒家认为的"为仁"其实是某种自觉的内在情感行为,任何人都无法替代,只有端正自己的态度,才可以实现"仁"的要求。

从"仁"的价值内涵讲,儒家其实是一门如何处理人与人、人与社会、人与自我之间关系的学问,是一门关注人的自身发展的学问。孔子提倡的"仁",是为了让我们在现实生活中完善自己的人格,以达到理想的境界。用孔子的话来说,"仁"的精神价值的一个重要体现就在于"己立立人,己达达人""己所不欲,勿施于人"。孔子认为"仁"就是"爱人","爱人"作为"仁"的重要精神内涵,具有广泛的适用性。因此,后世儒家在孔子"仁"的价值内涵的基础上,由"爱人"所推导出的一系列内容都深刻体现出他们对社会民众的关注,以及对整个人类社会发展中实现人与人之间和谐发展的关切。不仅如此,在几千年后的今天,孔子所提出的一系列思想仍具有普遍适用性和永恒价值。

从"仁"的表现方式看,以博爱的胸怀来对待民众是"仁"的一种表现方式,即"泛爱众,而亲仁"。这首先是自我认知上的一种升华,是自我精神状况的内在反映。"仁"作为价值主体内在精神状态的反映,是实现理想人格过程中不可缺少的东西。内心以"仁"的标准严格要求自己,用"仁"的境界来考察自己的思想,这是达到真善美崇高境界的前提条件。儒家"仁"的表现方式还体现在以人为本,即一切都要围绕"人"的思想行为的发展状况。

(四)德育政治化

儒家伦理是一种德性伦理,而儒家政治是一种较为典型的伦理化政治。我们所谓的"德育政治化",说的就是儒家所坚持的德育在政治中的作用的一系列观点。对儒家来说,政治是伦理的扩大,伦理是政治的基础,孔子在《论语·学而》中说:"其为人也孝悌,而好犯上作乱者,鲜矣。"在这里,孔子认为忠是孝扩大化的一个表现。儒家认为修身、齐家是治国、平天下的前提。理想的君和圣是一致的,政和正是相关的,儒家所提倡的礼,既是政治准则又是道德规范。自董仲舒把礼具体为三纲五常之后,礼就支配着整个封建社会,只要违反了它,就既是道德问题又是政治问题。

儒家在治国方略上主张以德为主,德刑相辅。孔子在《论语·为政》中主张对人民要"道之以德,齐之以礼"。他认为,用道德和礼教来管理民众,民众不但有廉耻之心而且民心归服,这才是最高尚的政治。他认为,理想的政治应当是免刑、无讼和去掉残暴、免除虐杀。其实在德刑关系的问题上孔子是倾向重德轻刑的,他认为刑只能是不得已而用之。后来孟子继承了这个传统,主张省刑罚,提倡以教化为主。孟子在孔子思想的基础上提出了作为中国封建政治哲学的最重要的概念——仁政。孟子的政治思想是对孔子"为政以德"思想的继承与发展,孟子将孔子的德治思想发展为"仁政"学说,成为其政治思想的核心。他把"亲亲""长长"的原则运用于政治,以缓和阶级矛盾,维护封建统治阶级的长远利益。"仁政"学说是对孔子"仁学"思想的继承和发展。孟子从孔子的"仁学"思想出发,把它发展成包括思想、政治、经济、文化等各个方面的施政纲领,这就是"仁政"。"仁政"的基本精神也包含对人民的深切同情和爱心。从横向方面来说,孟子的政治思想是从他的人性理论发展而来,人都有不忍人之心,实行于政治方面,就是不忍人之政,即仁政,有时也称"王道""王政"等。后来的儒者,在如何运用法刑治民上,虽随社会历史各种的变化其侧重点各有不同,但总的倾向还是强调以德为主。

我们后边探讨的周敦颐的"立人极"思想就属于儒家德育思想的范畴。我们通过对古代以及现代德育的一些介绍,对德育的一些基本概念有了一定的理解,这对于我们接下来解读周敦颐的"立人极"思想提供了很大帮助。

二、立人极

无极而太极。太极动而生阳,动极而静,静而生阴,静极复动。一动一静,互为其根。分阴分阳,两仪立焉。阳变阴合,而生水火木金土。五气顺布,四时行焉。五行一阴阳也,阴阳一太极也,太极本无极也。

五行之生也,各一其性。无极之真,二五之精,妙合而凝。乾道成男,坤道成女。二气交感,化生万物。万物生生而变化无穷焉。

唯人也得其秀而最灵。形既生矣,神发知矣。五性感动而善恶分,万事

理学大家周敦颐的教育思想

出矣。圣人定之以中正仁义而主静,立人极焉。

故圣人"与天地合其德,日月合其明,四时合其序,鬼神合其吉凶",君子修之吉,小人悖之凶。故曰:"立天之道,曰阴与阳。立地之道,曰柔与刚。立人之道,曰仁与义。"又曰:"原始反终,故知死生之说。"大哉易也,斯其至矣!①

《太极图说》

"立人极"的思想,出自于周敦颐《太极图说》一书。《太极图说》是我们了解周敦颐教育思想的一份重要材料,它是周敦颐为其《太极图》写的一篇说明性文章,全文共249字。在《太极图说》中,周敦颐认为"太极"是宇宙的本原,人和万物都是由于阴阳二气和水火木金土五行相互作用构成的。五行统一于阴阳,阴阳统一于太极。

"人极"一词,并非由周敦颐首创。在《文中子·述史》中有"仰以观天文,俯以察地理,中以建人极"的记载。所谓"极"就是指极则,即最高的原则。那么"人极"的概念我们就不难理解,所谓"人极"就是指为人的最高准则。值得注意的是,据《周易·说卦》记载:"立天之道,曰阴曰阳。立地之道,曰柔曰刚。立人之道,曰仁曰义。"在这里,《周易》提出了天道、地道、人道的概念,《周易》中天道、地道和人道虽是并列关系,但实际上天道和地道的地位是高于人道的,人道并未凸显。所以周敦颐在这里倡导"立人极",突显人道,使得"人极"一词更具深刻的内涵。

(一)从宇宙论、本体论角度构建"立人极"

宇宙论是对宇宙整体的研究,并由此延伸探讨人类在宇宙中的地位;本体论则是指一切实在的最终本性。我们知道儒家学说的重点在于社会、人生,阐述如何做人和如何处理人际关系,因此同玄学、佛学相比,孔孟儒学在生命哲学上是缺乏宇宙论和本体论的。

---

① 周敦颐:《周敦颐集》,北京:中华书局,2009年版,第3页。

在《太极图说》中,周敦颐借用《周易》和《中庸》的宇宙论和本体论来树立儒学的人道思想。周敦颐在《太极图说》中对《周易》的引用超过了全文的四分之一,他借《周易》的"太极"来论述宇宙生成,为"立人极"树立了宇宙论基础,同时又突显了《中庸》"天命之谓性,率性之谓道,修道之谓教"的天道到人道理论,用天道来证人道。既找到了宇宙论的基础,也为人道树立了本体论基础,从而使得儒家人道思想有了理论的支持。而且周敦颐认为人道思想必须建立在天道和地道思想之上,也就是说,讲"立人极",讲人道,必须以宇宙论和本体论作根基,否则所讨论的就是不清不楚的。这就是周敦颐在《太极图说》中引用《周易》"原始反终,故知死生之说"的意图。

(二)突出强调人的价值和作用

周敦颐"立人极"的德育思想一个显著的特点就是突出强调人的价值和作用,他所说的"唯人也,得其秀而最灵"就是这个意思。在这一点上,周敦颐继承了儒家的传统,即人本意识和对人的尊重。儒家的人本意识表现在尊重和推崇人,以及肯定人的存在意义和主体的独立自觉、主观能动上,这也是后世儒者所津津乐道和追求的东西。

孔子说"为仁由己","仁"的境界的实现要靠自己的努力;又说"己欲立而立人,己欲达而达人",认为"立人""达人"要以"己立""己达"为前提。孟子说"道唯在自得",求道没有别的途径,全靠自身的修行和体悟。这些都是对人的个体主体的独立性和主动性的肯定。正如我们在上一章讨论人性论中讲到的人与禽兽的区别,儒家从人性的普遍性出发,把人看成是一种社会性的存在,人在自然和宇宙是处于特殊的位置的。在这个基础上,儒家立足于人的家庭血缘关系,以人伦世界、人伦社会为人生存发展的根本依托,所以儒家相对于人的自我价值或个体价值,他们更看重人的社会价值。正是在这样的意义上,儒家强调"人贵物贱",认为人类有着不同于其他事物的高明高贵之处,具有其他事物无法比拟的价值;强调"民为邦本",认为人民是构成国家政治的基础,只有基础牢固,国家的安宁才有保障,国家的发展才有可能;强调"民贵君轻",认为在人民、国家、君主三者中,人民是第一位的,天下之得失取决于民心之向背。

理学大家周敦颐的教育思想

周敦颐吸收"老""易"的思想而创立的"立人极"思想，在宋代之后产生了很大影响，比如北宋邵雍在《观物内篇》中说：

> 人之所以灵于万物者，谓其目能收入万物之色，耳能收万物之声，鼻能收万物之气，口能收入万物之味。

> 唯人能兼乎万物，而为万物之灵。如禽兽之声，以其类而各能得其一；无所不能者人也。推之他事亦莫不然。唯人得天地日月交之用，他类则不能也。人之生，真可谓之贵矣。天地与其贵，而不自贵，是悖天地之理，不祥莫大焉。

在这里，邵雍认为人汲取了万物之精华、天地之功用，是比万物都要灵秀的。而且邵雍认为人本来就是很尊贵的，如果自己还不知道自己尊贵，没有自尊之心，那就违背了天地之理，就会遭受灾祸。

另外，值得注意的是，周敦颐不仅仅突出人的价值和作用，而且在这里他又特别强调圣人的价值和作用。那么，为何周敦颐突出圣人的作用，对此我们已经在第一章第二节"师道的实施"中有了具体的论述。

从哲学层面讲，周敦颐"立人极"思想中突出和强调人的价值和作用，这实际上就是重视人的主观能动性。人们在实践活动中要达到预期的目的，就一定要使自己的思想符合客观事物的发展规律，如果不符合，就会在实践中失败。因此，正确理解主观能动性和客观规律性的关系，在理论和实践上都是一个重要问题。

首先，我们必须尊重客观规律。因为要发挥人的主观能动性就必须以承认规律的客观性为前提。外部世界、自然界的规律乃是人有目的地活动的基础，人们只有在认识和掌握客观规律的基础上，才能达到认识世界和改造世界的目的。

其次，在尊重客观规律的基础上，要充分发挥主观能动性。实践是客观规律性与主观能动性统一的基础。否认人的主观能动性，必然导致对人的价值的否定，导致对历史发展动力的否定。主观能动性是指认识世界和改造世界中有目的、有计划、积极主动的有意识的活动能力。意识存在于我们的头脑里，人们只能用语言表达它,用文字记录它,不能用它直接作用于客观事物。虽然只靠单纯的意识不会引起客观事物的变化,但是意识却有一种作用,那就是作为一种无形的力量,不停地告诉人们应当做什么,以及怎样去做。在实践中,意识总是指挥人们使用一种物质的东西去作用于另一种物质的东西,从而引起物质具体形态的变化,这种力量就是人的主观能动性。

就如人不可能永远一帆风顺。我们生活在社会中,和各种各样的人交往,有各种事情要做,必然会遇到种种困难,甚至会有暂时的失败,这就需要坚强的意志和十足的干劲,需要充满活力的精神状态。只有充分发挥主观能动性,才能取得最后的胜利。

但所谓的主观能动性也是一把双刃剑。如果不能正确地运用主观能动性,那么主观能动性只会给我们带来痛苦与灾难。只有正确运用主观能动性,才能在和他人的竞争中脱颖而出,才能在社会生活中有所建树。所以,我们在运用主观能动性时要从实际出发,努力认识和把握事物的发展规律。只有从客观实际出发,符合客观规律的行动,才会是正确的行动,才能实现人们预想的目的。再者,我们要从实践中取得经验,因为实践是发挥人的主观能动作用的基本途径。最后,主观能动作用的发挥,还依赖于一定的物质条件和物质手段。主观能动性是我们非常重要的一项本能。在现实生活中,遇到困难是常有的事,当我们遇到困难时,不要气馁,要充分发挥我们的主观能动性,取得最后的胜利。

(三)以中正仁义为内容

在《太极图说》中,周敦颐将"立人极"的内涵定义为"中正仁义"。那么什么是"中正仁义"呢?

"中正",我们在"师道的重要性"一节中已经讲过,周敦颐所谓的"中正"就是他在《通书·师第七》中说的"唯中也者,和也,中节也,天下之达道也,圣人之事也"。"中正"一词最早出现于《尚书·吕刑》:"明启刑书胥占,咸庶中正。"在这里,"中正"就是得当、不偏不倚的意思,这也是周敦颐所追求的一种"中庸"的道德,也就是他所说的"中和""中节"。我们结合周敦颐的《太极图说》和《通书》来看,周敦颐所认为的中正,其实是以人性为主体,要"以人为本",以尊重一个人的个性发展与整个社会的发展和谐与统一为目标,同时追求整个人类的发展和自然的发展,达到"天人合一"的境界。

关于"仁义",我们在上一节已经对内涵丰富的"仁"做了探讨,那么我们在这里重点讲一下"义"。周敦颐在这里讲的"义",其实就是儒家传统道德中的"义",即大义、正义、公平、公正的意思。在儒家思想中,"义"和"仁"一样,都是人生的终极目标和价值取向。《礼记·中庸》中说:"义者宜也,尊资为大。"儒家经常把义与仁并用,把二者作为传统道德的核心内容,并提出了"仁义道德""仁至义尽""杀身成仁""舍生取义"的思想。孔子说:"君子喻于义,小人喻于利。"意思就是说像君子这样人格高尚的人,就在于他把"义"时时刻刻放在心里。孔子认为,一个人道德理想的实现价值最高,所以"义"应放在首位,因而提出"义以为上""见利思义"的主张。当面临生死考验之时,孔子是主张舍生取义的,这些思想在孔子周游列国的时候都体现了。孟子也说:"生亦我所欲也,义亦我所欲也。二者不可兼得,舍生而取义者也。"在孟子看来,生是每个人都想要的,死是每个人都所厌恶的,但还有比生更高的追求,那就是义,还有比死更让人厌恶的,那就是不义。所以,孟子主张宁可就义而死也不苟且偷生。荀子在《荣辱篇》中也说:"荣辱之大分:先义而后利者荣,先利而后义者辱。荣者常通,辱者常容。通者常制人,容者常制于人,是荣辱之大分也。"在这里,荀子认为,人生的价值和意义在于舍利取义,义与利相比,义更为重要。他还强调社会整体利益应该高于个人利益,义与利同样是人必不可少的需要,义应该成为利的标准。我们纵观荀子一生,他本人就是明大义而弃小利之人。荀子精研自家之学,且有深悟,尤其推崇儒家的创立者孔子,在赵国他曾和临武君在赵孝成王座前议论兵事;又曾两至秦国,见秦昭王以及范雎,议论政治,后来在齐国因为不以私利向权贵谄媚而招忌,从而奔楚,在楚国辅佐春申君,后来春申君被杀,遂定居兰陵。

(四)以主静为途径

"静"是理学修养论的重要方法,和心性、知行范畴有密切的联系,它们作为完成理想人格、实现人性自觉的重要方法,被理学家广泛地使用和宣传。理学产生于北宋,盛行于南宋与元、明时代,清中期以后逐渐衰落,但其影响一直延续到近代。理学基本是由周敦颐、张载、邵雍、"二程"创立,广义的理学,泛指以讨论天道性命问题为中心的整个哲学思潮,包括各种学派;狭义的理学,专指以程颢、程颐、朱熹为代表的,以"理"为最高范畴的学说,即程朱理学。理学又称道学。理学的出现,承担了重建儒学价值体系的职能,通过对理论的挑战和对现实问题的创造性回应,古典儒学通过理学而得以复兴。可以说,宋明理学对汉代以后整个中国文化的发展有一个新的反省,并通过这种反省致力于儒学的复兴。理学直接承继了孔子到孟子的先秦儒家思想,同时理学思想体系也选择性地吸收扬弃了道家、玄学、道教以及佛教的一些思想。

周敦颐在《太极图说》中提出了"主静"的思想,他的"主静"思想源于《礼记·乐记》"人生而静,天之性也",又吸收了佛、道的寂静无为思想。关于受到佛、道思想影响这一点,后来被周敦颐的学生程颢、程颐发展为"主敬"说,并成为后来理学修养的两大途径。

那么周敦颐为什么认为实现"立人极"的途径在于"主静"呢?因为这是与周敦颐的宇宙观相统一的,在他的宇宙观中,乾坤都具有动静的属性,动和静是相对而言的,乾之动为健,坤之动为顺,因而太极呈现出动静两种状态,而且又在相互转换,周敦颐从太极本体出发,认为万物始乎静,终乎静,正因为天地以前的"无极"原来是"静"的,所以人的天性也是"静"的。

那么又如何"主静"呢?周敦颐的解释是"无欲故静",他认为"无欲"是"主静"的重要条件,也是成为圣人的基本途径。

> 孟子曰:"养心莫善于寡欲。其为人也寡欲,虽有不存焉者,寡矣;其为人也多欲,虽有存焉者,寡矣。"予谓养心不止于寡焉而存耳,盖寡焉以至于无。无则诚立、明通。诚立,贤也;明通,圣也。是圣贤非性生,必养心而至之。养心之善有大焉如此,存乎其人而已。①
>
> 《养心亭说》

孟子在《尽心下》中提出了自己"养心莫善于寡欲"的思想,他认为修身养

---

① 周敦颐著:《周敦颐集》,北京:中华书局,2009年版,第52页。

性最好的办法是减少欲望。而周敦颐在孟子的基础上走得更远,寡欲还不是最后的道路,要做到无欲才能真正养心,才能成圣。人有基本的生理需求,所谓"食色性也",欲望伴随着人的一生,人类绵延生息不绝,源于欲望驱动,所以"人生而有欲"。正常、合理的欲望,对满足人们物质上的富足,追求事业上的成功,争取人生中的精彩都起着不可忽视的作用,而恶欲只会在人生道路上滋生贪欲。一般来说,对于欲望,既不可禁止,也不可放纵。不过,欲望的发展是有限度的,若无限膨胀,失去理智,难免被无度的欲望所累所害。求名心切必作伪,求利心重必趋邪。"有欲甚,则邪心胜""欲炽则身亡",讲的就是这个道理。而周敦颐在这里倡导"无欲",是希望我们回到一种赤子之心的状态。如果你在道德修养之路上,没有功利欲望,那么你就会拥有诚意,就会明白通达,那么你在通往圣贤的道路上就又前进了一步。

在这里,周敦颐强调的是一种内心归于平静、不受外界影响的境界。柳下惠(前720—前621),姓展氏,名获,字子禽,一字季,春秋时期鲁国柳下邑(今山东平阴孝直镇展洼村)人,鲁孝公的儿子公子展的后裔。"惠"是他的谥号,所以后人称他为"柳下惠",有时也称"柳下季"。他担任过鲁国大夫,后来隐遁,成为"逸民"。柳下惠被认为是遵守中国传统道德的典范,《孟子》中说"柳下惠,圣之和者也",所以他有"和圣"之称。《论语》中记载了他的故事:

> 柳下惠为士师,三黜。人曰:"子未可以去乎?"曰:"直道而事人,焉往而不三黜?枉道而事人,何必去父母之邦?"
>
> 《卫灵公》

> 子曰:"臧文仲其窃位者与!知柳下惠之贤而不与立也。"
>
> 《微子》

柳下惠曾经在鲁国做过士师的官职。士师在古代主要掌管刑罚狱讼之事,是个官位并不大的官。当时鲁国王室衰败,朝政把持在臧文仲等人手中。柳下惠生性耿直,不事逢迎,自然容易得罪权贵,竟接连三次受到黜免,很不得志。一百多年后的孔子在谈到此事时还十分气愤,说:"臧文仲其窃位者与?知柳下惠之贤而不与立也!"

柳下惠虽然屡受打击排挤,仕途蹭蹬,他的道德学问却名满天下,各国诸侯都争着以高官厚禄礼聘他,但都被他一一拒绝。有人问其故,他答道:"直道而事人,焉往而不三黜?枉道而事人,何必去父母之邦?"意思是说,自己在鲁国之所以屡被黜免,是因为坚持了做人的原则。如果一直坚持下去,到了哪里也难免遭遇被黜免的结果;如果放弃做人的原则,在鲁国也可以得到高官厚禄。那又何必离开生我养我的故乡呢?

在这里,柳下惠并不以三次被罢免而动摇自己的内心,他坚持自己的原则,认为内心的平静更为重要,因此同心性修养相比,坎坷的仕途并不值得他做出不必要的改变。

再如庄子。《庄子·秋水》中记载了这样一个故事:

庄子钓于濮水。楚王使大夫二人往先焉,曰:"愿以境内累矣!"

庄子持竿不顾,曰:"吾闻楚有神龟,死已三千岁矣,王以巾笥而藏之庙堂之上。此龟者,宁其死为留骨而贵乎?宁其生而曳尾于涂中乎?"

二大夫曰:"宁生而曳尾涂中。"

庄子曰:"往矣!吾将曳尾于涂中。"

有一天,庄子持竿在濮水之上钓鱼,楚王派了两名官吏前去拜访庄子,并邀请他入朝为官,他们对庄子说:"想将国家烦累的事务交给您处理!"这时候庄子只是拿着渔竿并没有回头看他们一眼,他说:"我听说楚国有一只神龟,死了已有三千年了,国王用锦缎包好放在竹匣中,珍藏在宗庙的堂上。这只神龟,它是宁愿死去留下骨头让人们珍藏呢,还是情愿活着在烂泥里摇尾巴呢?"两位官员说:"它们宁愿在烂泥巴地里拖着尾巴爬来爬去。"庄子于是说:"你们走吧!我希望自己能像那只龟一样可以拖着尾巴在田地里自由自在地游来游去!"

在这个故事中,庄子鄙弃富贵权势,不愿意自己被官禄所累。庄子是一个人格独立的人,他追求精神的自由,不愿意让自己受到束缚,向往逍遥自在的生活。当庄子面对官爵诱惑的时候,他秉持一颗平静的心,遵循内心的想法而毅然决然地拒绝了楚王的邀请,这正是他内心足够平静和强大才能做到的。

三、对当代教育的启示

周敦颐的"无极而太极"的天道本体论,突出强调人的价值和作用,以中正仁义为内容,以主静为途径,这种修养哲学体系结构开创了宋明理学的哲学体系。之后的宋明理学家的哲学体系大都没有超出这个体系结构。周敦颐的"无极而太极""中正仁义而主静"等命题更是成了宋明理学讨论的对象,为宋明理学家展开自己的思想提供了资源,提供了前提。周敦颐几乎提出了宋明理学所有的论题,为宋明理学发展提供了多方面的可能性。在这个意义上,完全可以认定周敦颐是宋明理学的开创者、奠基人,并且是所有宋明理学家的指引人。但同时周敦颐"立人极"的德育目标哲学的意义又绝不仅仅是历史的。在周敦颐的"人极"标准问题中,"人极"标准,归根结底是一个本体论问题,从这个意义上说,周敦颐提出的确立"人极"标准的方法论原则,为我们提供了现象学解释的空间,为我们探讨"知识形态的形而上学何以是可能的"提供了资源。周敦颐哲学的意义绝不是仅为宋明理学而历史地存在,它具有一种超历史的、普遍的意义。

周敦颐"立人极"的德育目标思想对现当代教育产生了很大影响。现代新儒学大家熊十力先生就对周敦颐"立人极"的思想极力推崇,他在《读经示要卷二》中说:"周濂溪从道家转手而归儒学,《太极图说》立人极三字,确有无穷意蕴,真得六经之髓,学者不可忽也。"又说:"周子以主静立人极,而于静字下,自注无欲故静,则此静非与动相对之静,而以停止之静讥之可乎?立人极三字,是尼山宗旨。"当前传统思想的现代转化面临着西方强势文化的挑战,如何在吸收外来文化的同时突显传统文化思想,是我们不得不面临的问题。道德是照亮人全面发展的光源,是赋予人健康成长的一种重要力量。没有高尚的道德,就没有高尚的人。青少年是国家未来的建设者和接班人,加强对他们的社会主义道德教育,提高他们的道德素质,具有重大的现实意义和深远的历史意义。但由于受各种不利因素的影响,青少年在道德认识和道德行为方面还存在一些问题。周敦颐"立人极"的德育思想要求我们在教育学生时,对其道德行为进行引导,让学生重视自己的道德行为。像周敦颐"立人极"德育思想中提到的"主静无欲"就有利于学生树立正确的人生观和价值观。

在现实社会生活中,有的人在诱惑面前失去了理智,因而犯下了错误。如果我们审视这些犯错的人,就会发现他们有一个共同点,就是没能正确把握自己的需求和欲望的度,从而走向了邪路,改变了正直的心路。我们每个人的心灵深处,有一片长着杂草的荒野,那些杂草可能就是自私、私欲。青少年由于年龄小,缺乏社会阅历,往往抵不住这些诱惑,因而容易犯错误。周敦颐主张的"主静无欲",其实就是一种人格,它会让人由浮躁变沉稳,由短见变远见,静心智生,智生事成。通过这种方式进行自我修养,青少年可以变得专注而博大,内敛而深邃,含蓄而丰富。

总之,通过对周敦颐"立人极"德育思想的发掘,有助于我们在新时代中对广大青少年学生进行道德建设,帮助他们树立正确的道德价值取向,有助于青少年的素质和道德水准的提高,也有助于他们人格的培养和完善。

第二节 "圣希天,贤希圣,士希贤"的三境界

圣希天,贤希圣,士希贤。伊尹、颜渊,大贤也,伊尹耻其君不为尧、舜,一夫不得其所,若挞於市。颜渊"不迁怒,不贰过""三月不违仁"。志伊尹之所志,学颜子之所学,过则圣,及则贤,不及则亦不失於令名。①

《通书·至第十》

我们在第一章《为师职责》中讲到了"志伊尹之所志,学颜子之所学",周敦颐认为为师的职责要教育学生向伊尹和颜渊学习。那么具体要怎么做呢?在《通书·至第十》中,周敦颐给出了答案,提出了"圣希天,贤希圣,士希贤"三境界的过程论。

一、圣希天

在周敦颐的三境界说中,第一层境界是"圣希天"。在第一章第二节中,我们探讨过什么是圣人以及圣人具有的品质和德行。周敦颐认为圣人应当把天作为学习对象,这样看来似乎在周敦颐的心中天才是最高的一级,即使是止于至善的圣人也需要效法天,那我们就得弄懂天的含义了。

"天"是中国传统文化中一个重要的哲学范畴,具有极其复杂而又丰富的内涵。天有狭义和广义之分,狭义的天与地相对而言;广义的天,包括神灵、自然、道义三种内涵。周敦颐在这里言及的天其实是对儒家传统天道思想的继承。我们由孔子、孟子和荀子来看儒家的天道思想。

---

① 周敦颐:《周敦颐集》,北京:中华书局,2009年版,第22页。

神灵意义上的天,具有神格化、人格化的特点,这主要出现在中国远古时期。原始社会生产力水平十分低下,面对难以捉摸和控制的自然界,人们不由自主地会产生一种神秘而又敬畏的感情,一些特殊的灾害性的自然现象,如地震、洪水等使人们畏惧和惊恐。人们由此幻想世界上存在超自然的神灵和魔力,并对其崇拜,自然就被神化了。三国时期吴国徐整的《三五历纪》中记载:

> 天地浑沌如鸡子,盘古生其中。万八千岁,天地开辟,阳清为天,阴浊为地。盘古在其中,一日九变。神于天,圣于地。天日高一丈,地日厚一丈,盘古日长一丈,如此万八千岁。天数极高,地数极深,盘古极长。后乃有三皇。数起于一,立于三,成于五,盛于七,处于九,故天去地九万里。

在华夏传统对天的信仰中,轻而清的东西向上不断飘升,变成了天;重而浊的东西,渐渐下沉,变成了大地。这一点在远古的官职设置上体现了出来,那就是天官和地官的划分:天官,即祝、宗、卜、史一类职官,他们管通天降神;地官,即司徒、司马、司空一类职官,他们管理土地和人民。

到了孔子的年代,周王室已经名存实亡,诸侯纷争,礼崩乐坏。礼,作为社会行为的规范开始出现问题,人民对礼的规范性与神圣性产生了怀疑,传统的价值标准和观念开始发生相应的变化。孔子很少言及天道,在《论语·公冶长》中子贡就说:"夫子之文章,可得而闻也;夫子之言性与天道,不可得而闻也。"但如果我们细看《论语》,就会发现在其中孔子有不少关于天的论述。孔子在《论语》中论述的"天"的含义是非常丰富的,孔子的天道融会了天道和人道的天。

孔子所言的"天"有着不同含义,大概看来包含有精神之"天"(神)和物质之"天"的双重内容,首先是表现了孔子的有神论思想。我们知道,孔子所生活的春秋时代的人们是崇拜神灵的,遇事都要祭奠、祈祷,以求得神灵的保佑。孔子也不例外,幼时即习祭奠之礼,他非常尊崇尧、舜、禹、汤、文、武、周公等古圣先贤,这些古代圣贤的有神论思想无不为孔子天命观的形成打上深刻的烙印。孔子在《论语》中云:"祭如在,祭神如神在。"可见,孔子不仅信神,还要求人们在祭奠神灵的时候要毕恭毕敬,心存虔诚,要以"心存神灵,神灵就临在于面前"的思想意识和虔诚心态来祭奠神灵。但是,孔子却极力反对言及乱力怪神、邪魔恶鬼,所以当季路问事鬼神时,孔子当即批驳:"未事人,焉事鬼。"孔子在这里指出,首先要先做人,不要谈论鬼。孔子信从天命,在其天命论中亦无不流露出他的有神论思想。《中庸》开篇即云:"天命之谓性,率性之谓道,修道之谓教。"其意说明,人及其本性是由上天所赋予的,故曰"天命"。按照上天所赋予的本性去修养,乃为人间正道,按照这一正道去教育人民,就可以达到教化天下的目的。孔子为了明确他的有神论观点,又进一步强调说:"天何言哉?四时行焉,百物生焉,天何言哉?"季节的更替、万物生长的规律皆由上天所安排,不需要上天直接说话,这些规律就已经证明上天的意愿了。孔子还说:"获罪于天,无所祷也。"孔子这里所讲的"天",是有意识的,是可以主宰世界万物和人类命运的神灵,人若犯罪得罪了"天"(神灵),就无从再向谁祷告了。

除了神化的天之外,孔子有的时候所讲的"天"又指自然的天,也就是自然规律,他在《论语·泰伯》中说:"唯天为大,唯尧则之。"在这里,"天"就有自然之天的意思,认为"天"是以四时运行为特征,运动不已,生生不息的。这一观点在《周易》中表现得最为突出,如"有天地然后万物生焉""至哉乾元,万物资生,乃顺承天""法象莫大乎地,变通莫大乎四时""天行健,君子以自强不息"等等。这些地方所说的"天",都是指自然界的天及其运行规律。孔子承天道,穷天理,讲天命,一生潜心于对天地万物自然规律的精心研究,熟悉掌握了自然界的运行规律,"子在川上曰:逝者如斯夫,不舍昼夜",激励他的学生要"发奋忘食,乐以忘忧",要"君子以自强不息"。

总之,孔子在其有神论思想的影响下,提出了德政、爱民、仁义、孝敬、化私为公、意正心诚、修身齐家治国平天下等博爱主张,又以其自然天道观的思想,激励人们奋发向上,百折不挠,投身社会,服务人民,是很有其积极意义的。时至今日,对于我们仍有很好的借鉴意义。

我们再来看孟子的天道观。孟子的天道观是孟子思想的重要组成部分,也是他的性善论、伦理思想以及政治思想的出发点和哲学依据。孟子的天道观主要体现在《孟子》一书中,从《孟子》中我们可以看到孟子所说的天大致有四种意义。

1.在许多地方把天看成是有意志的人格神

他在《孟子·离娄下》中说:"虽有恶人,斋戒沐浴,则可以祀上帝。"他还说:"天降下民,作之君,作之师。"在孟子看来,人世间的最高统治者是奉天之命来统治百姓的,上天降生了人,地位的传承是由天来决定的。虽然孟子把天看作是有意志的神,但另一方面,他又援引了《尚书·太甲》中的"天作孽,犹可活;自作孽,不可活",并在《孟子·公孙丑下》指出:"祸福无不自己求之者。"似乎孟子也意识到人的能动性,如果自己能够谨慎,处处留心,还是可以取得好的结果的。

2.孟子也把天看作是命运

他认为天是不以人的意志为转移的,是存在于人力之外的另一种无形但又拥有巨大力量。孟子在《孟子·离娄上》中说:"莫之为而为之者,天也。"在《孟子·万章上》又说:"顺天者存,逆天者亡。"孟子还认为天命左右着天下的治乱,他说:"五百年必有王者兴,其间必有名世者。"当孟子自己的仁政学说不为世俗所用时,他说:"天未欲平治天下也。""欲平治天下,当今之世,舍我其谁。"孟子虽然认为天命不可违,但人也应当积极进取。在孟子看来,一个人,不管是寿是夭、处逆处顺,都应当修持自己之身心,以积极的态度迎接、面对各种结果。

3.有时孟子也把天看成是一种道德规范

在《告子上》中他说:"有天爵者,有人爵者。仁义忠信,乐善不倦,此天爵也;公卿大夫,此人爵也。"这几句话的意思是说:有天赐的爵位,有人授的爵位。仁义忠信,不厌倦地乐于行善,这是天赐的爵位;公卿大夫,这是人授的爵位。在这里孟子认为仁义忠信等道德规范包括在天爵之内,是由上天所赐的,天爵的获得,应当是通过自身修养而获得的官位,而非通过奔走请托、污蔑打击等手段获得。而且孟子还认为公卿大夫等政治制度也应该由天来决定,所以在《告子上》中他接着说:"修其天爵,而人爵从之。"在他的思想中天爵是第一位的,人爵是第二位的。

4.自然之天

孟子所说的自然之天,指的是日月运行、四时寒暑交替、万物受其孕育的自然。这正如他在《孟子·梁惠王上》中所说:"天油然作云,沛然下雨,则苗浡然兴之矣。"在《孟子·离娄下》中所说:"天之高也,星辰之远也,苟求其故,千岁之日至,可坐而致也。"

理学大家周敦颐的教育思想

我们在前边说到殷商西周时期的"天"被作为人格神看待。到了孔子,它的人格神色彩被淡化。孔子之后,孟子将道德纳入天的范畴之中,并义理化和价值化。而到了荀子,他吸取了道家有关"天"的自然观的成分,主张一种"明于天人相分"的自然主义天道观。

首先,在荀子看来,天是自然之天,而不是人格神,它没有理性、意志、善恶之分。这正如他在《天论》一文中所言:"列星随旋,日月递炤,四时代御,阴阳大化,风雨博施,万物各得其和以生,各得其养以成,不见其事而见其功,夫是之谓神。皆知其所以成,莫知其无形,夫是之谓天。"同时荀子又认为"天行有常,不为尧存,不为桀亡",天不是神秘莫测、变幻不定的,它有着自己不变的规律,它不依赖于人事,但人不能违背这一规律,而只能严格地遵守它。说明天的运行变化是有其特定规律的,这种规律并不因为偏爱尧而存在,也不会因为憎恶桀而失去,这是荀子"自然之天"的依据。荀子鲜明地主张按照自然界的本来面目来说明物质的客观存在,这对传统认为天有意志、有人格的宗教神学之"天"提出挑战。荀子天道之"天",是客观存在的"天道自然"。所有的自然现象都是按照自身固有的规律在运动变化,其中并没有类似于人的精神意志在主宰。人们只知道天生成了万物,知道自然存在的结果,却不知道在生成万物中那种没有行迹可寻的过程,而这种过程就是"天"。

其次,荀子又主张"天人相分",认为自然界和人类各有自己的规律,应当各司其职,天道不能干预人道,人道也不能干预天道。他在《天论》中讲的"天有其时,地有其才,人有其治"和《礼论》中说的"天能生物,不能辨物,地能载人,不能治人",认为天人各有不同的职能,应当加以区分。

再次,荀子又主张"制天命而用之",认为"从天而颂之,孰与制天命而用之",即不能消极地顺从自然,而要主动地控制和利用它。在这里,荀子强调了人在自然面前的主观能动性,主张"治天命""裁万物""骋能而化之"。他说:"道者,非天之道,非地之道,人之所道也。"君子所遵循的道并不是天之道,也不是地之道,而是人道。荀子所强调的事在人为的思想进一步突出了人的重要性,因此,在面对自然之天的基础上自然就会引出处理天人之间关系的问题。荀子是先秦时期第一个明确提出"明于天人之分"的哲学家,他提倡要发挥人的主观能动性,但荀子也承认天人之间具有同一性,人可以认识、利用和改造自然,但必须尊重自然的客观规律。

以上我们通过对传统儒家天的概念的阐述,知道了周敦颐所谓的"圣希天"。其实是要我们在天中寻找仁义礼智等道德规范,向它学习,努力提高自己的道德修养。不仅如此,周敦颐还认为我们应当顺应自然规律,顺应心性,不做违背天道的事情,这就是周敦颐"圣希天"的内涵。

二、贤希圣

在周敦颐的三境界说中,比第一层圣希天境界低一级的是贤希圣。在这里,周敦颐认为贤是比圣差一级的。在这里,我们就有必要了解儒家所谓的圣贤的意思。

我们知道孔子被称为圣人,在孔子死后,孔子创立的儒家思想对维护传统文化起到了重要作用,因此,便修筑了孔子庙来纪念、祭祀这位伟大的思想家、教育家。在山东曲阜孔庙,主祭孔子,以先贤先儒从祀,围绕孔子这个至圣有"四配""十二哲""七十九先贤""七十七先儒"的排名与塑像。孔子是"大成至圣先师文宣王",最靠近孔子至圣的是"四配",他们也有圣人的称号,分别是复圣颜子(颜回)、述圣子思(孔伋)、宗圣曾子(曾参)、亚圣孟子(孟轲)。在"圣"以下的级别是"哲","哲"有十二哲,地位在"四配"之下,他们分别是闵子(闵损,字子骞)、冉子(冉雍,字仲弓)、仲子(仲由,字子路)、卜子(卜商,字子夏)、有子(有若,字子若)、冉子(冉耕,字伯牛)、宰子(宰予,字子我)、言子(言偃,字子游)、颛孙子(颛孙师,字子张)、朱子(朱熹,字元晦)、冉子(冉求,字子有)、端木子(姓端木,名赐,字子贡)。而"哲"以下的级别就是"贤人","贤人"以下是"先儒"。先贤先儒在孔庙里都无塑像,只在牌位上书其名,在东西两庑从祀。

从上面的列次情况来看,地位越是尊贵,人数也就越少。至尊只有一个,那就是孔子。次尊有四个,而到了"哲"这个层次,人数又多了,有十二个。到了"贤人"层次,人数就多了。人数一多,级别也就低了。这样看来,儒家其实有一个圣、哲、贤、儒的排名。

"圣"的概念我们前边已经讲过，这里不再赘述。那么什么是"哲"呢？在儒家看来，"哲"是最接近圣人的，因此往往和圣合用。如《左传·文公六年》记载："古之王者，知命之不长，是以并建圣哲。"在这里孔颖达疏曰："圣哲，是人之儁者。"就是指那些具有超人的道德才智的人。我们再看"十二哲"，除了后来加入的有若和朱熹，他们又分为以德行著称的颜渊、闵子骞、冉伯牛、仲弓，以言语著称的宰我、子贡，以政事著称的冉有、子路，以文学著称的子游、子夏。

在"十二哲"之后的是先贤和先儒，"贤"以明道修德为主，"儒"以传经授业为主，像后来程颐就被排到"七十九先贤"中，陆九渊被排名到"七十七先儒"中。程颢与程颐一起创立了"天理"学说。程颢曾说过："吾学虽有所受，'天理'二字却是自家体贴出来。""理"是二程哲学的核心，"二程"把"理"作为其思想体系的最高范畴，在他们看来，"天理"是封建道德原则及封建等级制度的总称。程颐主张明道修德，他提出了格物致知说，认为格物即是穷理，即穷究事物之理。最终达到所谓豁然贯通，就可以直接体悟天理。陆九渊与理学家朱熹齐名，史称"朱陆"，他是宋明两代"心学"的开山祖师。陆九渊热心于讲学授道，据《宋史·陆九韶传》记载："每开讲席，学者辐辏，户外履满，耆老扶杖观听。"他主张要以"尊德性"为首，要"发明本心"地去修养道德，以"古人教人，不过存心、养心、求放心……此乃学之门，进德之地"为教育宗旨，认为要把那些脱离圣贤之道的思想剔除，让人至真至善的本心得以显露出来，在此基础上通过不断修养，最终达到"止于至善"的圣人境界。

我们通过以上这些解释，对圣、哲、贤、儒有了更好的理解。那么，在周敦颐看来，他之所以认为"贤希圣"就在于贤对于圣而言，在道德品行上来讲，是有一些差距的，是需要通过自身努力，通过对圣人的效法才能臻于完美。

三、士希贤

在周敦颐的三境界说中，在"圣希天""贤希圣"之后的第三层境界是"士希贤"。我们在上文中讲到孔子庙的排位情况，其中没有"士"这一级。周敦颐在《通书》中认为"士"应当向贤能的人学习，这是他认为志学最初的一个步骤。那么"士"在这里指的是什么样的人呢？

在先秦时期的分封秩序中,"士"是最底层的贵族阶层,他们排在天子、诸侯、卿大夫之后。顾炎武在《日知录·集释·卷七》中说:"谓之士者,大抵皆有职之人矣,恶有所谓群萃而州处,四民各自为乡之法哉。春秋以后,游士日多。《齐语》言桓公为游士八十人,奉以车马衣裘,多其资币,使周游四方,以号召天下之贤士,而战国之君遂以士为轻重,文者为儒,武者为侠。呜呼!游士兴而先王之法坏矣。"在这里,顾炎武认为"先王之法坏"是"士兴"的结果,而且指明了"士"的一个特点那就是"游"。在春秋战国时期出现的"士"阶层大都具有"游"的特点,这主要是由士阶层相对自由的身份形成的。士阶层的兴起大致有以下三个方面的原因。

(一)私学的兴起

据《周礼》记载:"古者学在官府。"那时的史官,既是官吏,又是学校的老师。后来清代章学诚在《文史通义·卷三·史释》中说:"三代盛时,天下之学,无不以吏为师,《周官》三百六十,天人之学备矣。"说的就是这种情形。后来随着周平王的东迁,周王室失去了统治天下的实力,于是列国纷争,大国称霸,从春秋五霸再到战国七雄,政治、军事斗争非常激烈,旧有的秩序被打破,社会开始发生变化,而这种"学在官府"的教育也开始衰落,私人办学兴起。

早在春秋时期的教育史籍文献中就记载了私学兴起的有关情况。《礼记·内则》记述了西周时期贵族家庭教育的一些基本准则:"子能食食,教以右手;能言,男唯女俞。男鞶革,女鞶丝。六年,教之数与方名。七年,男女不同席,不共食。八年,出入户门,及即席饮食,必后长者,始教之让。九年,教之数日。"

家庭教育从幼儿基本的生活技能和生活习惯入手,随着年龄的增长,教以基本的礼仪。从7岁开始,便进行男女有别的教育,男治外,女理内。家庭教育方式的职业化、教学内容的专业化以及组织形式的规模化,是私学的最早雏形。

私学兴起的历史原因有多种。首先是当时士阶层的变化与教育的新需求,改变了"学术官守"和"学在官府"的教育格局。尤其是在由西周走向春秋的社会大变革中,原有的一些贵族阶层逐渐没落,士阶层在不断壮大。没落贵族具有"六艺"等文化知识,便成了求职谋生的一种技能,能在文事方面为统治者和贵族提供所需的服务,可充当官吏等。同时,由于当时社会生产力的提高,为私学的发展开辟了相应的市场。其次,由于政治斗争的需要,养士成风。大批自由民向往加入士阶层,学习文化就成为改变身份、实现理想的一个重要途径。没落的贵族官学已不可能培养士,传统的"六艺"教育也不能适应新时期培养士的要求,能适应这种社会需要的,就是新的教育组织机构——私学。于是,创办私学,开展私学讲学活动,专门训练士的大师先后出现。我们熟知的孔子就是其中的一位代表。在"有教无类"思想的指导下,孔子设坛讲学,广收弟子。有学者把孔子一生的办学活动分为三个主要时期:第一时期为办学初期,时间为"三十而立"前后到35岁期间,这时所收弟子年龄较长,其中有比他小6岁的颜由,有比他小9岁的子路;第二时期为发展阶段,时间为孔子37岁到50岁左右,这一时期孔子培养了一批优秀的弟子,诸如子贡、颜回、仲弓、冉求等;第三时期是孔子"自卫返鲁"后的晚年时期,孔子结束了十四年周游列国的生活,专心整理"六经",又集中精力培养了一批优秀弟子,如子夏、曾参等。

私学的兴起,极大地扩大了受教者的范围,使得很多人具有学问知识的储备,这其中就包括士这一阶层。而且由于他们所依靠的是自己的知识,而不是旧有的宗法血缘关系,所以他们具有独立的身份,可以自由选择自己的职业。《汉书·儒林传》中说:"仲尼既没,七十子之徒散游诸侯,大者为卿相师傅,小者友教士大夫,或隐而不见。"这大致说明了私学出身的士人的基本情况和前途出路。

(二)养士之风的盛行

在公开兼并与竞争的战国时代,养士已成为上层社会的一种风气。只要是有实力、有抱负的国君、权臣,都可以养士。比较有名的诸如"战国四公子",即魏国的信陵君魏无忌、齐国的孟尝君田文、赵国的平原君赵胜、楚国的春申君黄歇。养士之风的盛行,使士受到重视,不仅生活有了保障,而且学术活动有了方便的条件。其中一些出类拔萃的人物受到重用,甚至取得卿相的地位,如吴起、商鞅等。

养士之风的盛行,使得士阶层壮大起来,他们凭借着自己的真实才干,为自己所效力的人做事,也成就了很多美谈。同时,养士之风的盛行,也极大地提高了士的社会地位，使士阶层如雨后春笋般发展起来。

(三)开放的学术环境

春秋战国时期，"百家争鸣"的形成就与当时社会各国相对开放的学术政策有关。特别是战国时期，各诸侯国对"士"往往都采取开放的政策，允许学术自由。这就为士著书立说、发表个人意见创造了良好的条件，从而大大促进了战国时期的思想解放。

诸侯对士实行宽容政策，允许其"合则留，不合则去"。士的身份是自由的，根据《史记·商君列传》记载，商鞅在魏国没有得到重用，但他听说秦孝公"下令国中求贤者"，于是去了秦国，求见秦孝公，最终被秦孝公委以重任。经过商鞅变法，秦国的经济得到发展，军队战斗力不断加强，发展成为战国后期最富强的封建国家。再如"亚圣"孟子，他与齐威王、宣王的政见不同，但在田齐的官办学府稷下学宫中受到重视，齐宣王曾多次向孟子问政请教，甚至像伐燕这样的决策也向孟子寻求意见。后来即使因为政见不合，孟子要离开齐国，齐宣王还尽力挽留他，在《孟子·公孙丑下》说"欲中国而授孟子室，养弟子以万钟"，打算给孟子建造一座房屋并提供万钟的俸禄。

开放的学术环境，极大地促进了学术的发展，使得士阶层思想活跃，敢于探求和勇于创新的精神得到发扬，因而"士"这一阶层也就大大兴盛起来。

我们在上面讨论了士的兴起，再来看儒家所谓的士又是怎么样的呢？

> 子贡问曰："何如斯可谓之士矣？"子曰："行己有耻，使于四方，不辱君命，可谓士矣。"
>
> 曰："敢问其次。"曰："宗族称孝焉，乡党称弟焉。"
>
> 曰："敢问其次。"曰："言必信，行必果，硁硁然小人哉！抑亦可以为次矣。"
>
> 曰："今之从政者何如？"子曰："噫！斗筲之人，何足算也？"
>
> 《论语·子路》

孔子的弟子子贡问孔子说:"怎样才可以称得上是士呢?"孔子说:"自己在做事时有廉耻之心,出使外国各方,能够完成君主交付的使命,就可以称得上是士了。"子贡又问:"冒昧地请问次一等的呢?"孔子说:"宗族中的人称赞他孝顺父母,乡党们称他尊敬兄长。"子贡继续问:"那么再次一等的呢?"孔子回答说:"说到一定做到,做事一定坚持到底,固执而不懂得权变的人呀!不过也可以算是再次一等的士了。"子贡说:"现在的执政者,您看怎么样?"孔子说:"唉!这些器量狭小的人,哪里能算数呢?"

在这里孔子把士分为三个级别:

1.国家级

"行己有耻,使于四方,不辱君命。"一方面国家级别的士,要以道德范畴的廉耻心来规范自己,要拥有良好的个人修养,同时能够完成国君交给的任务,为国家事业奔波,具有实际办事的才能。

2.宗族级

"宗族称孝焉,乡党称弟焉。"宗族级别的士需要对父母实行孝道,对兄弟姐妹要有爱,并且被别人所认同、所称赞。

3.朋友级

"言必信,行必果。"朋友级别的士一定要坚守信用,说过的事一定要做到。

在《论语·子路》中,孔子肯定了国家、宗族和朋友这三种级别的士。如果一个人能做到这三种事,就可以称之为士了,孔子在这里强调的是,士必须要有内在的美德,同时又具有丰富的学识储备。周敦颐是认同孔子关于士的定义的,而他之所以认为士需要向贤、圣学习,就在于他们在内在的道德以及外在的学识上存在着一定的差距,所以他们需要向那些拥有更完善的德行、更优秀的学识的贤、圣学习,这样才能达到"止于至善"的境界。

第三节 "以仁育万物,以义正万民"的标准

  天以阳生万物,以阴成万物。生,仁也;成,义也。故圣人在上,以仁育万物,以义正万民。天道行而万物顺,圣德修而万民化。大顺大化,不见其迹,莫知其然之谓神。故天下之众,本在一人。道岂远乎哉?术岂多乎哉?[①]

《通书·顺化第十一》

  在周敦颐的教育思想中,对学生的道德培养是非常重视的。那么道德的修养究竟要达到一个什么样的境界,要以什么样的标准来考量,甚至这样的一个标准到底该如何做才能够达到,周敦颐在通书里给出了我们答案,那就是要"以仁育万物,以义正万民"。

一、以仁育万物,以义正万民

(一)以天道为哲学依据

  在《通书·顺化》这一章里,周敦颐开篇就说"天以阳生万物,以阴成万物"。《周易》中也曾说:"昔者圣人之作易也,将以顺性命之理。是以立天之道,曰阴与阳;立地之道,曰柔与刚;立人之道,曰仁与义。兼三才而两之,故易六画而成卦。分阴分阳,迭用柔刚,故易六位而成章。"阴阳是我国古代圣贤创立的哲学范畴,是古人对宇宙万物两种相反相成的性质的一种抽象概括,也是宇宙对立统一及思维法则的哲学范畴。老子在《道德经》中说:"道生一,一生二,二生三,三生万物。万物负阴而抱阳,冲气以为和。"就是从宇宙起源角度探讨的,而《周易》中说的"一阴一阳谓之道"则表现出对立统一的规律。

[①]周敦颐:《周敦颐集》,北京:中华书局,2009年版,第23页。

那么在这里,周敦颐探讨"以仁育万物,以义正万民"的标准,为何要从阴阳谈起呢?我们在第一章探讨诚的时候也涉及这个问题,在《通书·诚上第一》中周敦颐就说过"大哉乾元,万物资始"。在这里,周敦颐强调这种"以仁育万物,以义正万民"的标准来源于天道,是自然的规律,我们理当遵循。那么天道又是怎么样呢?从字面看,天道是天的变化运动规律,由于人们对天的解释不同,所以对天道的理解也不尽相同。一些哲学家认为天道是客观的自然规律,如子产认为"天道远,人道迩,非所及也",再如前边我们谈到荀子的"明于天人之分""天行有常,不为尧存,不为桀亡""制天命而用之"等,都是认为天道是一种客观存在的自然规律。另外,有一些哲学家则认为天有意志,天道和人事是相互交融的,天象的变化是由人的善恶引起的,也是人间祸福的预兆。还有一些哲学家则认为天道是某种道德属性,是人类道德的范本,天道是人类效法的对象,像我们前边谈到的孟子就属于这种。

很明显,周敦颐在这里从天道的角度为我们解释"以仁育万物,以义正万民"标准的哲学依据,是为了证明这个标准的合理性,既然是合理的,那么由它衍生的"以仁育万物,以义正万民"的标准我们就应该遵循。

(二)以仁、义为核心

在周敦颐"以仁育万物,以义正万民"的标准里,仁和义是核心。周敦颐认为能够孕育万物的是仁,可以正万民的是义,仁和义的思想在周敦颐"以仁育万物,以义正万民"的标准中占有非常重要的地位。

首先,周敦颐认为仁和义是源于阴阳的,阳生仁,阴成义,它们都来源于天道,属于客观的自然规律,具有合理性。在周敦颐看来,大自然是一个生命世界,天地万物都具有自己的生命和自己的意识,而且这种生命和意识是最值得我们观赏的。人们在观赏的过程中,能够体验到人与自然的契合,从而能够得到极大的精神体验。因而由阴阳、由客观自然规律孕育的仁和义是光明的,是善的。正是由于仁、义具有这样的根本属性,所以我们在履行"以仁育万物,以义正万民"的标准时要以它们为主。

其次,周敦颐之所以认为仁和义是"以仁育万物,以义正万民"标准的核心,就在于仁和义的重要性。我们在前边的章节对于仁和义的基本概念已经做出了详细的论述,知道了什么是仁,什么是义,那么仁和义又具有什么样的价值呢?

东汉史学家班固在总结先秦诸子学术时论及儒家说:"儒家者流……游文于六艺之中,留意于仁义之际。"随着社会的千变万化,儒家学者们也与时俱进,它们扬弃旧说,融汇新知,各抒己意,流派纷呈,但万变不离其宗——"仁义"。"仁义"是历代儒家都认同的"普世价值",是传统道德的基本精神,它所要解决的问题是主体心灵秩序的安排和人际关系处理,就是要求我们用仁去爱别人,要用义来正自己。"仁义"是儒学的基本精神,仁最重要的含义就是"仁者爱人",爱人而非爱己。爱,是一切精神价值的渊源,儒家讲仁爱,墨家讲兼爱,爱是人与人之间的精神纽带,是一切善的价值的精神源头。义是相对于利来说的,它是道德、道义的代名词,相对于团体与社会生活,它是个人之义务。如果说中国传统道德中仁是情感基础,义则是理性基础。正如《论语·里仁》里说:"富与贵,是人之所欲也;不以其道得之,不处也。贫与贱,是人之所恶也;不以其道得之,不去也。"

周敦颐在"以仁育万物,以义正万民"标准里提出的仁义相关思想,对于我们现代教育同样重要。在当代教育体系中,同学与同学之间、老师和同学之间都存在着自私冷漠、麻木不仁的现象,不仅缺乏爱心,而且常常是相互伤害。再加上现在的学生大都是独生子女,从小娇生惯养,往往只注重自己,把自己的利益看得比什么都重。因此对学生进行仁义教育是必不可少的,它可以让学生对别人心存善意,有同情心,以己之心度人之心,时常反思"为人谋而不忠乎"。

(三)以顺化为方法

我们在上边讲到周敦颐的"以仁育万物,以义正万民"标准中的天道哲学依据和仁义核心,那么具体要怎么做呢?周敦颐给出了我们答案,那就是要做到顺化即可。那么什么叫顺化?怎么做才能达到顺化呢?

我们通过对《通书·顺化第十一》深度的阅读和理解,了解到原来这里的"顺"指的是自然的规律,是自然大道运行的轨迹,我们应该顺着它、遵循它,要顺天而行,不能逆天而行。而所谓化,就是教化、生化,即所谓的生生不息,变化无穷,要发挥自己的主观能动性,创造性地运用。这便是周敦颐所谓的顺化。

首先是"顺",即周敦颐说的"天道行而万物顺,圣德修而万民化"。这里周敦颐指出我们应当顺从天道的自然规律,这样做的话就可以达到"万物顺"的目的。这一点我们倒是可以从历史的经验教训中看出来。

汉高祖刘邦是汉朝的开国皇帝,也是中国历史上杰出的政治家、卓越的战略家和指挥家。司马迁在《史记》中称刘邦是"大圣人",同时又讲了刘邦种种劣迹,诸如嗜酒好色、犯禁无行、不尊儒生,尤其是劝项羽烹父分羹,逃亡途中遗弃子女,鸿沟背盟,杀韩信、彭越,可谓不孝不慈不义。或许从道德上讲,刘邦的诸多劣迹让后人无法拿他同后来的汉武帝、唐太宗等人相提并论,但是从顺应历史潮流的角度来看,刘邦确实是顺应历史潮流的人物,做了顺应历史潮流的事情,是顺应天命的。

春秋战国以降,四五百年的时间,中国整个社会处于战乱频仍的时期。孟子说:"争地以战,杀人盈野;争城以战,杀人盈城。"司马迁说:"春秋之中,弑君三十六,亡国五十二,诸侯奔走不得保其社稷者,不可胜数。"中国的民众数百年生活在战火中,而战乱的一个重要根源就是分封制,诸侯国林立。随着生产力的发展,这些诸侯国在自身利益的推动下彼此侵略兼并的军事斗争愈演愈烈。五百来年,处在战火中的人们最大的渴望就是社会安定,而安定的办法就是军队国家化,消灭地方军事割据势力,天下一统,也就是孟子所说的"天下恶乎定""定于一"。统一是时代的潮流,民众的愿望。因为只有统一,才有安定。最终历史选择了秦国,秦国用自己更强大的军事实力荡平六国,消灭了各地方军事割据势力,"销锋镝,收天下之兵,聚之咸阳,铸以为金人十二,以弱天下之民",消灭了中国五百多年来战争不断的一个社会根源,建立了第一个中央集权大一统的帝制王朝。

秦灭六国之后,一统天下。统一天下的秦国并没有意识到此时已不再是战争时期,国家的政策应当向和平建设的方向转变,它依旧实行的是战争时期的军国主义体制,军政、暴政统治最终导致了秦朝的灭亡。

而在秦末战争中,刘邦最后胜出。不管楚汉战争中有多少重要的、次要的、主观的、客观的因素导致刘邦最后胜出,但刘邦所有的选择确实是合乎历史潮流,合乎民意的。从刘邦的功绩上看,他铲除地方军事割据势力,消灭战乱根源;实行仁政治国,开创了帝制统一王朝如何管理国家的一整套措施,真正让帝制统一王朝制度落实运转起来。

其次是"化",即周敦颐所谓的"大顺大化,不见其迹,莫知其然之谓神"。孟子在《尽心下》也曾说:"可欲之谓善,有诸己之谓信,充实之谓美,充实而有光辉之谓大,大而化之之谓圣,圣而不可知之之谓神。"这段话的意思是说:值得追求的叫做善,自己有善叫做信,善充满全身叫做美,充满并且能发出光辉叫做大,光大并且能使天下人感化叫做圣,圣又高深莫测叫做神。在这里孟子说的"大而化之之谓圣",就是希望我们在充实自己的同时,要用这种人格美去普照自己周边的万物,让他们得到教化。这里孟子的化和周敦颐的化可谓异曲同工之妙,和孟子一样,周敦颐提倡在"顺"的前提下,要做到化,要先修炼内在的道德品行,再用它去感化别人,从而达到教化的作用。

我国著名教育家陶行知先生在任小学校长的时候,就曾以四块糖教化学生。有一次,陶行知先生在校园里看到一个男生王友用泥块砸自己班上的同学,当即斥止了他,并令他放学后到校长室去。放学后,王友已经等在校长室准备挨训了,可一见面,陶行知却掏出一块糖果送给他,并说:"这是奖给你的,因为你按时来到这里。"王友惊疑地接过糖果,随后陶行知又掏出一块糖果放在他手里,说:"这块糖也是奖你的,因为当时我不让你打人时,你立即就住手了,这说明你很尊重我,我应该奖你。"王友更惊疑得睁大眼睛。接着,陶行知又掏出第三块糖塞到他手里,说:"我调查过了,你用泥块砸那些男生,是因为他们不守游戏规则,欺负女生,你砸他们,说明你很正直善良,有跟坏人作斗争的勇气,我更应该奖励你啊!"王友听着校长一席话,特别感动,含泪后悔地说道:"陶校长,您打我两下吧!我错了,我砸的不是坏人,而是自己的同学呀!"陶行知满意地笑了,随即掏出第四块糖递过去,说:"因为你正确地认识错误,我再奖给你一块糖果,可惜就这一块糖了,糖送完了,我看我们的谈话也该结束了吧!"听完之后王友走出了校长室。这样的批评教育方式,让人不禁感叹。

中国传统文化的核心价值观主要蕴含在"道"这个概念中,"道"的本义是指道路。后来古代的思想家把它引申为一种在自然界和社会中的抽象法则。不仅道家,儒家也讲"道",且十分重视"道"。老子、孔子都生长在一个礼崩乐坏、天下无道的时代,对"道"有了自觉的意识,都是通过对礼乐文化的历史反思来"悟道"的,老子是以天道为本,上道下贯,涵天地人;孔子则是以人道为主,下

理学大家周敦颐的教育思想

学上达，通天地人。

儒家非常重视教化的作用，在儒家看来，"道"的下贯和落实就是所谓的"教"。因此，"修道谓之教"，意味着知道、明道、守道、修道、得道。不过这个教也是有前提条件的，是建立在儒家修己的基础之上的，这正是周敦颐在上文中说的要有仁义的修养，只有这样才能够去安人、安百姓、正人。《周礼》中记载了大司徒的职责中有所谓的"十二教"，其教民的内容可谓具体而广泛，涉及民生的各个层面。《礼记·王制》中也说司徒"修六礼以节民性，明七教以兴民德，齐八政以防淫，一道德以同俗，养耆老以致孝，恤孤独以逮不足，上贤以崇德，简不肖以绌恶"。

到了春秋时期，随着"学在官府"向"学在民间"的转化，学校教育、社会教化融为一体。这样，道之贯彻就意味着以天下苍生为念，推己及人，教化天下，使天下归仁，这样教化的外延就被扩大了。孔子在《论语·宪问》中说："子路问君子。子曰：'修己以敬。'曰：'如斯而已乎？'曰：'修己以安人。'曰：'如斯而已乎？'曰：'修己以安百姓。'"子路请教怎样才是君子。孔子说："修养自己，以致能认真谨慎地面对一切。"子路再问："这样就够了吗？"孔子说："修养自己，以致能安顿四周的人。"子路又问："这样就够了吗？"孔子说："修养自己，以致能安顿所有的百姓。"修养自己，以致能安顿所有的百姓，这是连尧舜也会觉得很难做到的事啊！这段话体现的正是孔子通过教育来培养士人，使其担当起教化民众的责任并进而改造社会的思路，也就是周敦颐说的"化"。

不仅如此，周敦颐还认为如果你能够感化别人，取得教化的结果，那么你就具有圣人的特征了。如果周围那些被你感化的人都成了君子，但他们却不知道是由于你的原因，是你教化的结果，那么你就可以称之为神了。如果你能做到这一步的话，那么你就真的算做到了"以仁育万物，以义正万民"。

二、肃之以刑，用刑以慎

天以春生万物，止之以秋。物之生也，既成矣，不止则过焉，故得秋以成。圣人之法天，以政养万民，肃之以刑。民之盛也，欲动情胜，利害相攻，不

第二章　周敦颐的教育目标

止则贼灭五伦焉。故得刑以治。

情伪微暧,其变千状。苟非中正明达果断者,不能治也。《讼》卦曰:"利见大人,以刚得中也。"《噬嗑》曰:"利用狱,以动而明也。"呜呼!天下之广,主刑者,民之司命也。任用可不慎乎!①

《通书·刑第三十六》

在这里,周敦颐的思想体现了儒家"德主刑辅"的主张。所谓"德主刑辅",从字面上看就是要以德育为主,以刑罚为辅。为了更明白地理解周敦颐"肃之以刑,用刑以慎"的思想,我们有必要先了解"德主刑辅"的思想。

儒家的"德主刑辅"主张经历了从春秋末年至汉代的曲折过程,最终成为中国封建社会的正统法律思想。先秦时期的诸子百家中,以儒家和法家的治国策略最具有可行性。秦汉时代,这两家的治国策略形成了激烈的竞争。儒家以德治为本,法家以刑治为本,从治国的根本而言,两家是站在彼此对立的立场上的。儒法之争是在治国方略上的"德治"与"刑治"的交锋。

而儒家的"德治"与法家的"刑治"又各有长处与局限。孔子主张"以德治国",他在《论语·为政》中说:"为政以德,譬如北辰,居其所而众星共之。"他认为为政者以德治国,人们就会拥护你,就如同北极星一样,处于中心的位置,自然被群星围绕、拱卫。儒家的"德治"思想不可避免地有其各种局限性,他们从治人和治于人的关系上立论,在理论上表现出片面夸大道德作用的道德决定论倾向,这是在现实社会政治生活中难以真正实现的。尽管如此,他们强调对民众实行道德教化和要求从政者具备良好的道德品质等主张,有利于社会的发展,也在客观上有利于民众。

法家的"刑治"主张的局限性在于片面夸大法令控制与刑罚强力的作用。秦国采用法家思想,在经历商鞅变法之后逐步建立起中国历史上第一个封建王朝,法家的思想在秦朝占据了绝对的统治地位,秦朝的覆灭是不言自明的法家局限性的例证。但法家思想中有价值的合理因素及其对社会发展所起的积

---

①周敦颐:《周敦颐集》,北京:中华书局,2009年版,第41页。

理学大家周敦颐的教育思想

极作用也是不应抹去的,它在反对和打击奴隶制的旧制度、推动社会变革方面曾发挥过巨大的历史作用,而它所强调的明法审令、循名责实、信赏必罚等主张,则是治国经验的总结,凝结着人类政治文明发展的积极成果。

汉朝建立初期,鉴于常年的战争造成的社会凋敝以及吸取秦朝在"事皆决于法"的思想影响下实行轻罪重罚、严刑峻法给人民带来的苦难的教训下,汉初统治者们推行"治道贵清净而民自定"的黄老学说,实行休养生息的政策。值得注意的是汉初统治者在提倡黄老学说的同时,又兼采儒、法各家思想,将黄老学派的法律思想逐渐发展为"文武并用""德刑相济",到了汉武帝时期,董仲舒在继承和发展儒家德刑观的基础上,提出了德主刑辅的治国方略,主张"大德小刑""前德后刑",认为在现实的政治生活中应该采用贵德贱刑、先德后刑、近德远刑的治国方法,实施以德教为主、以刑杀为辅的施政方针,这个主张获得了汉武帝的认可,并广泛实施开来,由此"德主刑辅"的思想最终确立起来,并成为历代封建王朝所实施的正统法律思想。

周敦颐明显地继承了"德主刑辅"的思想,在《通书·刑第三十六》这一章中,周敦颐提出了自己"肃之以刑,用刑以慎"的观点。通过我们在前面章节对周敦颐的教育思想的探讨,在周敦颐看来对一个人进行道德教育是非常重要的,仁、义、礼、智、信这些儒家重要的概念对于一个人的道德品行起着很大的作用,它们可以在不知不觉中影响人们的处事行为,而且是向着好的一面、善的一面发展的,"以仁育万物,以义正万民"的标准就属于德育的内容。但我们知道道德作为调整社会关系的一种方式,它对于人的行为的约束是有限的,因此人们往往还采用法律的手段来制约那些罪恶的行为,所以这里周敦颐认为要落实"以仁育万物,以义正万民"的标准,光靠仁义、顺化是不够的,我们还应当"肃之以刑,用刑以慎",以此作为德育的补充。

(一)肃之以刑

周敦颐在这一章阐述"肃之以刑"的原因时,是以自然发端,然后再续以人事,他说:"天以春生万物,止之以秋。物之生也,既成矣,不止则过焉,故得秋以成。"他从自然的发展变化规律出发,说万物在春天的时候萌芽生长,到了秋天就开始凋零枯萎,这是自然法则。在这里周敦颐认为万物的成长都有一个界限,如果超过了这个界限,那就太过了,就会被制止,对于自然界来讲,秋就是止,那么推及到人事,法律就是止。

关于"止之以秋",倒是有个成语恰如其分地解释了它,那就是"秋后问斩"。"秋后问斩"一词出现于唐代,它的出现源自古代"秋冬行刑"的传统。根据相关文献记载,"秋冬行刑"的记录最早见于《左传·襄公二十六年》,而关于刑杀与时令的论述最早见于《礼记·月令》:"仲春之月……毋肆掠,止狱讼。"那么为什么要选择在秋冬行刑呢?一方面是政府出于警示的目的,中国是一个以农耕为主的社会,农民在秋冬二季较为空闲,方便地方官动员民众观看;另一方面在儒家看来,秋冬为万物萧瑟的季节,所以有权收回生命,而春夏为万物生长的季节,如果杀人就有悖天理,因此不宜取人性命。

一个"止"字就是周敦颐"肃之以刑"的根本原因。止,体现了周敦颐对生命的认识,他认为任何事物都有发展到极点的时候,正如《周易》中所言"日中则昃,月盈则食",太阳到了正午就要偏西,月亮盈满就要亏缺,因此"肃之以刑"的根本原因就在于"民之盛也,欲动情胜,利害相攻,不止则贼灭五伦焉",要对这种行为制止。

周敦颐在这里交代了肃之以刑的原因,认为随着民众数量的增多,道德的制约能力已经开始失效,饱暖思淫欲,饥寒起盗心,人们的内心开始衍生出诸多不良想法,很多人就会陷入欲动情胜、利害相攻的状态。所谓欲动,就是说人们开始有无法满足的欲望,所谓情胜,就是说,每个人的脾气和意气都不相让,把自己的利益放在首位。因为这样的状态,造成了人们关系的不可调和,导致了人们之间反目成仇,如果不对这种行为进行制止,那么整个社会最终就会沦落到"贼灭无伦焉"的境地。

中国古代国家的治理,往往综合运用政权、法律、文化、道德等手段。数千年来,中华民族虽屡经王朝更替但始终传承延续而未中断,其原因多矣,但与治国手段的多样、综合、变通是分不开的。我们在上边阐述"德主刑辅"思想的时候已经讲过,以德治国是主要的,比如明太祖朱元璋在建国之初,以"吾治乱世,刑不得不重"为原则,实行重典治赃吏,虽然收到一时的效果,却并未能杜绝犯罪,以至于发出"欲除贪官污吏,奈何朝杀而暮犯"的感慨。洪武三十年《大明律》修成后,他总结30年的统治经验,得出"朕仿古为治,明礼以导民,定律以绳顽""使猛烈之治,宽仁之诏,相辅而行"的道理,强调"礼乐者,治平之膏梁;刑政者,救弊之药石",唯有"以德化天下,兼明刑制具以齐之",才能使得国家实现长治久安。

但我们必须看到,礼乐虽有治世的功用,但它或是从正面设范立制,或是唤醒人们内在美好的情操,但如无强制性的政权和法律的保障,也不可能发挥其应有的功能。因此,周公在制作礼乐的同时也制作了刑法。周公鉴于商末"重刑辟"招致亡国的历史教训,深刻认识到"小民"的作用,提出"小民难保""天畏棐忱""人无于水监,当于民监"的警示。这正如季文子在追忆周公的功德时所说:"先君周公制周礼,曰:'则以观德,德以处事,事以度功,功以食民。'作誓命曰:'毁则为贼,掩贼为藏;窃贿为盗,盗器为奸。主藏之名,赖奸之用,为大凶德,有常无赦!'在《九刑》不忘。"

(二)用刑以慎

周敦颐为了解释"用刑以慎"的思想主张,他连用了《周易》中"讼"卦和"噬嗑"卦两卦,这给我们提供了一个切入点。我们不妨从"讼"卦和"噬嗑"卦出发,来以小见大。

"讼"卦是《周易》六十四卦的第六卦,"讼"卦下卦为坎为水,上卦为乾为天,上刚下阴,必然纷争,因此讼的意思就是争辩、争论、争吵,诉讼就是打官司。在这里周敦颐引用了"讼"卦卦辞,其卦辞曰:"有孚,窒;惕,中吉。终凶。利见大人,不利涉大川。""孚"的意思是诚信、信用,"窒"的意思是阻塞。这几句话是说:你虽然有诚信,讲信用,但由于信息不畅,彼此缺乏沟通了解,所以受到阻滞,使得信用打了折扣。虽然如此,但是还是要谨慎,要继续保持诚实,不要意气用事,这样的话就会有好的回报。如果不这样做的话,就会有凶兆,结局就会变得糟糕。所以适合去拜见大人,与贵人、智者多多交流,而不要一意孤行,最终坠入深渊,就像渡河一样。

在这里,周敦颐说的"以刚得中"是就"讼"卦卦象而言,因为"讼"卦的第二爻、第五爻均为阳爻,所以称之为"以刚得中",但周敦颐在这里更强调的是要有"利见大人,不利涉大川"的这种态度,就是他前边说的"中正明达果断"。因为在周敦颐看来,"中正明达果断"是用刑者"用刑以慎"的一个前提。如果用刑者拥有"中正明达果断"的品质,那么他们在使用刑法的时候就不会为个人的喜恶爱好左右,这样就能做到"中正",如果他们用刑以事理为准,就会做到公平,就能做到"明达",如果他们在用刑时有自己的判断力,能够做到迅速而准确,那就能做到"果断",如果这三者他们都可以做到,那么就真的是达到了"用刑以慎"的地步。慎,就一定要用中正明达果断之人来主掌刑法,千万不能用非仁、非义、非礼、非智、非信、不中、不正、不明、不达、不果断之人来主管刑法。

我们再看"噬嗑"卦。"噬嗑"卦是《周易》六十四卦的第二十一卦,"噬嗑"的意思为上下颚咬合,即咀嚼。"噬嗑"卦阐述的是刑罚的原则,认为法治是政治的根本,为了扬善惩恶,建立和保持秩序,往往要采取不得已的刑罚手段。在这里周敦颐引用了"噬嗑"的卦辞,其卦辞曰:"利用狱,以动而明也。"意思是说"噬嗑"卦亨通,有利于施用刑罚。但周敦颐认为"利用狱"应当是有前提的,不是什么事都适用刑法,应该谨慎使用,所以在后边他感叹:"呜呼! 天下之广,主刑者,民之司命也。任用可不慎乎!"认为天地广大,掌管刑罚的人就是掌握着老百姓的命运,那么动用刑法就不得不慎之又慎!

周敦颐用刑以慎的思想,极具现实指导意义,秦朝灭亡的经验告诉我们用刑以慎的重要性。各朝各代也在治理国家之中贯彻着这个原则。恤刑是汉代刑罚的适用原则之一。汉景帝于公元前141年著令:"年八十以上,八岁以下,及孕者未乳、师、朱儒,当鞠系者,颂系之。"年八十以上,八岁以下以及孕妇、盲人、侏儒症患者,在监禁时可给予优待,不加桎梏。平帝元始四年,"明敕百僚,妇女非身犯法,及男子年八十以上七岁以下,家非坐不道,诏所名捕,它皆无得系"。东汉光武帝下诏:"男子八十以上,十岁以下,及妇女从坐者,自非不道,诏所名捕,皆不得系。"

《唐律》有明确的规定,对于老幼、病残、笃疾、孕妇在执行刑罚上要怀着一颗怜悯之心,给予不同程度的宽赦。《唐律》规定:凡是年七十以上、十五以下以及废疾者,流罪以下可以赎罪;八十以上,十岁以下以及笃疾者,犯反逆、杀人等死罪的可以上请减免,一般的盗或伤人也可以赎罪;而九十以上、七岁以下,虽有死罪不加刑。即对老小废疾犯罪,不得拷讯,孕妇犯罪应拷讯者,须等产后一百日再拷,违者分别处杖、徒刑。以后的立法均以《唐律》为蓝本,沿续了对老、幼、妇、疾者减免刑罚的传统。

理学大家周敦颐的教育思想

　　宋代统治者重视法制,在"理国之准绳,御世之衔勒"的认识基础上,非常重视司法活动,尤其是刑事审判活动。宋代吸取了五代的教训,统治者们继承了传统的儒家慎刑恤狱的思想,力求赏罚公正,狱无冤滥。宋太祖和宋太宗认为,司法审判事关国家命运兴衰,与百姓生活的苦乐密切相关,故须格外关注,并需推仁爱于狱讼之中。在宋人看来,要做到慎刑恤狱,除了皇帝躬自折狱虑囚以及选用儒臣治州郡之狱外,尤为重要的应当是合理设置刑事审判制度,强化对刑事审判权的制约,防止刑事审判权滥用。宋代遵循"事为之防,曲为之制"的理念,在刑事审判权的配置上建立了一套"上下相维、内外相制"的制度。

　　元代规定狱中囚犯,男女不同屋,必须把轻犯和重犯分开。司狱、狱卒、提牢官要忠于职守,不得虐待囚犯。没有亲属供给或虽有亲属但因贫困不能供给的囚犯,每天给仓米一升。如果饥寒不给衣食,患病而不及时给医药,造成不正常死亡的,主管官员要治罪。明代承袭《唐律》,虐待狱囚者,与唐代同样处分。

　　明太祖朱元璋信奉"重刑主义",在明朝建立之初即提出"重典治国",提倡用严刑峻法来镇压那些危害专制统治、侵害皇权、侵害财产权的罪犯,同时,他又吸取历代"恤刑"的司法经验,对老幼犯罪网开一面,并建立了一整套严密的逐级复审制度,有效地避免了冤案的出现,对于当时已经相当激烈的社会矛盾起到了缓和作用。

　　清律沿袭明制,顺治八年(1651)制定矜恤狱囚之法,每日给食米一升,冬季给棉衣一套,夜间给灯油,有病给医药,并酌情宽减刑具,对狱囚非法凌虐的予以治罪。这正如《清史稿·刑法志》引《尚书》所说的"明于五刑,以弼五教"和"士制百姓于刑之中,以教祗德"。

第三章

周敦颐的教育方法

周敦颐爱莲说雕像

理学大家周敦颐的教育思想

现代教育中的教育方法是指在一定的教育思想指导下形成的实现其教育思想的策略性途径。它包括教师直接指向教育内容的教学方法、学生学习方法指导及学前教育和家庭教育的方法。教育方法是教育的客观规律、原则的反映和具体体现,正确地运用各种教育方法,对提高教学质量、实现教育目的、完成教育任务具有重要的意义。

通过对周敦颐教育思想的全面考察,我们认为周敦颐的教育方法包括以下六种:立志于学、惩忿窒欲、迁善改过、日积月累、务实慎动、观察体悟。

第一节 立志于学

在周敦颐看来，人之所以为人就在于人懂得不断地鞭策自己，从而使自己在进步的过程中获取不竭的前进能量。从物质上说，这一能量表现为人懂得如何使自己的生活过得更好；从精神上说，是人在追求更高修养境界时的自觉性。周敦颐将人分为士人、贤人、圣人等几个层次，用来区分人修养的高低，同时他也认为人可以通过自己的不断努力而逐步地进步，从士人进步到贤人，又从贤人进步到圣人，这也就是上文所说的"士希贤，贤希圣"。

周敦颐的教育方法，第一条就是立志于学。他认为人应该将圣贤作为自己的目标，努力学习知识以求达到圣贤的境界。立志是走向成功的第一步，任何人在准备做大事之前都会对自己有一个自我期待的目标，这就是志向。一个明确高远的志向，人人当有，因为它对于人走向成功有着很大的激励作用。清代著名的文学家蒲松龄年轻的时候很有志向，但是多次参加科举考试都落榜而归，为了激励自己，他就在自己房间里面写了一副对联，对联的内容是：

> 有志者事竟成，破釜沉舟，百二秦关终属楚；
> 苦心人天不负，卧薪尝胆，三千越甲可吞吴。

这副对联分别写了秦末西楚霸王项羽和春秋时期越王勾践的故事。蒲松龄将项羽和勾践的事迹写成对联挂在房中，就是勉励自己要有破釜沉舟和卧薪尝胆的精神，不怕苦，不怕累，努力实现自己的人生目标。

蒲松龄一生热衷科举，却始终不得志，71岁时才破例补为贡生，因此对科举制度的不合理深有感触。蒲松龄的科举梦想破灭了，而其著述之心却始终未泯。他从年轻时即着手创作的《聊斋志异》，一直断断续续未能结集，放弃科举之后，

理学大家周敦颐的教育思想

蒲松龄开始全身心地投入创作中。"子夜荧荧,灯昏欲蕊,萧斋瑟瑟,案冷疑冰""寒来暑往,日复一日""集腋成裘""浮白载笔",蒲松龄终于完成了他的"孤愤之书"。

从蒲松龄的例子我们可以看出,立志对于一个想要获得成功的人来说是非常重要的。当然,周敦颐所说的立志是专门就学习来说的,而不是劝导世人立志去追求荣华富贵、高官厚禄。《通书·志学第十》中很明确地写道:"志伊尹之所志,学颜子之所学。"以伊尹的志向为自己的志向就是周敦颐所说的立志,伊尹之志就是帮助君主治国安邦平天下。伊尹出身低微,靠着给奴隶主种地为生,地位很低,但是他有治国安邦的大志向,因而平时非常努力地学习,学识非常渊博。贵族奴隶主非常器重他,让他担任贵族子弟的老师,后来他又被举荐给国君,最终受到重用,成为商代著名的宰相。周敦颐认为立志一定要立大志,要将治国安邦作为自己的志向,而不应该将个人的私欲作为立志的目标,这一点,朱熹说得很明白,《朱子语录》记载了朱熹和他学生问答的一段话:

> 问:"志伊尹之志,学颜子之学,所谓志者,便是志于行道否?"曰:"志伊尹之所志,不是志于私。大抵古人之学,本是欲行。伊尹耕于有莘之野,而乐尧舜之道,凡所以治国平天下者,无一不理会。但方处畎亩之时,不敢言必于用耳。及三聘幡然,便向如此做去,此是尧舜事业。"①

朱熹的学生问朱熹说:"以伊尹的志向作为志向,就是以履行治国安邦之道作为志向吗?"朱熹回答说:"以伊尹的志向作为志向,不是志于个人的私欲。古人立志,都是以治国安邦为志向,伊尹虽然是一个在野外耕地的奴仆,但是他乐衷于尧舜之道,所以他对于治国平天下的方法都努力地去学,只不过他地位低下,不敢说将来一定能用得上。等到国君多次向他询问治国之道并且让他来治理国家的时候,他就按照之前学习的方法去做,这就是能够跟尧舜相比的大事业啊。"

人能否成大器,在于其是否有大志,周敦颐深谙此理。他鼓励后学立志,树立高远的志向,因为只有高远的志向才能冲破重重束缚,达到治学的最高峰。

---

① 黎靖德编:《朱子语类》(第六册),北京:中华书局,1985年版,第2401页。

第二节 惩忿窒欲

前面说过,"诚"是周敦颐思想中非常重要的一个概念,它不仅是人们日常生活中不可缺少的部分,也是一个人修养的最高境界,周敦颐认为人的修养是追求圣人的境界,同时他也认为"诚者圣人之本""圣,诚而已矣",既然圣人的本质就是诚,那么我们修养的终极目标也应该是"诚"。

"诚"需要"惩忿窒欲"。周敦颐认为,要达到诚的目标,就要求我们在平时的学习生活中不断地"惩忿窒欲",不断地"迁善改过"。《通书·乾损益动第三十一》中非常明确地表达了他的这个观点:"君子乾乾,不息于诚,然必惩忿窒欲、迁善改过而后至。"①"惩忿窒欲"这个词语来自《周易》的《损》卦:"象曰:山下有泽,君子以惩忿窒欲。""惩"和"窒"都有克制、堵塞的意思,"忿"指的是人的愤怒,"欲"指的是不正当的欲望。"惩忿窒欲"就是说要压制自己的愤怒,抑制自己不正当的欲望。

《论语·学而》篇记载孔子的话说:"学而时习之,不亦说乎?有朋自远方来,不亦乐乎?人不知而不愠,不亦君子乎?"学习并且经常将学到的知识用于生活实践当中,这是一件很快乐的事情。"时习之"的"习"是一个象形字,像小鸟的翅膀,它的意思就是小鸟展翅学习飞翔。学习知识就应该像小鸟练习飞翔一样,每天都能够有所进步,这对于学习者来说当然是很愉快的事情。有志同道合的朋友从远方来,这也是古人认为很开心的事情。《礼记·学记》说过:"独学而无友,则孤陋而寡闻。"能够有志同道合的朋友和自己共同讨论、共同学习,才会迅速地进步。别人不了解你的想法,或者不能够接受你的思想和观点,这样你还能够不生气,这就是君子的大度。每个人都是独特的存在,都有自己的思想和观点,

---

① 周敦颐:《周敦颐集》,北京:中华书局,2009年版,第38页。

理学大家周敦颐的教育思想

有的观点能够被人接受并且受到欢迎,但是有的观点难免会不被人认同。《论语·子路》篇中子曰:"君子和而不同,小人同而不和。"君子对于自己认为的正确观点会保持自己的意见,不会跟别人随便妥协,但是君子与君子之间的不同可以通过互相协同达到求同存异,而小人之间沆瀣一气,唯利是图,只要有利可图就能够随便变更自己的观点,这就是君子与小人之间的区别。要成为一个有修养的君子,就应该有自己的思想境界,当别人无法理解你的时候,你能做到"惩忿",也就具备了君子的大度。

"忿"有时候会让人迷失自我,一时的意气用事也有可能毁掉前面的很多努力。《论语·卫灵公》说:"巧言乱德,小不忍则乱大谋。"小事情如果不能够忍住就有可能坏了大事。朱熹在《论语集注》中对孔子的这句话是这样解释的:"小不忍,如妇人之仁、匹夫之勇皆是。"又说:"妇人之仁,不能忍于爱;匹夫之勇,不能忍于忿,皆能乱大谋。"朱熹认为所谓的"小不忍则乱大谋"包括了两种人,一种是妇人之仁,一种是匹夫之勇。妇人富有同情心,因此畏手畏脚,不懂得舍得的道理,难成大事。而匹夫之勇指的就是有勇无谋,因此"不能忍于忿"而导致失败。

西楚霸王项羽就是这样一个典型的例证。项羽身材魁梧,天生神力,能够独自将鼎扛起来,在打仗的时候也非常英勇。秦末天下分裂,群雄并起,逐鹿中原,项羽率领军队征战四方,最后与刘邦率领的军队展开了长达五年的楚汉之争。最后项羽的军队被困在垓下,难以突围,刘邦于是命令将士们齐声唱起了楚歌,项羽军队中的士兵大多是楚地人,一听到楚歌都无比思念家乡,无心恋战。而项羽听见刘邦军中的楚歌声也大为吃惊,以为楚地都已经被刘邦占领了。于是项羽率领八百将士们突围出去,一路厮杀,到了乌江边上,身边只剩下几十人。将士们都劝项羽赶紧渡江,乌江亭长也劝说道:"江东地方虽然小,人口也只有几十万,但是在那边称王还是可以的。现在只有我这里有一条船,希望大王赶紧渡河,否则汉军到了就走不了了。"项羽看着滔滔的乌江水说道:"这是上天要我灭亡,渡过河又能怎么样呢?况且当年我率领江东子弟八千人渡江而西,现在却只剩下我一人回去,纵使江东的父老们不怪罪我,让我称王,我还有什么面目去见江东父老啊!"于是在乌江边自刎而死。

假如项羽能够忍住一时的"忿",渡过乌江回到江东,日后招兵买马,养精蓄锐,那么历史很可能会是另一番景象。宋代文学家李清照写过一首《夏日绝句》为项羽不肯过江感到遗憾:

> 生当作人杰,死亦为鬼雄。
> 至今思项羽,不肯过江东。

宋代的思想家朱熹提出"存天理,灭人欲"的观点,后世对宋明理学的批判也经常提到朱熹的这个观点,认为它禁锢了人的自由。其实欲望并不是什么可怕的东西,人饿了要吃饭,困了要睡觉,这就是人最基本的生存欲望,而为了荣华富贵去做伤天害理、违法乱纪的事情,这种欲望就万万要不得。其实朱熹所说的"灭人欲"和周敦颐所说的"窒欲"是一样的概念,他们主张明理见性,人被自己的私欲所蒙蔽,因而看不到自己的真实面貌,体悟不到天地之理,要想让人从私欲的蒙蔽中解脱出来,就必须去除私欲。当然,人们要消灭的不是所有的欲望,而是出现在我们身边的不正当、不合理的欲望,不正当、不合理的欲望会让人迷失自我,甚至导致人犯下大错,古代的帝王放任自己,过度贪图享乐而导致国破身亡的例子不胜枚举,因而古人很早就劝告执政者不能够纵情享乐。《战国策》中记载了魏惠王和鲁共公饮酒的故事:

> 梁王魏婴觞诸侯于范台。酒酣,请鲁君举觞,鲁君兴,避席择言曰:"昔者帝女令仪狄作酒而美,进之禹。禹饮而甘之,遂疏仪狄,绝旨酒曰:'后世必有以酒亡其国者。'齐桓公夜半不嗛,易牙乃煎熬燔炙,和调五味而进之,桓公食之而饱,至旦不觉,曰:'后世必有以味亡其国者。'晋文公得南之威,三日不听朝,遂推南之威而远之,曰:'后世必有以色亡其国者。'楚王登强台而望崩山,左江而右湖,以临彷徨,其乐忘死,遂盟强台而弗登,曰:'后世必有以高台陂池亡其国者。'今主君之尊,仪狄之酒也;主君之味,易牙之调也;左白台而右闾须,南威之美也;前夹林而后兰台,强台之乐也。有一于此,足以亡其国。今主君兼此四者,可无戒与?"梁王称善相属。①

---

① 刘向编:《战国策》,上海:上海世纪出版集团,2008年版,第369页。

老子在《道德经》中说过："五色令人目盲，五音令人耳聋，五味令人口爽，驰骋田猎令人心发狂，难得之货令人行妨。是以圣人为腹不为目，故去彼取此。"鲁共公所说的话和老子这段话的意思不谋而合，正因为人的欲望太多才导致了国破身亡，所以老子认为真正的圣人是懂得"窒欲"的，"圣人为腹不为目"意思是圣人懂得"以物养己"，而不会"以物役己"，"以物养己"则万物的精华部分只是对我有用而已，而如果"以物役己"，那么自己就会被万物所役使。周敦颐之所以提出要"惩忿窒欲"就是基于这个道理。

周敦颐的"惩忿窒欲"，也可以理解为精神世界的淡泊和宁静。诸葛亮说"非淡泊无以明志，非宁静无以致远"，亦是"惩忿窒欲"的具体表现。"淡泊"是"窒欲"，"宁静"是"惩忿"，在求学、治学的过程中只有"淡泊""宁静"，才能不忘初志，只有"惩忿窒欲"才能聚精敛神，达到庄子所为的"无所待"的忘我境界，这对为学至关重要。

第三节　迁善改过

　　周敦颐提出的"迁善改过"的思想，其实际的来源也是《周易》。《周易》中的《益》卦："象曰：风雷益，君子以见善则迁，有过则改。"每个人都有自己的缺点，都有可能犯错误，犯了错误不可怕，最可怕的是明明知道自己犯错了却不肯改正，这样就会产生新的错误，到最后犯的错积累到一定的程度就会导致严重的后果。君子对于自己的过错应该主动承认和改正，发现别人的过错也应该积极地劝导别人迁善改过，周敦颐在《通书·爱敬第十五》中有这样一段话：

　　"有善不及？"曰："不及，则学焉。"问曰："有不善？"曰："不善则告之不善，且劝曰：庶几有改乎？斯为君子。有善一，不善二，则学其一，而劝其二。"有语曰："斯人有是之不善，非大恶也！"则曰："孰无过，焉知其不能改？改则为君子矣，不改为恶，恶者天恶之，彼岂无畏耶？乌知其不能！"故君子悉有众善，无弗爱且敬焉。①

　　这段话说的是有人问周敦颐："别人有'善'，而我没有达到，应该怎么办？"周敦颐回答说："没有达到'善'就应该继续去学习。"又问："那么如果别人有不善的地方应该怎么办？"周敦颐回答说："如果别人有不善就应该劝告他一心向善，并且督促他改变，这才是君子应该做的。人如果有一个地方是善的，两个地方是不善的，那么就应该学习他善的地方，并且劝告他，让他改掉两个不善的地方。"有人说："人有一点点不善而已，还不算是大恶吧？"周敦颐回答说："人都会有过错和不善的地方，改正了就是君子，如果坚持不改就会发展成为恶，上天都会惩罚他，他难道会没有畏惧吗？"周敦颐认为人的修养是通过不断学习和改进而获得的，看见别人有优点而自己却没有达到，这样就应该主动向别人学习。孔

---

①周敦颐：《周敦颐集》，北京：中华书局，2009年版，第26页。

子说:"三人行,必有我师焉。"意思就是说每个人都有自己的优点,因而任何人都能够当别人的老师。但是如果明知道有错误也不去改的话,有时候就要付出沉重的代价。

迁善改过最终获得成功的故事在我国古代不胜枚举,其中比较著名的例证就是《世说新语·自新》篇中记载的晋朝人周处的事迹:

> 周处年少时,凶强侠气,为乡里所患。又义兴水中有蛟,山中有邅迹虎,并皆暴犯百姓。义兴人谓为"三横",而处尤剧。或说处杀虎、斩蛟,实冀"三横"唯余其一。处即刺杀虎,又入水击蛟,蛟或浮或没,行数十里,处与之俱。经三日三夜,乡里皆谓已死,更相庆。竟杀蛟而出,闻里人相庆,始知为人情所患,有自改意。乃自吴寻二陆。平原不在,正见清河,具以情告,并云欲自修改,而年已蹉跎,终无所成。清河曰:"古人贵朝闻夕死,况君前途尚可。且人患志之不立,亦何忧令名不彰邪?"处遂改励,终为忠臣孝子。

周处(242—297),字子隐,他的祖父周鲂曾经做过鄱阳太守。周处很小的时候,父亲就去世了,家里也没有人能够管教他。他生性勇猛好斗,蛮横无理,加上力气过人,经常在乡里横行霸道,街坊邻居们都很怕他,把他当作本地的祸害。周处的家乡有山有水,风景宜人,然而山上常常有猛虎出没,害人性命,水中又有蛟龙,经常将渔夫的船弄翻,有的人下水游泳也不慎被蛟龙所害。乡亲们将猛虎、蛟龙和周处并称为当地的三大危害,而大家都认为三个之中周处的危害是最严重的。

有人劝说周处上山去杀猛虎,下河去斩蛟龙,实际上是希望三害当中能够除掉两害。周处自恃勇猛过人,因而独自一人上山将猛虎杀掉,又潜到水里去杀蛟龙。蛟龙在水里很灵活,有时候浮上来,有时候又沉下去,很难杀死。周处追赶着蛟龙追了十几里地,经过了三天三夜的搏斗,终于将蛟龙杀死。乡亲们看到周处三天三夜没有上岸来,以为周处已经在水里淹死了,大家纷纷庆贺,没想到周处竟然杀死了蛟龙,安全回来了。周处上岸之后,看见乡亲们在庆贺,才明白过来,原来自己一直是乡亲们眼中的祸害,他对自己的行为感到悔恨,下定决心要改过自新。周处收拾好行李到东吴去找当时著名的两位学者陆机和陆云，陆机不在家，正好遇见了陆云，于是周处将自己的经历告诉陆云，并且表明自己想要改过自新，但是年纪已经大了，怕终究会一无所成。陆云开导他说："孔子说过：'朝闻道，夕死可矣。'早上能够参悟透人生的大道，那么哪怕晚上死了都没有遗憾了，何况你现在年纪不大，前途还很远大。人只要立下大志，何必担心自己没有美好的名声呢？"周处听了陆云的这段话，从此以后一心向善，最终成为忠臣孝子。

迁善改过是每个人生活中必不可少的东西，是我们的良师益友。小到平民百姓、老师、学生，大到政府官员、国家领袖，有错就改才能够保证不犯更多的错。周敦颐教育我们在平时的学习中要注意迁善改过，其意义就在于可以让我们在读书学习中不误入歧途，在教书育人时不至于误人子弟，在治国理家时不至于伤害国家的利益。

第四节　日积月累

前文说过，周敦颐认为修养就是通过自身的不断努力学习最终达到圣人的境界。虽然人人都可以成为圣贤，但是成为圣贤并不是一朝一夕的事情，而是要通过长时间的积累才能够达到。他在《通书·诚几德第三》中说："复焉，安焉之谓贤。"①朱熹解释说："复者，反而至之；执者，保而持之；贤者，才德过人之称。"立诚需要"复"和"执"，所谓的"复"即反复，对于学习的内容要反复训练，直到可以牢牢掌握它。对于自己平时学习中所收获到的东西则要"持"，不要轻易丢掉。这样一边学习一边进步，通过日积月累就一定能够达到圣贤的境界。

王羲之，字逸少，是晋代著名的书法家，有"书圣"的称号。王羲之的《兰亭集序》为历代书法家所敬仰，被誉作"天下第一行书"。王兼善隶、草、楷、行各体，精研体势，心摹手追，广采众长，备精诸体，冶于一炉，摆脱了汉魏笔风，自成一家，影响深远。其书法平和自然，笔势委婉含蓄，遒美健秀，世人常用曹植《洛神赋》中的"翩若惊鸿，婉若游龙，荣曜秋菊，华茂春松。髣髴兮若轻云之蔽月，飘飖兮若流风之回雪"来赞美王羲之的书法之美。

王羲之少年的时候就在父亲的指导下练习书法，并且拜当时的书法家卫夫人为师，后来又博采众长。王羲之在临川（今江西省抚州市）做官的时候，一有空闲就练习书法，日复一日，年复一年，他家门前洗笔砚的池塘都被墨染黑了。王羲之墨池的故事一直被后人传为佳话，唐宋八大家之一的曾巩就写过一篇《墨池记》来赞扬王羲之，其文如下：

　　临川之城东，有地隐然而高，以临于溪，曰新城。新城之上，有池洼然而

---

① 周敦颐：《周敦颐集》，北京：中华书局，2009年版，第17页。

方以长,曰王羲之之墨池者。荀伯子《临川记》云也,羲之尝慕张芝,临池学书,池水尽黑,此为其故迹,岂信然邪?方羲之之不可强以仕,而尝极东方,出沧海,以娱其意于山水之间。岂有徜徉肆恣,而又尝自休于此邪?羲之之书晚乃善,则其所能,盖亦以精力自致者,非天成也。然后世未有能及者,岂其学不如彼邪?则学固岂可以少哉!况欲深造道德者邪?

墨池之上,今为州学舍。教授王君盛恐其不章也,书"晋王右军墨池"之六字于楹间以揭之,又告于巩曰:"愿有记。"推王君之心,岂爱人之善,虽一能不以废,而因以及乎其迹邪?其亦欲推其事,以勉其学者邪?夫人之有一能,而使后人尚之如此,况仁人庄士之遗风余思,被于来世者何如哉!

庆历八年九月十二日,曾巩记

王羲之早年的时候不愿意为官,四处漂泊,徜徉于山水之间,虽然生活比较穷困潦倒,但是他一日都没有放弃过自己的爱好和追求,一直执着地练习着书法。王羲之的书法到他晚年的时候更加完善,从他练习书法将池水都染黑了可以看出来,他的书法之所以能够达到"书圣"的境界,并没有什么秘诀,并不是因为他天生就能够写好字,而在于不断地苦练,通过日积月累的练习,慢慢地就能够掌握书法的诀窍了。

唐代著名的文学家韩愈曾经写过一篇《进学解》来讨论教与学的问题。《进学解》是唐宪宗元和七八年间韩愈任国子博士时所作,假托向学生训话,勉励他们在学业、德行方面取得进步,学生提出质问,他再进行解释,故名"进学解"。在这篇文章中,他说:"业精于勤,荒于嬉;行成于思,毁于随。"这句话的意思是说学业要依靠勤奋的苦读才能精熟,如果贪欲玩耍就会荒废;德行的养成要依靠自己的深思,如果人云亦云,随大流的话就得不到进步。在我们生活的世界中,很多事情并不是一蹴而就的,而是需要时间的积累。农夫种植农作物春天播种,经过了夏天的生长、开花,到秋天才能够成熟,就算是将农作物移植到大棚中种植也需要一定的时间才能长成。自然万物的生长莫不如此,如果没有长足时间的积累,那么生长出来的果实质量就不会很好。同样,学习也是如此,我们从小

理学大家周敦颐的教育思想

学一直上到大学其实就是一个积累的过程，只有学会了、懂得了最基本的知识，才能够学习更深一点儿的知识，否则不但学不到知识，反而会适得其反，因此我们在学习中一定要注意积累。

周敦颐的教育思想中的"复"，既可以看作是对同一知识的反复学习，也可以看作是对不同知识的点滴积累。反复的学习，可以在细微处得到升华；点滴的积累，可以在量的积累中达到质的飞跃。欧洲文艺复兴时期的意大利画家达·芬奇能画出举世闻名的《最后的晚餐》《蒙娜丽莎》等巨作，就离不开其严师对其反复学习的强调。达·芬奇十四岁的时候，被送到佛罗伦萨画家罗弗基奥门下学习绘画技巧，当时罗弗基奥给他上的第一课即是画鸡蛋。如此简单的任务对于有着绘画天分的达·芬奇而言根本就是小菜一碟，所以他很快就完成了作业，然而罗弗基奥老师并不满意，他十分严厉地要求达·芬奇继续画鸡蛋。此后很长的一段时间，老师给达·芬奇的作业一直都是画鸡蛋，在这样反复的临摹、比对过程中，达·芬奇终于发现虽然每一个蛋的外形相像，但从不同的角度观察，其大小、形状、明亮的程度都不相同。得力于此段反复画鸡蛋的经历，达·芬奇理解并掌握了绘画的诸多技巧，从而创作出众多闻名遐迩的作品。

对于学习者而言，反复地学习虽然单调乏味，但作为一种积累的方法，却有着非凡的意义和作用。"不积跬步，无以至千里；不积小流，无以成江海。"对此，华罗庚说："面对悬崖峭壁，一百年也看不出一条缝来，但用斧凿，能进一寸进一寸，能进一尺进一尺，不断积累，飞跃必来，突破随之。"学习过程中一尺一寸的积累，是反复，也是重复，离开了这一过程，则只能如左宗棠所言"学业才识，不日进，则日退"了。

第五节 务实慎动

一、务实

千里之行,始于足下。拥有务实的态度是取得成功的先决条件。周敦颐在教育方法上追求务实,也教导他的学生要务实而不务虚。务实的学习能够让人学到更多的真本事、真知识,使人们在不断进步的过程中更加坚定自己的步伐,而务虚的人如同在搭建一座空中楼阁,每加上一块砖头就增加了掉落的危险。务实的人能够凭借踏实的知识和文化去干成更多伟大的事情,而务虚的人表面上看起来光鲜,却什么实事都干不了。务实学而不务虚学的传统古已有之,《汉书·景十三王传》给河间献王立传说:

> 河间献王德以孝景前二年立,修学好古,实事求是。从民得善书,必为好写与之,留其真,加金帛赐以招之。繇是四方道术之人不远千里,或有先祖旧书,多奉以奏献王者,故得书多与汉朝等。①

河间献王刘德是西汉皇室后裔,是个大学问家,对学问所持的态度是"实事求是"。所谓的实事求是也就是务实而不务虚,对于古书没有提到或者是书中虚妄的东西持怀疑态度。刘德爱好读书、藏书,经常从民间收购一些难得的善本书,并命人抄写下来,他将抄好的书还给书的主人并且花钱将原本买下来。由于他精通学问,又慷慨大方,因此很多家有藏书的人不远千里将书送来给他,有的老百姓家里藏有祖先留下来的好书也会将它献给刘德,因而河间献王刘德的藏书几乎可以跟朝廷相媲美。河间献王刘德修学好古的故事鼓励了一代又一代的

---

① 班固:《汉书》,北京:中华书局,1962年版,第2410页。

理学大家周敦颐的教育思想

读书人,"实事求是"的成语也来源于他。孔子说过:"知之为知之,不知为不知,是知也。"我们在学习过程中也应该用求真务实的态度去对待我们所学的知识,知道的东西要牢牢地掌握,不知道的东西就要虚心地学习。周敦颐在《通书·务实第十四》中说:

> 实胜,善也;名胜,耻也。故君子进德修业,孳孳不息,务实胜也。德业有未著著则恐恐然畏人知,远耻也。小人则伪而已。故君子日休,小人日忧。①

这段话中所说的"实胜"指的是实际的知识胜过名,而"名胜"指的则是虚名胜过实学。周敦颐赞赏"实胜",有了实胜,虽然不一定马上就能够出名,但也不愁"令名之不彰",所谓"莫愁前路无知己,天下谁人不识君"。只要有过硬的本领在手,就不怕以后做不成大事业。木匠有了精湛的木工手艺,就能够雕刻出精美绝伦的家具,就能建造出令人叹为观止的房屋;我们有了知识和技术,也能够在社会中占据一席之地,为社会做出贡献。因此周敦颐说:"实胜,善也。"而如果"名胜"的话,也许一时之间能够蒙蔽别人,让别人觉得名气大,有本事,但是真正要你出手的时候就会发现原来名不副实,只是徒有虚名而已,这样的人就算名气再大,迟早有一天也会被拆穿,所以周敦颐说:"名胜,耻也。"

唐代文学家柳宗元曾经写了《三戒》,包括《临江之麋》《黔之驴》《永某氏之鼠》三篇寓言故事,其中《临江之麋》讲的就是名实不符的故事:

> 临江之人,畋得麋麑,畜之。入门,群犬垂涎,扬尾皆来。其人怒,怛之。自是日抱就犬,习示之,使勿动。稍使与之戏。积久,犬皆如人意。麋麑稍大,忘己之麋也,以为犬良我友,抵触偃仆,益狎。犬畏主人,于之俯仰甚善,然时啖其舌。三年,麋出门,见外犬在道甚众,走欲与为戏。外犬见而喜且怒,共杀食之,狼藉道上。麋至死不悟。②

这个故事发生在江西省临江县,话说临江有一个猎户,打猎的时候抓住了一只小麋鹿,猎户并没有杀了这只麋鹿,而是把它带回家养起来。小麋鹿刚来家里的时候,所有的猎犬看见了都兴冲冲地冲过来想要吃掉它,猎户看见这种情况

---

① 周敦颐:《周敦颐集》,北京:中华书局,2009 年版,第 25 页。
② 柳宗元诗文选注释组编:《柳宗元诗文选注》,沈阳:辽宁人民出版社,1974 年版,第 108—109 页。

就冲着猎犬大喊,制止了猎犬,猎犬害怕主人,因此也不敢乱来。于是猎户每天都抱着小麋鹿,让它跟猎犬一起玩耍,并且警告猎犬,不让它们伤害麋鹿。久而久之,猎犬和麋鹿可以在一起嬉戏玩耍,猎犬也不会伤害麋鹿。麋鹿慢慢地长大了,渐渐地忘了自己是一只麋鹿,还以为猎犬是自己的好朋友,因此整天与猎犬嬉戏。猎犬害怕主人,虽然不敢伤害麋鹿,但是实际上对它垂涎三尺。三年之后,麋鹿有一次出门游玩,看见路上有很多猎犬,欢蹦乱跳地就跑过去想要加入猎犬的队伍一起游玩。这些猎犬看见一只麋鹿跑过来,又高兴又生气,高兴的是猎物自己送上门来了,生气的是这只麋鹿太不把猎犬放在眼里了,竟敢跑来送死,于是这些猎犬就一起冲过去将麋鹿咬死分吃了。可怜的麋鹿到死都不知道究竟是怎么一回事。麋鹿的天性就是麋鹿,尽管它从小跟狗一起生活也改变不了麋鹿的天性,也不会因此而变成一条猎犬。这只麋鹿整天跟猎犬一起,就以为自己跟猎犬是同类,有猎犬之名,但是并没有猎犬之实,因而才会主动跑过去,最后被猎犬所杀。

务实是不脱离现实的态度,是不自大、不浮夸的诚实。在我们的学校教育中,这样一个现象极其普遍:当问及小学生的理想是什么的时候,中国的学生百分之九十会说科学家、天文学家、文学家、音乐家、美术家……然而,这些"家"到底是什么,即便对于成年人而言都难以确切地说明,更别说小学生。这不能不说是家庭教育的某种缺失,家长们一味地给孩子们灌输所谓远大的、崇高的理想,殊不知,再远大、崇高的理想都不能远离现实,都不能不务实。或许,在对孩子的理想的教导时,我们不妨务实地把孩子的思想引导到现实生活中,医生、老师、警察、记者……这些才是着眼于实际的务实理想。

务实与诚有关,亦与勤有关。踏踏实实、兢兢业业是务实的最低要求。无论在工作中还是在学习中,一旦脱离了务实的轨道,预设和梦想也就只能是五彩缤纷的眯眼泡沫,短暂的光辉之后终归是空无的虚幻。在学习的过程中,周敦颐主张"务实",原本就是反对投机,摒弃取巧,他更倾向于"万丈高楼平地起"的本分,"一分耕耘一分收获"的付出,勤勤恳恳、刻苦钻研的精神。只有秉持务实的学习态度,才能拥有万丈高楼般的学识,才能拥有正气浩然的非凡气度。

然而，务实又是艰辛的实践，有时候也会是漫长的拉锯战，偶尔的松懈妥协便会让曾经的努力功亏一篑。因而，务实也是一种坚持，一种永不言弃、孜孜以求的精神力量。红军二万五千里长征，是一种务实；东晋法显天竺求学，是一种务实；精卫填海，愚公移山，都是一种务实。务实不是装装样子、喊喊口号，它是实实在在的行动，勤勤恳恳的坚持。

二、慎动

慎动是周敦颐最重要的教育方法之一，所谓的慎动可以理解为注意自己的行动，在做一件事情之前要仔细思考，谨慎行动，不能违反基本的原则。孔子说："非礼勿视，非礼勿听，非礼勿言，非礼勿动。"一切违反礼的东西不应该去看，也不应该去听，更不应该去做。可见孔子对于慎动也是很支持的，《周易·系辞》说："吉凶悔吝生乎动。噫！吉，一而已，动可不慎乎！"吉凶悔吝等都是由动带来的结果，这些结果有好有坏，也许一时的动能够为你带来可观的成效，也有可能让你功败垂成，因此动要看准时机，在合适的时候做出合适的举动，这就是"慎动"。

当然，周敦颐所说的慎动并不是让人不行动，不去行动虽然不会导致犯错，但是也不会带来好处。君子有大的抱负和志向，自然不能够不去有所作为，但是君子的作为要趋吉避凶，既不能够不行动，也不能够做出不合时宜的举动，这就是周敦颐教导我们要慎动的原因所在。《通书·拟议第三十五》中这样说：

> 至诚则动，动则变，变则化。故曰：拟之而后言，议之而后动，拟议以成变化。[1]

周敦颐认为必须"议之而后动"，也就是说在行动之前要征求大家的意见，就治理国家来说，当然要听从大臣们的意见，但是更重要的是听取老百姓的意见。在上古时期，国君在决定国家大事、颁布重要政策的时候都要占卜以知吉凶，吉

---

[1] 周敦颐著：《周敦颐集》，北京：中华书局，2009年版，第40页。

则动,不吉则罢,这表明了古人一直是注意"慎动"的。《尚书》中有关于古人占卜的记载:

> 立时人作卜筮,三人占,则从二人之言。汝则有大疑,谋及乃心,谋及卿士,谋及庶人,谋及卜筮。汝则从,龟从,筮从,卿士从,庶民从,是之谓大同。身其康强,子孙其逢,吉。汝则从,龟从,筮从,卿士逆,庶民逆,吉。卿士从,龟从,筮从,汝则逆,庶民逆,吉。庶民从,龟从,筮从,汝则逆,卿士逆,吉。汝则从,龟从,筮逆,卿士逆,庶民逆,作内,吉,作外,凶。龟筮共违于人,用静,吉,用作,凶。①

古时候国君遇到有重大的问题需要决策的时候,一般都会招来龟卜和蓍卜进行占卜,龟卜用龟板来占卜吉凶,蓍卜则用蓍草来占卜。《尚书》记载的就是古代君主决策的过程,具体地说,国君有了重大疑难不决的事,不要马上找巫师来占卜,而是应该先深思熟虑,考虑一下决策的可行性,然后还要向身边的大臣和谋士征求意见,再然后就要征求国中老百姓的意见,请老百姓出出主意,以表示对老百姓的尊重,得到大家的意见以后才进行吉凶的占卜。如果自心谋、卿士谋、庶人谋、卜谋与筮谋所得到的结果都一致是吉兆,那就是最理想的"大同"结局,表示卜问者(国君)自身必定强健,子孙后代必定繁荣昌盛,所以是大吉。如果国君自己的考虑与卜筮的结果一致,但是大臣和百姓的考虑与自己的考虑以及卜筮的结果相反(五谋中有三谋一致,两谋不一致),那么也算是吉利的。如果大臣的谋略与卜筮的结果一致,但是国君自己和百姓的谋虑却与他们相反(也是五谋中有三谋一致,两谋不一致),那么也算是吉利的。如果百姓的考虑与卜筮的结果一致,但是国君自己与大臣的谋略与他们相反(同是五谋中有三谋一致,两谋不一致),那么也算是吉利的。如果国君自己的谋算与龟占的结果一致,但是蓍卜的结果以及大臣和百姓的想法都与他们相反(五谋中有两谋一致,三谋不一致),那么从内部来说,采取行动仍然会是吉利的,对外部来说,采取行动就难免会有凶灾发生。如果卜筮的结果与所有的人谋(即国君、卿士、庶人的所谋)都是相反的,那么就要静处观变,不应有所举动,那才是吉利的,否则就必然

---

① 周敦颐:《周敦颐集》,北京:中华书局,2009年版,第225页。

招致凶灾。

古人在决策大事之前一般都会这样去考虑，叫"三思而后行"，因为决策的实施与老百姓的命运和国家的命运息息相关，稍有不慎就可能会导致国家受损。但是我们应该注意，在上面说的"五谋"之中，国君其实最重视的还是自心谋、卿世谋和庶人谋，而占卜所占的比重并不是很大，这表明我们的古人能够坚持"慎动"，动之前一定会广泛地征得大家的意见，而后世的昏君之所以会亡国，很大一部分的原因是听不进大臣和百姓的意见。可见，适时而动不仅对个人有很大的意义，对于治理国家也是至关重要的。

"慎动"不仅与国家治乱有着重要的联系，而且对个人的成败得失亦有着显著的影响。周敦颐的"慎动"之说，与中国传统文化历来主张的谨言慎行是一脉相承的。因而，对于个人而言，在执行之"动"时，应先思虑之"慎"，唯有如此，才能不至于因鲁莽冲动而造成不必要的损失或伤害，这对于求学治学之人尤其重要。《礼记·缁衣》中说："行必稽其所敝。"即告诉我们做事情一定要首先考虑是否有弊端，在利弊权衡之后方能行动。然而，周敦颐所强调的"慎动"并非主张草木皆兵般的顾忌，战战兢兢、如履薄冰的胆怯，而是在大的原则上谨小慎微，不失方向即可。如若凡事顾虑"慎动"而不敢行动，则容易走向胆小懦弱、止步不前的极端。

解缙（1369—1415），江西吉安人，他是明代洪武十二年的状元，后来做过文渊阁大学士、明朝内阁首辅。解缙出生于明初，家庭条件虽然一般，但是他从小就在父辈的指导下读书，受到良好的教育，因而他才思敏捷，出口成章。有一年春节，他在门上贴了一副对联，上面写着：

> 门对千杆竹；
> 家藏万卷书。

解缙对门住着的是一户有钱的员外，看了这副对联很不高兴，心里嘀咕着：

"只有我这样的人家才配贴这样的对联。"于是他命下人将家中的竹子砍去半截,心想,这样一来解缙的上联就不成了。没过一会儿,仆人又来向他报告,原来解缙将对联改成了:

门对千杆竹短;
家藏万卷书长。

员外一听,气得直咧嘴,赶紧命令下人将竹子连根刨出。没想到,竹子刚刚刨完,解缙又出来,往对联上添了两个字,变成了:

门对千杆竹短无;
家藏万卷书长有。

解缙入朝为官以后,深得朱元璋的赏识。后来明成祖朱棣即位以后也非常看重解缙,朱棣即位之时,天下太平安定,急需将治国的重心转移到文化教育上面来,因而朱棣萌生了编纂一部大型类书的想法,希望将从古至今所有能够找到的书籍按照类别编纂成一部书,于是他命令解缙领导文渊阁的学士们一起来完成这个任务。在解缙的带领下,经过六年的努力,终于将这部书编完了。由于这本书是在明成祖永乐年间编成的,因而朱棣赐名为"永乐大典",这也是我国历史上最大的一部类书。

解缙虽然有才,但是他恃才傲物,常常毫无顾忌地针砭时弊,弹劾奸佞,也因为这样而被小人迫害入狱,最终被锦衣卫活埋雪中致死,死的时候年仅四十七岁。据说,在解缙死后,朝中诸多大臣都为此拍手称快,欢欣鼓舞。解缙有才并没有错,但是他不懂得收敛,对于任何人、任何事,只要他觉得不合理就一定要去与人争辩,而不懂得慎动,不知道如何才能够让人家听得进去,这样的性格导致了他最后的悲剧。

第六节　观察体悟

周敦颐认为,学习要通过不断的追求、不断的探索才能够有所收获,而观察体悟是我们学习知识、实践真知的最基本的途径。世界上的事物千差万别,每个事物都有与众不同的地方,这个与众不同的地方就是事物自身的特点。我们在日常生活中对各种事物进行辨别,要抓住事物的特点才能够真正认识事物、了解事物,将事物运用到有用的地方去。我国的先哲把对事物的观察和学习叫做"格物",格物就是参透每个具体的事物,参透了事物的道理就能够达到"致知",从而真正掌握好知识,《礼记》中的《大学》篇这样说道:

　　古之欲明明德于天下者,先治其国;欲治其国者,先齐其家;欲齐其家者,先修其身;欲修其身者,先正其心;欲正其心者,先诚其意;欲诚其意者,先致其知;致知在格物。物格而后知至,知至而后意诚,意诚而后心正,心正而后身修,身修而后家齐,家齐而后国治,国治而后天下平。自天子以至于庶人,壹是皆以修身为本。

这段话将人一生应该如何实现自己伟大抱负的途径清晰地展现在世人面前。人想要明白"明德",想要参悟大道,就一定要参与到政治生活中去,努力为国家的兴盛献出自己的光和热。而想要为国立功,就一定先要治理好家,须知,国是由家构成的。要想将个人的家庭治理好就必须个人严格要求自己,修身养性,有一个正确的态度。而以上所说的一切都要从"格物致知"开始。那么什么是"格物致知"?所谓的"格物"相当于我们现在所谓的学习,"物"指的是世间万物,"格"是推究的意思,对世间万物的推究、参悟就是我们学习的过程,只有通过这个过程才能达到"致知",成为一个有文化、有知识的人。具备了"格物致知"这个条件之后,才能够修身、齐家、治国、平天下,最终参悟大道。朱熹认为,"格物"就是穷尽事物之理。格物的途径有很多,上至无极、太极,下至微小的一草一木皆有理,都要用心去格,格的事物愈多,人的知识面也就愈广,从格物到致知有一个从积累到豁然贯通的过程。

至于格物的方法,程颐认为:"须是今日格一件,明日又格一件,积习既多,然后脱然自有贯通处。"学习是一个循序渐进的过程,我们在日常的学习生活中也应该按照顺序来,完成每天的学习任务,今日事今日做,这样坚持下来就一定会有大的收获。总而言之,格物致知是人学习的起点,也是人生必须经历的,当然,格物并不是依靠空想,而是要在具体的实践中去进行,格物的过程中要伴随着学习和实践才能够收到好的效果,而单纯地在事物面前思考却没有想过去学习和实践的话,非但不能达到预期的学习目标,反而会使人进入窘境。王阳明是明代著名的军事家,他曾经带兵平定战乱,为大明朝立下了赫赫战功。同时他又是影响深远的思想家,是明代心学的创始人,被后世所尊崇。王阳明年轻的时候熟读儒家经典,对于格物致知很有兴趣,但是又不知道怎样去格物致知,于是他搬来一个凳子坐在自家院子里看着院中种的竹子,想要格明白竹子之理。一连坐了七天,竹子的道理没有"格"明白,他自己倒累得吐血病倒了。孔子曾经说过:"学而不思则罔,思而不学则殆。"学习和实践的过程中如果光顾着学而不去思考的话,对于学习到的知识会很迷茫,但是光是思考但不去学习和实践的话就不只是迷茫,而且会很危险。王阳明"格"竹子的这个故事深刻地印证了孔子这句话的正确性,也告诫我们后学在学习的过程中要多注重实践和思考,实践出真知,思考则能够让我们更为牢固地掌握知识。

我们在学习知识的时候不仅要知其然,还应该知其所以然,只有知道了事物为什么如此才能够举一反三,闻一知十乃至于闻一知百,因而对于身边的事物不但要认真地观察,还要学会"体悟"。所谓的体悟就是在行动之中感受、探索事物的内部规律,《庄子·天道》篇记载了这么一个故事:

桓公读书于堂上。轮扁斫轮于堂下,释椎凿而上,问桓公曰:"敢问,公之所读者何言邪?"公曰:"圣人之言也。"曰:"圣人在乎?"公曰:"已死矣。"曰:"然则君之所读者,古人之糟魄已夫!"桓公曰:"寡人读书,轮人安得议乎！有说则可，无说则死。"轮扁曰："臣也以臣之事观之。斫轮，徐则甘而不固，疾则苦而不入。不徐不疾，得之于手而应于心，口不能言，有数存焉于其间。臣不能以喻臣之子，臣之子亦不能受之于臣，是以行年七十而老斫轮。古之人与其不可传也死矣，然则君之所读者，古人之糟魄已夫！"①

齐桓公有一天在堂上读书，书声琅琅，传到了堂外，被外面正在干活的木匠听见了。木匠很是好奇，就放下手中的活，走到堂前问齐桓公说："请问，您读的是什么书啊？"齐桓公说："我读的是圣人之言。"木匠问道："圣人还在吗？"桓公回答说："圣人已经死了。"木匠笑着说道："圣人已经不在了，那么您读的书只不过是古人留下来的糟粕而已，没什么宝贵的。"听到一个木匠这么瞧不起圣人之言，齐桓公非常生气，他严厉地对木匠说："寡人在这里读书，你一个小小的木匠竟然敢在这里议论，你刚刚说的话要是有道理就罢了，要是没有道理，寡人就要取你的人头。"木匠不慌不忙地说道："我是从我平时的工作中了解的。砍削竹木来制作轮子，如果榫头做得宽松了，那么轮子就会不牢固，但是如果榫头做得太紧了，又不能够楔进去。只有将榫头做得不宽也不紧，才能够做出好用的轮子。我做轮子的时候得心应手，应该做到什么程度都很有分寸，但是让我讲出来却很难。我丰富的经验不能够对我儿子说明白，我的儿子也不能从我的言语中明白这些道理，因此我现在七十多岁了还在独自一个人做轮子。同样的道理，古人丰富的经验知识也不可能通过言语来表达，现在古人们都已经死了，他们留下来的东西不是糟粕是什么呢？"齐桓公听完木匠的这番话顿时哑口无言了。

从《庄子》所说的这个故事中我们能够明白，我们学习的知识其实也是古人在实践中不断获得的，到我们学习的时候，只不过是直接继承前人留下来的知识而并没有真正地掌握好这些知识。而要想将知识更牢固地掌握好、运用好，就要求我们对所学的知识进行体悟和实践，在实践中更进一步了解这些知识，这样在运用的时候就能够得心应手。周敦颐教导他的学生"二程""寻孔颜之乐"，其本质也就是希望"二程"能够自己去探索学习，通过自己的切身体会而达到进步。

---

① 庄周著、王世舜注译：《庄子注译》，济南：齐鲁书社，2009年版，第186页。

第四章

周敦颐讲学中所用的教材及其讲题

周敦颐雕像

理学大家周敦颐的教育思想

第一节　宋代书院讲学之风的兴起

中国是世界四大文明古国之一，也是四大文明古国当中唯一保持文化传承而没有中断的国家。从商代的甲骨文到战国时期的六国文字再到汉代的小篆、唐代的楷书，中国文字的书写方式和字形虽然在变动，但是毫无疑问，文字是一脉相承的。商周时期的人用古文写的文章，经过了汉代、三国两晋南北朝，一直到隋、唐、宋、元、明、清以至于今天，我们读这些文章的时候都不会有很大的障碍，这一点正证明了中国文化的源远流长。而使得我们古老的文化能够得到良好保存的一个很重要的原因就是我们的祖先懂得如何传承文明。

在夏商周奴隶社会时期，奴隶主贵族掌握着国家的生杀大权，他们认为人间发生的很多事情都是可以通过与上天的沟通而预先获知的，因而他们培养出了一批巫师和史官作为与上天沟通的媒介，从而帮助他们占卜吉凶。这些巫史代代相承，记录了当时发生的很多事件，保存了很丰富的史料，也成了夏、商、周三代的知识分子。为了让自己的子弟懂得更多的知识，奴隶主贵族们让巫史来教导自己的子弟学习文化知识，将祖先遗留下来的东西完好地传承下去。到了孔子的时代，先王流传下来的典籍渐渐地传到了民间，被当作教材使用。孔子原本是鲁国的贵族，曾经当过鲁国的大司寇，负责掌管鲁国的法制，因而他能够看到很多官府所收藏的典册，后来孔子招收学生，就用他学习到的这些知识教导学生，学生之中的优秀人才学到这些知识以后又用同样的方式招生讲学，这样代代相传，文化才得以传承下来。此后，讲学的风气一直存在，战国时期的各个大国也常常邀请著名的学者来讲学传道，比如荀子就曾经在齐国的稷下学宫讲学，并且担任祭酒一职。不仅如此，汉代至清代，讲学的风气一直存在，而且愈来愈浓。隋代的王通就曾经聚众讲学，并且自号"文中子"，在当时产生了很大的影响。宋代的北宋五子，南宋的朱熹、陆九渊等人也都在书院担任过主讲，可见讲学的风气从古至今不但从未停止过，而且还以蓬勃的气势影响着中华民族的每一个读书人。

五代十国时期，战乱连年，人们不仅没有办法安心读书学习，甚至连基本的生活保障也满足不了，想要从师问学更是不可能的事。公元960年，后周朝廷正在举行朝见大礼的时候，忽然接到边境送来的紧急战报，北汉国和辽国联合出兵攻打后周边境。此时后周的周恭帝年纪幼小，兵权都握在殿前都点检赵匡胤手上，大臣们一听说要打仗了，慌作一团，后来大家共同商议，决定派赵匡胤领兵抗击入侵的敌人。赵匡胤领命，带着军队浩浩荡荡地出发了，到了陈桥驿，将士们人困马乏了，于是在这里驻军休息。此时军中的将士对后周的朝政已经相当不满，大家都有废旧立新的打算。几个将领在一起商量着说："现在皇上年纪那么小，我们拼死拼活去打仗，将来有谁知道我们的功劳，倒不如现在就拥护赵点检作皇帝吧！"这个消息不久就传遍了军中，将士们也非常赞成。于是大家准备好了黄袍，涌入赵匡胤的住所，将黄袍披在他身上，高呼万岁。赵匡胤还没明白过来发生了什么事情就当上了皇帝。这就是历史上著名的"陈桥兵变"，赵匡胤就是宋代的开国皇帝——宋太祖。

赵匡胤即位以后，东征西讨，没过几年就扫平了各地的割据势力，统一了中国，为之后的太平局面打下了一个坚实的基础。天下安定以后，统治者们开始重视文教，于是政府在各州县建设学校，中央还有国子监等机构，大大地提高了国家的教育水平。而民间的一批有识之士为了满足学子们读书求学的要求也纷纷兴办教育，这样一来，宋代的书院犹如雨后春笋一样在各地生根发芽。吕祖谦的《白鹿洞书院记》也追述了当时的场景：

> 某窃尝闻之诸公长者，国初斯民，新脱五季锋镝之厄，学者尚寡。海内向平，文风日起，儒生往往依山林，即闲旷以讲授，大师多至数十百人。嵩阳、岳麓、睢阳及是洞为尤著，天下所谓四书院者也。

讲学的风气虽然起源很早，远可追溯到孔子的"杏坛"，但是这并不是实际意义上的书院。事实上，真正意义上的书院的出现应该追溯到唐代，经过迅速的发展，到了宋代，书院制度已经相当成熟了。

宋代书院的蓬勃发展并不是偶然的，而是包含着一些必然的因素。首先，因为宋代政府在兴办学校等方面做得并不够好，因而民间的老百姓针对这种现象纷纷延请饱学之士，设立书院讲学以填补官学的空缺。其次，宋代建国，统一天下之后，社会环境逐渐稳定下来，这时候国家正是缺乏人才的时候，因而科举考试很是兴盛。为了应对科举考试，民间学子们纷纷参加书院的考试培训，以期能够通过这种学习通过考试走向仕途。第三，中国的图书出版业在宋代得到了迅猛的发展，我国现存第一部雕版印刷的印刷品是唐懿宗咸通九年（868）印刷的《金刚经》，现藏于英国国家图书馆。到了北宋时期，印刷术得到了大大的发展，我国著名的四大发明之一活字印刷术就是由北宋的毕昇发明的。印刷术的发展促进了学子们对于书籍和学习的渴求，同时也促进了书院的发展。

宋代初年，儒生往往在山中建设书院，招收学生，以讲学为尚，没过多久，天下安定，书院就慢慢地遍布了全国。当时著名的书院有嵩阳书院、岳麓书院、睢阳书院、白鹿洞书院，号称四大书院。不仅民间重视书院的建设，官方对书院的兴办也起到了推动作用。天下刚刚安定，急需人才来帮助建设国家，因而政府对于读书人的渴望也非常迫切。为了表示对书院的支持，政府在各地也兴办了一些书院，并且出资对各地的官方书院和私人书院进行资助，支持鼓励各地的书院事业。咸平四年（1001），宋真宗就下诏"赐《九经》于聚徒讲诵之所，与州县学校等"，这说明官府对私人兴办的书院也给予了很大的重视。

书院讲学之风的盛行，必定需要很多的名师作为支撑。北宋初期讲学的名师主要有"宋初三先生"称号的孙复、胡瑗和石介。孙复（992—1057），字明复，晋州平阳（今属山西临汾），他满腹才学，但是多次参加科举考试而不中，于是决意不再考试，而是在泰山聚徒讲学，因此人称"泰山先生"。孙复的学问以经术见长，教学方法也很有自己的风格，"宋初三先生"之一的石介也是他的学生。在孙复的众多弟子中，还有很多后来成为朝廷的执政者，比如宋初居相位的文彦博、范纯仁等。胡瑗（993—1059），字翼之，泰州海陵人（今属江苏泰县），他在太湖一带招收学生，教之以仁义道德，深得范仲淹的敬重。胡瑗教授学生有自己独特的教学方法，他将学校的班级分为"经义"和"治事"两种，根据学生自身的情况让他们选择，因材施教。"经义"科选择"心性疏通、有器局、可任大事者，使之讲明《六经》"。而对于"治事"科的学生，则教导他们"一人各治一事，又兼摄一事"。对于这些"治事"科的学生，胡瑗则不再跟他们讲儒家《六经》的大道理，而是教他们算历、水利、兵法等方面的具体知识，以便于他们能够在社会上多干实事，成为掌握技术的人才。胡瑗的这种教学方法取得了很好的效果，经他教育的学生大多成了社会的栋梁之才。据《宋元学案》记载，当时礼部录用的人才，十个之中就有四五个是胡瑗的学生。

理学大家周敦颐的教育思想

第二节　周敦颐讲授的教材及其讲题

一、古代的"六艺"

中国古代的教育起源很早,"教"字在《说文解字》中的形象是一只手拿着鞭子去鞭打小孩,这同时也说明中国古人最初的教育就是强制性地要求小孩去学习知识,而不是循循善诱地去教导。在孔子之前,教育还只是盛行于奴隶主贵族阶级,平民百姓没有受教育的资格。孔子秉承"有教无类"的理念,认为所有人都有资格学习,无论是贵族还是平民百姓,都有平等获得教育的资格。在孔子的众多弟子中,有很多是平民百姓,甚至还有一些是身份地位都很低下的贱民,仲弓就是一个很典型的例子。《史记·仲尼弟子列传》记载:

> 冉雍,字仲弓。仲弓问政,孔子曰:"出门如见大宾,使民如承大祭。在邦无怨,在家无怨。"孔子以仲弓为有德行,曰:"雍也可使南面。"仲弓父,贱人。孔子曰:"犁牛之子骍且角,虽欲勿用,山川其舍诸?"①

冉雍,字仲弓,是孔子弟子中比较有德行的人,他曾经向孔子请教如何从政,孔子告诉他说:"出门办事的时候要像接待贵宾一样认真,役使老百姓要像承担重大的祭祀一样慎重。无论是在家里还是在国中,都不要招致别人的怨恨。"仲弓有才华也有德行,孔子认为他"可使南面",也就是说他的才能足够治理一个国家。这样一个好学生,他父亲的地位却非常低贱,当然,这并不妨碍仲弓的成才,因而孔子说:"犁牛之子骍且角,虽欲勿用,山川其舍诸?"犁牛指的是毛色不纯的牛,在古时候是不能够用于祭祀山川的,骍且角指的则是毛色纯正,适合用于祭祀的牛。犁牛虽然不适合用于祭祀,但是如果它所产的牛仔的毛色

---

① 司马迁:《史记》,北京:中华书局,1963年版,第2185页。

"骍且角"的话,那就非常适合用来祭祀了。这里将仲弓的父亲比作犁牛,将仲弓比作"骍且角"的好牛,证明孔子对仲弓身份的卑贱是不在意的。除了"有教无类"之外,孔子还认为"知之者不如好之者,好之者不如乐之者",他在平时的教学活动中注重"学而不厌,诲人不倦",这些方面都是孔子兴办教育的独特之处,也是中国教育的一大进步。

在春秋战国时期,贵族子弟需要掌握很多的实用技能,涵盖了我们现在所说的德、智、体、美等各个方面,并且学习这些知识并不只是培养学生的素质,更为重要的是,这些知识是为了适应当时贵族的生活而设置的,因而,这些知识的学习和掌握在平时的生活当中也是必不可少的部分。这些学习科目就是古代典籍当中记载的"六艺",即礼、乐、射、艺、书、数。

中国是礼乐之邦,这是由于古人有重视礼乐的传统,贵族子弟从小就要进行礼乐方面的培养,因此礼和乐被列入到"六艺"的头两个,而礼列为"六艺"之首,可见古人对礼是相当看重的。《论语·尧曰》记载了这样一个小故事:

(孔子)尝独立,鲤趋而过庭。曰:"学诗乎?"对曰:"未也。""不学诗,无以言。"鲤退而学诗。他日,又独立,鲤趋而过庭。曰:"学礼乎?"对曰:"未也。""不学礼,无以立。"鲤退而学礼。

这个故事说的是孔子曾经站在庭院里,他的儿子孔鲤经过堂前,孔子叫住他问:"孔鲤,你学习《诗经》了没有啊?"孔鲤回答说:"没有。"孔子批评他说:"不学习《诗经》,以后你都没法表达自己的想法!"于是孔鲤退下去学习《诗经》。又有一次,孔子站在庭院里,孔鲤经过堂前,孔子叫住他问:"学习《礼记》了没有啊?"孔鲤回答说:"没有。"孔子语重心长地对他说:"不学习《礼记》,你以后没法在社会上立足。"孔鲤于是退下去发奋学习《礼记》。孔子对于自己的儿子是这样要求的,对自己的学生也同样要求他们学习《诗经》和《礼记》。

在古代,人与人之间、国与国之间的交往都要依靠《诗经》和《礼记》,人们经常引用《诗经》中的诗句来表达自己的情感,所以说,如果没有学好《诗经》,那么在与他人的交往中就无法张嘴说话了。而《礼记》的作用要远远大于《诗经》,古人有所谓的五礼:吉、凶、宾、军、嘉。吉礼主要是对天神、地祇、人鬼的祭祀典礼,主要有祀天神(包括祀昊天上帝,祀日月星辰,祀司中、司命、雨师等),祭地祇(包括祭社稷、五帝、五岳,祭山林川泽,祭四方百物,祭诸小神等),祭人鬼(包括祭先王、先祖,禘祭先王、先祖,春祠,秋尝,享祭先王、先祖等)。凶礼是哀悯吊唁忧患之礼。对不同形式的灾难也有不同的哀悼形式,如以丧礼哀死亡,以荒礼哀凶年,以吊礼哀祸灾、哀围败,以恤礼哀寇乱,等等。宾礼主要指接待宾客之礼。《仪礼》中记载的《聘礼》《觐礼》都属于宾礼。军礼是师旅操演、征伐之礼。嘉礼是和谐人际关系,沟通、联络感情的礼仪,它的内容很丰富,如饮食之礼、婚冠之礼、宾射之礼、飨燕之礼、脤膰之礼、贺庆之礼等等。由此看来,礼的内容丰富多彩,基本上囊括了我们日常生活中人与人之间、国与国之间的所有交往形式。学会了礼,在与他人的交往之中就会操守有度,不会做出非礼的行为,难怪孔子要说"不学礼,无以立"这样的话。

有礼则必有乐,古人常以礼乐并举,周代建国以后就运用礼乐制度来维持国家的长治久安,就连宫廷里面也设有专门的乐官。乐和礼是相辅而行的,有了吉、凶、宾、军、嘉五礼,就会有相应的乐来配合礼的实施。例如古时乡里举行饮酒礼,邀请乡里德高望重的长辈和当地的贤才饮酒为欢就要邀请乐人奏乐。历史上记载孔子曾经"问礼于老聃,学乐于苌弘,学琴于师襄"。老聃就是老子,苌弘和师襄都是当时精通乐理的人,可见孔子也是精通乐理的。古人把乐分成五音,并且将五音与五行、五方等相匹配,这五音就是宫、商、角、徵、羽。《礼记·乐记》记载:"宫为君,商为臣,角为民,徵为事,羽为物。五者不乱,则无怗滞之音矣。"这是将五音比作君臣,宫是五音之首,相当于一国之君,商则相当于辅佐国君的臣子,角充当着百姓的角色,徵好比是社会上发生的各种事件,而羽则相当于世间万物。五音就是一个大国的缩影,只有各方面都协调,才能奏出和谐的盛世之音,这就是古人的乐理观。

射即射箭,是古人常见的一项体育活动。古时候的官员每隔一段时间就要召集老百姓举行乡射礼,使得官民之间的交流增多,以便于和老百姓更和睦地相处,并且还可以从百姓之中选拔优秀的人才治理国家。郑玄认为射礼是"州长春、秋以礼会民,而射于州序之礼",也就是州的长官在每年的春、秋两个季节都会召集州的百姓到各州的学校举行射箭比赛。射礼的作用很大,首先它是一项体育活动,对于强身健体很有帮助。其次,每年举行两次射箭比赛有助于州县百姓之间的相互交流,可以沟通大家的感情,促进和谐社会的建设。《论语·八佾》记载:"子曰:'君子无所争,必也射乎!揖让而升,下而饮,其争也君子。'"孔子认为君子坦荡荡,是有胸怀、有大气量的人,不会去主动争求什么,但是如果一定要争取的话,那就是在射礼的时候争取射中。举行射礼的一揖一让、一升一降都要合乎礼仪,即使是争胜,那也是君子之间的争。可见射礼已经不只是简单的体育活动,而是上升到一种培养君子风度的方法。

御即御马,相当于我们现在的开车。古人出门或者运输只能借助动物的力量,因而有牛车、马车等。而乘马是最快最有效的方法,贵族子弟出门就是用马车,因而学会御马是很重要的一件事情。关于马,古代有很多成语,如老马识途、塞翁失马等等。《韩非子·喻马》记载了"赵襄王学御"的故事:

> 赵襄主学御于王子期,俄而与子期逐,三易马而三后。襄王曰:"子之教我,御术未尽也。"对曰:"术已尽,用之则过也。凡御之所贵,马体安于车,人心调于马,而后可以进速致远。今君后则欲逮臣,先则恐逮于臣。夫诱道争远,非先则后也。而先后心皆在于臣,尚何以调于马?此君之所以后也。"①

赵襄王跟从王子期学习御马,课程结束以后,襄王和子期比赛驾马,比赛了三次,襄王都落后于子期。襄王不高兴地问子期:"您教我御马是不是有的知识没有教给我啊?"子期笑着回答说:"御马的所有知识我都已经教给您了,只不过您使用得不恰当而已。驾车的妙诀就在于马和车本身要相互协调,而驾车的人也要跟马相互调和,这样才可以快速到达目的地。刚刚跟您比赛,您跑在我后面,就一个劲儿地加快速度想要追上我,等到您超过我了,又一心害怕被我追上。驾马比赛,不是在前就是在后,注意力集中在马身上就可以了,而您的心思都在我身上,完全不能跟马保持协调,这又怎么能够赢呢?"从这个故事可以看出来,御马并不是一件简单的事情,而是包含了大学问。

---

①张觉校注:《韩非子校注》,长沙:岳麓书社,2006年版,第229页。

书也就是写字，相当于我们现在学习的书法。古人特别重视启蒙教育，尤其重视教导子弟学习书法，以便于将来为官，他们将识字写字的学问叫做小学。《周礼》记载古时的学生八岁进入学校学习小学，老师教导学生的基本知识就是"六书"。"六书"是古人认为造字的六种基本方法，掌握了造字的基本方法，那么识字、写字就能够很快掌握，所以掌握"六书"就相当于掌握认字和写字的窍门，对以后学习其他学问有很大的帮助。"六书"包括象形、指事、形声、会意、转注、假借。"象形"是古代人民最初的造字方式，上古时期，人们看见一个具体的事物就用图像的方式将它记录下来，比如看见太阳就画一个圆来表示，看见狗就画一条狗的样子来表示，这种图形经过后来的线条化就成了汉字，而这样的造字方法造出来的字就是象形字。"指示"指的是通过标记的方法来造字，一般是建立在已经存在的象形字的基础上，比如古人用象形的方法造了一个"刀"字，那么怎么表示"刀刃"这个概念呢？古人的方法就是在"刀"字上面标记一下表示"刃"，这个"刃"字也就是指示字。"形声"造字法是将两个字拼凑在一块，一边表示这个字的含义，一边表示这个字的读音，比如"忍"字，上面是"刃"，下面是"心"，上面部分是这个字的读音，下面"心"则表示"忍"，是和心相关的。形声字是汉字最通用的造字方法，现存汉字中绝大多数的字属于形声字。"会意"也是将两个字拼凑在一起造成一个字，但是和形声不同的是，会意字的两个部分是联合起来表示字义，比如"尘"字，上面是"小"，下面是"土"，小土的意思就是细小的尘埃，这就是"尘"的本义。再如"从"字，是一个人跟着一个人走的意思，因此"从"就是跟从的意思。"转注"和"假借"两种方法，古人认为并不属于造字法，而是属于用字法，所谓"转注"就是用增加或者改变一个偏旁的方式来表示一个相关的字义，如"考"和"老"两个字都是表示"老"的意思，它们上面的部分都是"耂"字，下面的部分则是将偏旁进行了调换，调换之后的两个字还都表示相关甚至于相同的意思。"假借"，顾名思义就是将一个字借来表示另一个意思，比如"莫"字，在小篆中的样子就是太阳下山落到草丛中的样子，表示天色已晚，但是后来人们将这个字借用来表示否定词"莫"，也就是"不要"的意思，因而又在"莫"下面加了一个"日"字成为"暮"字，来表示它原来"傍晚"的意思。

数相当于我们现在的数学，我国古代数学起源于《周易》以及传说中的"河图洛书"，《周易》本来是用来占卜的书籍，记载了古人如何运用蓍草和算筹来预测未来。我们在出土的甲骨文中可以看到很多计数的文字,从一到十,以及百、千、万都已经有相应的文字。我国的数学研究历史悠久,取得了举世瞩目的成就。早在东汉时期,著名的数学家刘徽编写了我国历史上第一部数学专著《九章算术》。南北朝时期的著名数学家祖冲之将圆周率成功地推算到小数点后七位,即 3.1415926 到 3.1415927 之间,这比欧洲人领先了 1000 多年。古人之所以学习数学,是因为在平时的生活中处处都要运用到数学知识,比如丈量田地、称量粮食的轻重、商贾在外面做生意等都必须用到这些知识。

二、什么是"十三经"

儒家发展到宋代,形成了以"十三经"为核心的儒家经典,这十三部经典无论是对学子修身养性,还是对国家的长治久安都有重大的影响。古代的科举考试也都是从这些经典里面出题来选拔人才,因此"十三经"在教育学子方面就显得非常重要。"十三经"指的是儒家的十三部经典:《周易》《诗经》《尚书》《周礼》《仪礼》《礼记》《春秋·左传》《春秋·穀梁传》《春秋·公羊传》《论语》《孟子》《孝经》《尔雅》。这十三部经典并不是同时产生的,也不是同时被列为经典供大家学习的。早在春秋时期就已经有所谓的"六经"之称,即《周易》《尚书》《诗经》《仪礼》《乐经》《春秋》六部经典。春秋末期,孔子招收学生讲学就是以"六经"之中的《诗》《书》《礼》《乐》来教导学生。司马迁在《史记·孔子世家》中记载说:"孔子以《诗》《书》《礼》《乐》教,弟子盖三千焉,身通六艺者七十有二人。"孔子教导学生学习的主要科目就是《诗》《书》《礼》《乐》,跟从孔子学习的学生有 3000 人,其中成绩优秀、精通"六艺"的只有 72 个人。可见早在先秦时期,"六经"就是学子们学习所用的主要教材了。

秦始皇统一天下后,信奉法家韩非、李斯等人的观点,用严刑峻法管理国家。韩非、李斯等人认为,学习的知识越多,老百姓懂得的东西就会越多,这样对于皇帝统治老百姓很不利。而如果大家什么都不懂,什么也不去学,好好地过自己的生活,那么天下就会太平无事,也就没有人敢来造反了。因而,法家主张愚民政策,禁止老百姓以古非今,以私学诽谤朝政,李斯等人还劝秦始皇将除了秦国以外的列国史书都烧掉。秦始皇为了自己的江山社稷,听从了李斯的建议,并且下令焚毁《诗》《书》,有人胆敢在公共场所谈论《诗》《书》就要被处死,胆敢以古非今的就要被灭全族。

公元前212年,有两个儒生侯生和卢生暗地里诽谤秦始皇被抓,激怒了秦始皇,于是秦始皇下令御史调查全国诽谤皇帝的儒生,一共抓获了460多人,秦始皇下令将这些儒生全部活埋。这样一来,先前流行的"六经"受到了秦始皇的严厉排斥,学习这些经书的儒生也被秦始皇的暴政吓怕了,再也不敢在公开场合谈论"六经"了,也不敢把这些经书藏在家里了。这两件事情就是历史上著名的"焚书坑儒"。

秦始皇的暴政终于激起了老百姓的反抗,陈胜和吴广率领了一大批被奴役的老百姓揭竿而起,反对秦朝。紧接着,天下英雄纷纷起义抗秦,经过了几年的战乱,到公元前202年,刘邦率领的汉军击败了其他的割据势力,成为战争的胜利者,这就是汉代的第一位皇帝——汉高祖。汉高祖统一天下以后,四海升平,朝廷开始将工作的中心转移到文化教育上面来,于是派人四处寻书,经过几代人的努力,朝廷的藏书越来越丰富了。汉武帝执政时期,任用精通儒家经典的大臣治理国家,并且专门设置了《易》《礼》"二经博士",和之前文帝、景帝时候设立的《书》《诗》《春秋》"三经博士"合称"五经博士"。博士职位的设立对于汉代罢黜百家、独尊儒术的政策产生了很大影响。西汉时期,由于《乐经》亡佚了,所以只剩下"五经",官府所列的也只有"五经博士"。西汉末年,朝廷命令当时的著名学者刘向、刘歆父子领衔整理官府的藏书,这样一来,汉代之前的图书经过了一个系统的整理,学术得到了长足的发展。到东汉时期,《礼》分为三,即《周礼》《仪礼》《礼记》。《春秋》也分为三,即《春秋左氏传》(《左传》)、《春秋穀梁传》和《春秋公羊传》,其中的穀梁和公羊是传授《春秋》学的两位经师的姓。这样一来,之前的"五经"就成了"九经",一直沿袭到唐代,学子们所学习的治国方略都是从这九经中来。

经历了魏晋南北朝的分裂动荡,民生凋敝,经学也受到了很大影响,唐代建国,统一了中国,形成了统一的中央集权。为了国家的长治久安,唐代的统治者吸取了前代的优良政策,比如沿用了隋代设立的科举制,开始实行用考试的方式来选拔人才。既然要用考试的方式来选拔人才,自然就应该规定好要考试的科目以及教科书。唐太宗命令颜师古、孔颖达等人按照前代对经书的解读,编订成了《五经正义》,作为科举考试的主要参考书。唐玄宗讲求孝道,认为应该用孝道来管理百姓、治理国家,因此他非常重视《孝经》,还亲自腾出时间来给《孝经》作注解。因此,到了唐代后期,原来的"九经"又增加了《孝经》《论语》和《尔雅》三部经书,成了"十二经"。宋代,孟子的地位升高,《孟子》一书也开始为人所重视,南宋时,《孟子》一书最终被列入到经书中。经过了战国到南宋几千年的演变,儒家经典最终确定为"十三经"。"十三经"作为儒家经典的核心部分,为历朝历代的治国安民做出了重要的贡献。古代学子们所学的最多的经典著作就是"十三经",因而"十三经"不但是我国古代最有影响力的著作,也是中华民族核心文化的组成部分。以"十三经"为基础而蓬勃发展的经学广泛地影响了古代的读书人。翻开我国古代最大的丛书《四库全书》,你就会发现《四库全书》中所收的3400多种书中,有四分之一是直接诠释经学的著作,另外三分之一的书中,跟经学有关系的也数不胜数,可见经学在古代的影响力非常巨大。

周敦颐作为一个读书出仕的理学家,自然也是深深地受到了儒家"十三经"的影响,并且他思想中很多基本的内容就是直接从"十三经"中得来。因而为了了解周敦颐的教育思想,我们有必要将"十三经"中每部经书的基本情况以及基本内容依次作一个简单的介绍。

(一)《周易》

《周易》是我国古时候用来占卜吉凶的书。传说上古时期的帝王伏羲参照天地万物的运行规律创造了八卦,即乾、坤、离、坎、震、巽、兑、艮。他用这八个卦象来指示天地间的万物,乾代表天,坤代表地,离代表火,坎代表水,震代表雷,巽代表风,兑代表泽,艮代表山。到了商代末年,周文王姬昌开始改良八卦。姬昌是商代末期的大贤人,精通阴阳五行之道,他在被商纣王囚禁的时候精心地钻研八卦,将八个卦象两两相合形成了六十四卦,每个卦下面都有卦辞和爻辞,卜者用蓍草来进行占卜,占到哪个卦象就根据这个卦下面的卦辞、爻辞来判断吉凶。《周易》经文传到孔子的时候已经很难读懂了。孔子晚年喜爱读《周易》,《论语》记载说孔子晚年经常翻读《周易》,导致用来连接竹简的牛皮筋都断了很多次,后来人们就用"韦编三绝"这个成语来形容人读书很多。孔子不但喜欢读《周易》,还写了10篇小文章来解释《周易》,这就是历史上著名的《十翼》。虽然古人多根据《周易》一书来占卜吉凶,其实这只是古人的迷信思想罢了。事实上,《周易》一书记载的都是我国古代人民出行、婚娶、狩猎等事情,对于我们了解上古时期人们的生活状态有很重要的价值。

(二)《尚书》

古代的君主,一言一行都有史官在旁边记录,《礼记·玉藻》篇记载:"(天子)动则左史书之,言则右史书之。"左史记言,右史记事,记下来的言论就成为今天的《尚书》,而记下来的事件就是《春秋》。《尚书》记载的就是上古时期君王的言论,上古时期的明君,包括传说中的尧、舜、禹的言行举止都可以从《尚书》中考见。《尚书》约成书于3000年前的战国时期,分为《虞书》《夏书》《商书》《周书》,共53篇,在战国时期称为《书》,因为书中所记的都是上古时期的事情,所以到汉代的时候就改称为《尚书》。《尚书》中的很多文字都是由上古时期的语言写成,由于年代久远,后代的人慢慢地就很难看懂了,唐代的文学家韩愈就曾经说《尚书》"佶屈聱牙",难以阅读。我们今天来读《尚书》也会觉得书中的语言古朴典雅,很难读明白。秦始皇一统六合之后焚书坑儒,在经历了秦火的浩劫之后,《尚书》一书也残缺不堪,几乎近于亡佚。汉代建立以后,年近90岁的伏生将自己藏在墙壁里的《尚书》取了出来,招收学生讲授《尚书》,伏生所传的《尚书》只有29篇,是伏生自己用汉代通行的隶书写成,这就是西汉盛行的《今文尚书》。西汉前期,鲁恭王拆孔子的宅院的时候发现墙壁中藏了很多竹书,都是用先秦时期的书体写成的,其中就有《尚书》,并且比伏生所传授的《今文尚书》还要多出16篇,称之为《古文尚书》。孔子的后代孔安国将这些《古文尚书》献给汉武帝。但是很遗憾的是这些《古文尚书》一直藏于深宫,并没有列为学习的教材,因此一直没有得到重视。由于《尚书》中记载的都是上古时期帝王的言语,对治国有很大的借鉴作用,因而历代的君主都很重视《尚书》,《尚书》中的很多治国安民的思想在汉代独尊儒术之后得到了充分的重视。历代的科举考试,无论其他的经书怎么变化,《尚书》都是必考的科目之一。

(三)《诗经》

《诗经》是我国现存最早的诗歌总集,共305篇,因此又称"诗三百"。上古时期的国君对于老百姓的生活状态相当关注,经常派大臣到民间去采风,将老百姓所吟唱的诗歌抄录下来进呈给国君,以便于国君进行教化治理。相传上古时期采集的《诗经》有3000余首,孔子看见《诗经》中有很多不好的诗歌,于是对所有的诗进行了筛选,最后筛选出了300余首,也就是我们现在看到的《诗经》。《诗经》包括《风》《雅》《颂》三个部分。《风》又称《国风》,收录的是西周时期15个诸侯国统治下民间老百姓所吟唱的歌谣,共160篇。《雅》又分为《大雅》和《小雅》,收录的是诸侯国的宫廷乐歌,共105篇,《雅》是正声雅乐,即贵族享宴或诸侯朝会时的乐歌,和《国风》的风格有很大的差异,《大雅》多为皇室贵族的宴享之乐,《小雅》则多是贵族个人抒发情感的乐曲。另外,《小雅》中也有不少类似《国风》的乐曲,如《黄鸟》《我行其野》《谷风》《何草不黄》等。《颂》是奴隶主贵族宗庙祭祀的乐歌和史诗,内容多歌颂祖先功业。《毛诗序》说:"《颂》者,美盛德之形容,以其成功告于神明者也。"《颂》又分为《周颂》《鲁颂》《商颂》,一共40篇。古人无论是说话还是写作,都喜欢引用《诗经》中的诗句,因此孔子也曾经有"不学《诗》,无以言"的感叹。也正因为《诗经》这么重要,所以古代的贵族子弟从小就要学习。《周礼·春官》记载:"大师教六诗:曰风,曰赋,曰比,曰兴,曰雅,曰颂。"这是说古代教导贵族子弟的大师不但要教导贵族学习《诗经》,还要教导他们"诗六义","诗六义"指的是《风》《雅》《颂》和赋、比、兴。赋、比、兴是《诗经》的表现手法,朱熹解释说:"赋者,敷也,敷陈其事而直言之者也。"赋,就是直接铺陈叙述,是《诗经》中最常见的表现手法。比,就是"以彼物比此物",也就是我们现在所说的比喻,《诗经》中运用比喻来创作的地方很多,如《氓》用桑树从繁茂到凋落的变化来比喻爱情的盛衰;《鹤鸣》用"他山之石,可以攻玉"来比喻治国重用贤人,都极富有表现力。朱熹解释"兴"为"先言他物以引起所咏之辞",也就是在吟咏自己的感情之前先描写其他东西,借助其他的事物作为铺垫,这在《诗经》中也是很常用的,如《关雎》:"关关雎鸠,在河之洲。窈窕淑女,君子好逑。"这首诗要表达的就是男女之间纯洁的爱情,主题是"窈窕淑女,君子好逑",但是作者并不直接表达出来,而是先用兴的手法,先言"关关雎鸠,在河之洲"作为后面表达的铺垫,这个手法就是"兴"。《诗经》在历代的科举考试中也扮演着至关重要的角色。由于后世文人学子的吟咏和引用,《诗经》中很多内容化成了成语,活跃在我们平时的语言交流中,如同仇敌忾、小心翼翼、梦寐以求、不可救药、优哉游哉、参差不齐、潸然泪下、耿耿于怀、忧心忡忡、翩翩起舞、未雨绸缪等,可见《诗经》

在我国传统文化中有多重要了。

(四)《周礼》

《礼》在西周时期专门指《仪礼》,到了汉代,学者们根据周代的官制,描绘出了一个儒家理想化的制度体系,并且将它写成书,这就是我们现在看到的《周礼》。《周礼》描写的是周代的官制,最初叫做《周官》,到了唐代贾公彦编写《周礼注疏》的时候才有了《周礼》这个称呼。《周礼》是一部通过官制来表达治国方案的著作,它的内容极为丰富,上至宰相大臣,下至工匠以及奴仆都有具体的分工,非常严密。《周礼》共分为六官,即天官冢宰、地官司徒、春官宗伯、夏官司马、秋官司寇、冬官司空,六官各有所职:天官主管宫廷,地官主管民政,春官主管宗族,夏官主管军事,秋官主管刑罚,冬官主管营造,涉及社会生活的各个方面,这样严密的职官制度在上古文献中实属罕见。

事实上,《周礼》一书记载的只是当时儒家学者参照周代的官制改编而成的理想化官制,是经过儒家学者加工的。从内容上来说,《周礼》中所记载的周代制度非常详备,既有祭祀、朝觐、封国、巡狩、丧葬等国家大典,也有车骑制度、服饰制度、礼玉制度等具体规制,还有各种礼器的等级、组合、形制、度数的记载,包含了奴隶主贵族生活的方方面面,对于我们了解西周人的生活方式具有很重要的意义。这样一部庞大的职官制度,虽然并没有真正地实行过,但是对于儒家文化来说是一笔宝贵的财富,因此,后世的官员在改革王朝官制和政治的时候往往就会用《周礼》作为理论基础。

西汉末年,汉王朝政局动荡,外有豪强世族的割据势力,内有外戚和宦官的专位,可谓风雨飘摇。王莽(前45—23),字巨君,荆州江夏郡新市(今湖北京山)人,他是汉代皇室的外戚,担任过大司马的职位,掌管着汉王朝的朝政。为了实现自己的政治理想,他处心积虑地想将汉室江山据为己有。公元9年,王莽篡位,建立了历史上昙花一现的"新朝"。王莽是一个理想主义者,因而对新的王朝进行了大肆改革,并且运用《周礼》作为他改革的蓝图,企图仿照《周礼》中的职官制度来领导新朝的建设。可惜,他一死,新朝就跟着灭亡了,他的理想和建国大业也跟随他埋进了坟墓,新朝也就成了我国历史上最短命的王朝。同样,宋代的名相王安石在担任宋代最高行政长官的时候也积极地推进变法,史称"王安石变法",王安石变法不仅是针对政治、经济、军事等方面,在文化方面也有重大的举措,在诸多的经典中,王安石最看重的无疑就是《周礼》,因此他将《周礼》列为科举考试的重要科目,并且亲力亲为编纂了《周礼义》《书义》《诗义》这三本书,也就是所谓的《三经新义》。遗憾的是,王安石的变法也没有坚持多久就破灭了。总体看来,《周礼》一书是中国古人政治智慧的结晶,凝聚了古人治国安民的大智慧,它的价值和意义不仅仅体现在古代,以现代人的视野来看,《周礼》中的很多管理方法还是非常实用的,值得我们学习和借鉴。

(五)《仪礼》

《仪礼》相传是周公根据夏商两代的礼仪,经过折中损益以后写成,书中记载的是古人冠、昏、丧、祭等具体礼节。《仪礼》中所记载的礼仪并不适用于全部老百姓,而是只通行在士大夫以上。《礼记·曲礼上》说过:"礼不下庶人,刑不上大夫。"意思是礼节不针对平民百姓而设立,而士大夫以上的贵族也同样不需要受到刑法的约束。在上古时期,贵族犯法是不需要承担法律责任的,而平民百姓也是不需要遵守礼仪规范的,因此在夏、商、周三代,只有统治阶级才能制作并且拥有礼器(如钟、鼎等),而平常的老百姓只能够用瓦器、陶器,没有资格拥有礼器,因而古礼只有贵族之礼,没有庶民之礼。

先秦之前的礼制是经过历代帝王传承和变革而来的,所谓"十里不同风,百里不同俗"。早期的华夏族生活在黄河流域,有自身的文明和礼俗,华夏族的老百姓在和别的部落交流的时候,能够从别的部落中吸收一些自身没有的礼制,这样一来,传统的礼制在不断地传承,加上新的礼制的调和和广泛运用,就形成了固定的礼节。比如丧礼,原始社会时期的人们失去了亲人,往往会采取土葬、火葬、水葬或者天葬等仪式,而埋葬完亲人之后很快就忘掉了,并不会进行纪念。到了奴隶社会时期,先民们具有一定程度的文明,当亲人或者领袖去世之后,老百姓往往会自发地纪念他们,于是形成了一个"守丧"的制度。《尚书·尧典》记载,尧死之后,"四海遏密八音",老百姓对于伟大领袖尧的去世非常悲痛,普天之下的百姓三年没有听音乐,以示对尧的追悼和怀念。后来,三年守丧的制度一直保存下来,周代人如果父亲去世,要为父亲守丧三年,《仪礼》当中的记载与周人的礼制就完全一致。到了战国时期,诸侯国战乱连年,礼制遭到严重的破坏。汉高祖建立汉朝以后,命叔孙通根据古礼制定新的礼仪,用来规范文武百官和皇室贵族的日常生活,之后的朝代也往往根据《仪礼》的文字来制定新的礼仪。可见《仪礼》一书在礼制的制定上具有很大的借鉴意义。由于《仪礼》记载的是夏、商、周三代的礼仪,文字古奥难懂,因此后代新的礼制制定出来之后就不再重视《仪礼》经文。宋代名相王安石执政之后,将《仪礼》从科举考试中废除,之后一直到清代,科举考试不需要考《仪礼》,而学子们自然也就不再阅读《仪礼》,这样一来,《仪礼》的地位一落千丈,几近于无人研究。再加上民间的老百姓广泛使用通俗易懂的《家礼》作为生活的规范,所以《仪礼》一书的价值和意义在不合乎百姓的情况下就显得相当微弱。但是这并不表明《仪礼》就毫无价值,事实上《仪礼》中记载的乡饮酒、乡射礼对于研究上古时期的社会有很大的史料价值,《仪礼》中的《丧服》对于我们了解上古时期的亲属关系也有很大帮助。

(六)《礼记》

《仪礼》最早称为《礼》或者《礼经》,是三礼之中最为重要的经书,但是由于文辞古奥,礼节也很复杂,后代人也就渐渐很难读懂了,因此从战国时期开始,一直到汉代,不断有学者给《仪礼》作注解和诠释,西汉人将这些诠释性的著作汇集起来就形成了《礼记》一书。因此可以这样说,《礼记》是战国以来的学者阐述儒家礼制思想的一部著作,它的主要内容是记载和论述先秦的礼制、礼仪,并且对《仪礼》中的一些篇章做出解释。值得注意的是,《礼记》一书并不是单纯地讲解礼仪,其中往往有很多小故事,让人在明白道理的同时也体会到一定的趣味。《礼记》中的一些篇目记载的是孔子和他的学生之间的问答和交流,能够直接反映孔子的思想,对于我们深入了解儒家的文化和思想具有非常重要的价值。

《礼记》一书包含的内容非常广博,涉及政治、法律、道德、哲学、历史、祭祀、文艺、日常生活、地理等诸多方面,几乎可以算作包罗万象的百科全书式的著作了。和《仪礼》不同的是,《礼记》并不是直接记载礼节,而是从广泛的礼节中抽象出其中的礼义,使得读者不但能够知道古时候具体的礼节,而且能够明白圣人治礼的背后包含了哪些深刻的道理。《礼记》全篇是散文的形式,其中还有很多耐人寻味的小故事,读起来很有趣味性,书中还有大量的格言警句,让我们在品味生动故事的同时也能够学到极富哲理的道理。《礼记》的这些特征,使得它在后世的地位慢慢提升,逐渐取代了《仪礼》的地位。唐太宗命令文臣修纂《五经正义》时,就将三礼之中的《礼记》列入"五经"之中,取代了《仪礼》的地位。

(七)《春秋》三传

先秦时期,春季和秋季是诸侯朝觐王室的时节,同时,春秋在古代也代表一年四季,而史书记载的都是一年四季中发生的大事,因此各诸侯国的史书都称为《春秋》,有《晋春秋》《齐春秋》等等。司马迁在《史记》中说过:"文王拘而演《周易》,仲尼厄而作《春秋》。"相传孔子晚年的时候根据鲁国的国史,编成了我国第一部编年体史书《春秋》,记载了鲁国十二个国君在位时期的史事,从此《春秋》这个名称就专门用来指称孔子编订的这部史书,而历史学家也以"春秋"来指代战国之前的这一时期。

西周末年,周幽王荒淫无道,宠爱美女褒姒,后来西周被犬戎部落灭亡,幽王也被犬戎部落杀死在骊山之下。幽王的儿子宜臼迁都洛阳,建立了东周。迁都后的周王室再也没有往日的威风,这时候诸侯国慢慢地强大起来,形成了群雄割据的局面,东周分为两个时期,一是春秋时期,这一时期齐桓公、晋文公、楚庄王、吴王阖闾、越王勾践称霸,史称"春秋五霸";另一个时期是战国时期,齐、楚、燕、韩、赵、魏、秦七国混战,史称"战国七雄",最后由秦国统一六国。孔子生活在春秋末期,看见诸侯王不顾道义妄自地发动战争,于是萌生了撰写《春秋》的想法,希望能够将自己对忠义之士的褒赞和对不义之人的批判蕴含在《春秋》一书当中,既表彰了忠义的举措,也严厉地斥责了各诸侯国无视礼法的行为,所以后人认为孔子在修撰《春秋》的时候蕴含着"微言大义",也就是说《春秋》一书当中很多细微的、不容易察觉的话语都包含了孔子所要表达的"大义"。

历史的记载就像一面镜子,往往可以起到借鉴的作用,好的方面可以供后人学习，不好的方面也能够给后人以警示，孔子修撰成《春秋》以后，乱臣贼子都害怕自己的卑鄙行径被暴露出来，于是也不敢嚣张了，所以孟子评价《春秋》的时候就说过："孔子作《春秋》，乱臣贼子惧。"《春秋》是我国第一部编年体史书，它的纪年以鲁国为中心，记录了从鲁隐公到鲁哀公共十二位国君在位期间发生的大事件。哀公十四年，鲁哀公带领群臣狩猎，捕获了一头麒麟，孔子听到了这个消息，伤心落泪地说："吾道穷矣。"不久之后，孔子就逝世了，《春秋》的记载也就到"获麟"为止，所以后世也称《春秋》为《麟经》。麒麟是我国传统的瑞兽，是我国古代典籍之中记载的神物，和凤凰、龙、龟并称为"四灵"。据说麒麟能活两千年，性情温和，不伤人畜，不践踏花草，故称为仁兽。麒麟的首似龙，形如马，状比鹿，尾若牛尾，背上有五彩毛纹，腹部有黄色毛。麒有独角，麟无角，口能吐火，声音如雷。传说麒麟只有遇见太平盛世，或者有圣人出现的时候它才会出现，因而中国古代常常用麒麟象征祥瑞。孔子的一生跟麒麟结下了不解之缘，相传孔子出生之前和去世之前都有麒麟出现，传说孔子出生前，有麒麟在他家的院子里"口吐玉书"，书上写道"水精之子，系衰周而素王"。

《春秋》一书的文字非常简练，记载一件事情往往只用一句话就说完了，类似于我们现在看的新闻标题，因而很多人都看不明白，于是战国时期的学者们就纷纷写书来解释《春秋》，其中流传下来的三本书是左丘明的《春秋·左氏传》、公羊高的《春秋·公羊传》和谷梁赤的《春秋·穀梁传》，被称为"春秋三传"。"春秋三传"到了汉代，学习的人很多，汉代的董仲舒就是专门学习《公羊传》的。东汉时期，这三部书被抬高到了经书的地位，称为儒家的经典，后世学习《春秋》的都必须先学习"春秋三传"。《春秋》一书虽然简略，但是它为我们提供了很多春秋时期的史料，加上三传的解释和阐发，对于我们了解上古时期的历史有着不可替代的作用。

（八）《论语》

《论语》并不是成书于某一个人，而是集体智慧的结晶，它是孔子的弟子和再传弟子们记录孔子平时言行举止的书，涉及孔子的哲学、道德、政治、教育、时事、生活等各个方面的情况，是我们了解孔子思想最主要的材料来源。《论语》是一部语录体的著作，大部分的内容都是记载孔子所说的话和所做的事情，很多内容都是只言片语，只有极少数篇章称得上是比较完整的文章。《论语》全书共二十篇，共五百一十二章，篇与篇、章与章之间没有内在联系，每一篇的篇名也没有具体的含义，而是用每篇开头的几个字来命名。如《学而篇第一》就是取"子曰：'学而时习之'"的"学而"作为篇章名称。《论语》一书语言生动，将孔子的言行举止都纤毫毕露地表现在文字之中，让人读来感觉生动有趣，使读者在阅读的同时仿佛能够看到一个活生生的孔子形象。比如《论语·微子》中就记载了这样一件事情：

> 长沮、桀溺耦而耕，孔子过之，使子路问津焉。
>
> 长沮曰："夫执舆者为谁？"子路曰："为孔丘。"曰："是鲁孔丘与？"曰："是也。"曰："是知津矣。"
>
> 问于桀溺。桀溺曰："子为谁？"曰："为仲由。"曰："是鲁孔丘之徒与？"对曰："然。"曰："滔滔者天下皆是也，而谁以易之？且而与其从辟人之士也，岂若从辟世之士哉？"耰而不辍。
>
> 子路行，以告。夫子怃然曰："鸟兽不可与同群，吾非斯人之徒与而谁与？天下有道，丘不与易也。"

长沮、桀溺是战国时期的两个隐士，为了躲避乱世，隐居在山林中以耕田为业。有一次，孔子带着弟子周游来到了这个地方，孔子想要过河，但是不知道渡口在哪里，刚好看见长沮、桀溺在田中耕作，就让子路去问渡口的位置。子路先问了长沮，长沮看了看孔子，问子路说："那个拿着缰绳的人是谁啊？"子路回答说："是孔丘。"长沮愣了一愣说："是鲁国的那个孔丘吗？"子路说："是啊。"长沮不高兴地将脸扭到一边说："孔丘既然是聪明人，那他应该知道渡口在哪里啊。"

子路看长沮不想告诉他，就转过头来问旁边的桀溺。桀溺反问道："你又是谁啊？"子路说："我叫仲由（子路名仲由，字子路）。"桀溺问道："你是鲁国孔丘的学生吧？"子路说："是啊。"桀溺长叹一声说道："当今天下大乱，祸患像洪水一样四处横流,谁能够改变这种现象呢?况且你跟着孔丘这样躲避人的人,不如跟随我们这些躲避社会的人好。"说完头也不回地继续干着农活。

子路看他们两个人都不肯回答,就回来把情况告诉了孔子。孔子感慨地说道:"人和飞禽走兽是不能够共同生活的,我不跟人打交道还跟谁打交道呢?如果这个社会和平安宁的话,我也就不需要四处奔走游说去施行我的政治主张了。"

从这个故事我们可以看出,《论语》一书虽然是由孔子的弟子以及再传弟子编成,但是它并不偏袒、美化孔子,而是将孔子生活中发生的一些事情如实展现在我们面前,即使是孔子周游列国的落魄场景也不避讳,因而《论语》一书相对来说给我们描画了一个血肉丰满的孔子形象。

(九)《孝经》

《孝经》在"十三经"中是篇幅最为短小的一部,传说它是由孔子亲自编写的。孔子认为"孝"是上天所定的规范,每一个人都有义务去遵守,"夫孝,天之经也,地之义也,人之行也"。中国古代的传统道德思想受《孝经》的影响很大,俗语也常说"百善孝为先"。《孝经》一书对于"孝"的要求和方法作了很系统的描述,它认为孝的最基本的原则就是爱惜自己的身体,正所谓"身体发肤,受之父母,不敢毁伤",这是最基础的孝,而最为终极的"孝"则是立身扬名,光宗耀祖。当然,《孝经》中的"孝"也有为封建王朝的统治者服务的一面,它并不只是对父母的孝,还可以上升到忠君爱国,《孝经》中说孝应该"始于事亲,中于事君,终于立身",一个"孝"字包含了对家庭长辈的责任,包含了对君王的忠心,也包含了对人生道路的规划,可见孝字对古人的影响是非常巨大的。不仅如此,孝字还跟法律有着很大的联系,古人认为"五刑之属三千,而罪莫大于不孝",在古代众多的罪名之中,不孝是大罪,因而国家需要借助《孝经》这部书对民间的老百姓进行教化。

(十)《孟子》

孟子(前372—前289),名轲,字子舆,山东邹城人。孟子是战国时期伟大的思想家、教育家,儒家学派的代表人物。与孔子并称"孔孟"。后世追封孟子为"亚圣公",尊称为"亚圣"。孟子很小的时候父亲就去世了,他的母亲独自一人将他抚养大,在孟母的关怀下,孟子进步很快,后来终于成了圣人。

孟子和孔子一样,早年也带着他的学生周游列国,希望能够通过游说诸侯国以达到自己的政治理想,但是最终他的政治理想也没有实现,于是他便回到家乡招收门徒讲学,并且和万章、公孙丑等弟子一起著书立说,写成了《孟子》七篇。和孔门弟子编著的《论语》一样,《孟子》也是一部语录体的散文著作,然而它的文采和《论语》却有很大不同。前面说过,《论语》中道德文字一般短小、含蓄,而《孟子》之中却有很多长篇大论,气势磅礴,议论尖锐,给人一种机智雄辩的感觉,读起来酣畅淋漓。另外,孟子擅长于类比,喜欢举出生动的例子和别人进行辩难,比如《孟子·梁惠王上》记载了梁惠王和孟子之间的一段对话:

梁惠王曰:"寡人之于国也,尽心焉耳矣。河内凶,则移其民于河东,移其粟于河内。河东凶亦然。察邻国之政,无如寡人之用心者。邻国之民不加少,寡人之民不加多,何也?"

孟子对曰:"王好战,请以战喻。填然鼓之,兵刃既接,弃甲曳兵而走,或百步而后止,或五十步而后止。以五十步笑百步,则何如?"

曰:"不可。直不百步耳,是亦走也。"

曰:"王知如此,则无望民之多于邻国也……狗彘食人食而不知检,涂有饿莩而不知发。人死,则曰:'非我也,岁也。'是何异于刺人而杀之,曰:'非我也,兵也。'王无罪岁,斯天下之民至焉。"

梁惠王是战国时期魏国的君主,孟子来魏国拜访,惠王就问孟子说:"我对于我的国家已经算是尽心尽力了。河内遇上饥荒,我就将河内的老百姓迁移到河东,将河东的粮食调拨到河内以救济饥荒。河东如果遇上饥荒我也是这样。考察邻国的政治,没有哪个国君有我这么用心。可是我国的国民没有增多,邻国的国民也没有减少,这是为什么呢?"

孟子回答说:"大王您喜欢打仗,我就拿打仗来做一个比喻吧。打仗的时候,战鼓已经敲响了,战士们上到战场就逃跑了,有的人跑了一百步,有的人跑了五十步,这个跑了五十步的人就嘲笑跑了一百步的人胆小,这样可以吗?"

惠王说:"当然不可以了。跑五十步的人只是没有跑到一百步而已,但是他也是逃跑啊。"

孟子接着说:"您如果明白这样的道理,就应该明白贵国的老百姓没有增多的道理……猪狗吃掉了百姓的粮食却不知道约束和制止,道路上有饿死的人却不打开粮仓救济。老百姓因为饥荒而被饿死,执政者却说:'这不是我的过错,而是因为收成不好。'这种说法和拿着刀子杀死了人却说'这不是我杀的,而是兵器杀的'又有什么不同呢?大王如果能够好好地治理国家,以百姓为重,不归罪于收成,那么天下的老百姓就会投奔到魏国来了。"

孟子的这两个比喻很是形象生动,让梁惠王听了哑口无言。孟子认为"民为贵,社稷次之,君为轻",从这段对话之中也可以看出他的这种民本思想。

(十一)《尔雅》

《尔雅》和前面所介绍的"十二经"都不一样,前面的十二部经书要么是思想制度方面的记载,要么就是史实的叙述,而《尔雅》则是一部解释词义的书,用我们现在的话来说,它是一部词典,而且是我国现存最早的词典。之所以称之为"尔雅","尔"字相当于"遐迩闻名"的"迩",是"接近"的意思,"雅"是"夏"的通假,汉族在古时候称为华夏,因而华夏人所说的普通话也就是夏言,又叫做雅言,所以"尔雅"的意思翻译成今天的话来说就是接近普通话。《尔雅》一书编写的目的就是将经书中的意思和当时的普通话一一对应起来,以便于古人阅读经书。所以《尔雅》一书不但是词典,还是帮助读书人阅读经书的词典。

古代的很多词语经过了漫长的岁月渐渐地不再被使用,因而后代的人慢慢就看不懂古书了,不明白古人在经书当中究竟想要表达什么内容。为了解决这个问题,经学研究者们将古语汇集起来,编成了《尔雅》一书,以便于学者在看到不懂的地方可以有词典查阅。就这样，又过了几百年，由于语言的发展变化，《尔雅》本身也变得很难读懂，为了给大家提供方便，于是就有人出来为《尔雅》作注解，我们现在能够看到的注解就是由东晋时期的著名学者郭璞所作。

郭璞是东晋时期一个传奇式的人物，他不仅是语言文字学家，而且还热衷于求仙问道，擅长未卜先知。东晋时期，天下大乱，晋朝的大将军王敦在荆州起兵，想要推翻东晋王朝的统治。王敦听说郭璞擅长易理，能够推算过去、未来，于是在起兵之前就命人将郭璞找来，想让他帮自己预测一下吉凶。谁料郭璞是个正义之士，不想看到黎民百姓陷入到战乱之中，因此并不买他的账，反而借着算卦的机会说他起兵不吉利。王敦很恼火，就让郭璞推算一下王敦的命数。郭璞推算完说："你要是在荆州的话，命还长着呢；你要起兵的话，灾祸就来了；你要带兵打到武昌去，死期就在眼前了。"王敦大怒说："你算一算自己的寿命吧。"郭璞大义凛然地说："我的死期就在今天午时三刻。"话刚落音，王敦就命人将他拖出去杀害了。王敦起兵之后，果然如郭璞所言，死在了武昌。郭璞一生著述颇多，不仅涉及语言文字，还涉及风水、术数等方面。《尔雅》一书经过郭璞的注解，慢慢地流传了下来，并且在唐末列为"十三经"之一。《尔雅》对于人类生活中的很多事物都有解释，它把事物分成类别来解释，包括天、地、山、川、草、木、虫、鱼、鸟、兽等，名物繁多丰富，是了解上古时期人们生活状况的绝佳材料。

三、周敦颐所用的教材

周敦颐在教导弟子以及讲学的时候所用的教材究竟有哪些，历史上没有记载，但是从周敦颐和他的弟子、朋友之间的交往来看，他用的教材应该不出以上所介绍的"十三经"。作为读书出仕的周敦颐，虽然没有在朝中担当过大的官职，但是他青少年时期在舅舅郑向的指导下饱读诗书，被优良的儒家文化所熏陶。在宦游各地的时候，周敦颐每到一个地方都非常重视当地教育的发展，重视人才的培养，甚至经常放下繁重的公务亲身到学校去宣讲儒家文化，也常

理学大家周敦颐的教育思想

常教导身边的同事，甚至他的上司李初平都被他所感化，经常找周敦颐讲课，并且获得了很多收获。就从发展教育这一点来说，周敦颐绝对是不遗余力的儒者形象。他在各地结识的人才，其中有身份高贵的人，也有出身寒微的人，不管出身如何，周敦颐都很乐于和他们共同分享自己的学习心得，这一点也很符合孔子"有教无类"的思想。

周敦颐的思想当中最为重要的部分就是他创制的《太极图》以及《太极图说》。从太极图中所包含的阳动阴静、五行与阴阳变合以及他对天地万物生成的宇宙观来看，周敦颐深受《周易》影响。同时，周敦颐在和傅耆的书信往来中也多次讨论到《周易》中的卦象，可见周敦颐对于《周易》一书研究很深，不但能够读懂《周易》当中的思想内容，而且还能够根据自己的理解将自己的宇宙观与《周易》深深地契合起来，这是古今以来的学者很难做到的。此外，根据朱熹等人的考证，周敦颐除了写作《太极图》《太极图说》之外，还写过《易说》一书，遗憾的是，这本书早就已经散佚不存了，我们现在已经看不到其中的任何内容了。总而言之，周敦颐对《周易》是深有研究的，他不仅自己研究《周易》，还将自己的研究成果跟自己的朋友分享，就这一点来说，周敦颐在平时的教学过程中是不可能不用到《周易》的，因而我们可以判定，在他的教学中一定以《周易》为教材讲述过很多他自己的研究成果。

孔子很多系统的思想都表现在《春秋》等经书中，但是要研究孔子的思想，就必须熟悉《论语》，《论语》当中记载的是孔子与弟子们的对话或者是发生在孔子身上的事件，古人认为如果能够按照《论语》中的要求去做的话，任何人都能够成为圣人，可见《论语》在古代的重要性。

宋太宗赵匡义知道这件事情之后，有一次就问赵普，赵普回答说："我平生所学习到的东西，大概都是从这里面来的。当年我用《论语》中学习到的一半知识帮助太祖爷打下天下，现在我可以用另外一半知识辅佐陛下治理天下。"可见，《论语》中很多思想对于治国安邦是有很大好处的，赵普这个故事被后人称为"半部《论语》治天下"。

宋代人重视《论语》，北宋的儒者邢昺就曾经给何晏的《论语注》做过疏解，也就是我们今天看到的《论语注疏》。宋代人重视经学,但是"十三经"的部头实在太大,并且在科举考试之外也有很多不需要考试的经书,于是宋人将"十三经"中的精华部分单独列出来以供读书人阅读,这也就是我们现在所说的"四书五经"。宋人将《论语》和《孟子》放在一起,并且将《礼记》中的《大学》和《中庸》两篇也单独列出来,叫做"四书"。另外,又将《周易》《尚书》《诗经》《礼记》《春秋》五部经书单独列出来,称作"五经"。这样一来,学子们在平时的学习过程中只要将"四书五经"读完就能够获得较多的知识,也不需要将浩繁的"十三经"全部读完了。

南宋时期,经过朱熹等人的提倡,"四书五经"逐渐成为科举考试的重要项目,一直到明、清两代,"四书五经"在教育方面起到了举足轻重的作用。理学家喜好发挥经书中的义理,因此"四书五经"中的内容就成了理学家思想的主要来源,周敦颐也不例外。周敦颐在教导程颢、程颐兄弟时就让他们"寻孔颜乐处",而"孔颜乐处"这个议题就出自于《论语》,这说明周敦颐在给他们讲授知识的时候也很重视《论语》的运用。"二程"当时都不过是十几岁的小孩子,给他们讲授高深的《周易》恐怕还不是时候,因而周敦颐选择了相对浅显易懂的《论语》作为教材来启发他们思考,可见周敦颐懂得因时制宜地教导学生,往往能够根据学生的具体情况,用不同的内容对他们进行教导,而不是盲目地逼迫他们学习。

除此之外,《尚书》一书也是周敦颐很多思想观念、治国理念的来源。周敦颐在《通书》中阐述了他的很多思想,引用了很多经典,其中就有《尚书》,如《通书·思》章说:"《洪范》曰:'思曰睿,睿作圣。'"《洪范》是《尚书》中讲述治国大道的篇章,也是《尚书》中最为重要的篇章之一,在中国思想史上占据着重要的地位。周敦颐引用《洪范》来阐述他的思想,认为深入的思考是成为贤人、圣人最基本的要求。前面说过,周敦颐的主要思想是引导大家不断进步,所谓"士希贤、贤希圣"等都是在教人要不断地向高处看,向贤人、圣人看齐,以求自身在修养上能够不断提高。可以想到,周敦颐在平时的讲学过程中也一定将《洪范》中的这个思想传授给他的学生,使得大家都有学习的劲头和目标。《尚书》中包含了很多治道,是我国古代君主治理国家必不可少的经典。宋仁宗赵

理学大家周敦颐的教育思想

祯甚至亲自编写了一部书,叫做《洪范政鉴》,来阐述《尚书·洪范》中精深的大道理。《洪范》对于我国古代的治国思想有着不可估量的价值,这也是周敦颐重视、运用《洪范》的原因所在。

周敦颐品格清高,重视修身养性,他曾经写过一篇文章叫做《养心亭说》,在文章中,周敦颐阐述了自己有关养心的理解,认为养心要"无欲主静",这一思想其实是他从《孟子》中领悟出来的。《养心亭说》开篇就说:"孟子曰:'养心莫善于寡欲。其为人也寡欲,虽有不存焉者寡矣;其为人也多欲,虽存焉者寡矣。'"这段话出自《孟子·尽心下》,意思是修养的方法没有比清心寡欲更好的了,一个人如果欲望少,那么内心即使迷茫,那也是很少的。反过来说,如果一个人欲望比较多,那么他即使内心有明白的部分,那也不会很多。周敦颐的很多思想和孟子有相似之处,可见他对《孟子》也是有所体会的。

除了以上所提到的经典之外,周敦颐在教学过程中也许还用了其他经典,但是由于史料不足,我们现在已经没法知道了。然而,无论他用过哪些书作为教材,我们都能够肯定儒家经典的经书绝对占据着重要的位置。经书不仅是古代学子参加科举考试所必读必学的书,也是学子们修身养性,学习做人、做事、做官等的必需之书,因而在古代的教育文化中有着崇高的地位,几乎家家都要备有经书。周敦颐的讲学活动是以经书为教材,他更是用经书的内容去教导学生。周敦颐的学问虽然博大精深,但是也都是从经书中发挥出来的,现在的学者要研究周敦颐的教育教学以及他的其他思想内容,就必须对古代的经书有更多的了解,这样才能以此为基础达到学习、研究周敦颐的目的。

第四章　周敦颐讲学中所用的教材及其讲题

第三节　周敦颐讲学中的著名议题

作为一代理学宗师，周敦颐始终以儒家文化为出发点和落脚点，他的教育思想、学术思想无不是从儒家思想中而来。周敦颐教导学生依傍的教材也是儒家传统的"四书五经"，他在各地兴办教育，进行演讲活动，也是以儒家文化为主流讲题。杨柱才的《道学宗主·周敦颐哲学思想研究》一书讨论了周敦颐开启的宋明理学的三个议题，即天人合一、主静与一为要、孔颜乐处。前两个议题都是关于哲学思想方面的，我们暂不讨论，而"孔颜乐处"这一话题作为周敦颐教育思想的重要组成部分，是他教育"二程"的时候提出来的，对"二程"的影响非常大，因而有必要介绍一下。

前文说过，庆历六年（1046），周敦颐在南安担任司理参军的时候认识了程颢、程颐的父亲程珦，并且接受程珦的许托，给程氏兄弟担任老师。程颢曾经在讲述自己学习经历的时候说过："昔受学于周茂叔，每令寻颜子、仲尼乐处，所乐何事？"寻孔颜乐处是周敦颐教育程氏兄弟的重要课题之一。

孔、颜指儒家的创始人孔子和他的弟子颜回。《论语·述而》曾经记载了孔子的一句话："饭疏食，饮水，曲肱而枕之，乐亦在其中矣。不义而富且贵，于我如浮云。"意思是吃着简单的粗粮，喝着清水，弯着胳膊当枕头，这正是乐趣所在。用不正当的手段得来的富贵，对我来说就像浮云一样。从这句话能够看出孔子是一个淡泊名利而且富有责任心的人，不会为了富贵而去做违背良心的事情。另外，《论语·述而》还记载了这样一个故事："叶公问孔子于子路，子路不对。子曰：'女奚不曰：其为人也，发愤忘食，乐以忘忧，不知老之将至云尔。'"楚国的大夫叶公向子路打听孔子是一个什么样的人，子路不知道怎么回答，就推脱而没有回答他的问题。回来以后,子路把这件事情告诉孔子,孔子跟子路说:"你怎么不这样说呢,孔丘这个人啊,学习起来发奋用功,连吃饭都能忘掉,快乐得忘掉了一切忧愁的事情,连自己快要老了都不知道,如此而已!"这个故事反映了孔子好学而不厌,忧道不忧贫,具有积极进取、奋发向上的精神境界。这就是所谓的"孔子之乐"。

颜回,名颜渊,字回,比孔子小三十岁,他十四岁就跟着孔子学习,是孔子弟子中最为好学的学生。在《论语·公冶长》中记载了这样一个故事:

子谓子贡曰:"女与回也孰愈?"对曰:"赐也何敢望回?回也闻一以知十,赐也闻一以知二。"子曰:"弗如也。吾与女弗如也。"

有一次,孔子问他的学生子贡说:"你和颜回比,哪个好一点?"子贡很惭愧地说:"我哪里敢跟颜回比啊,颜回知道了一件事,就能由此推论而知道十件事。而我呢?知道一件事也只能推论出两件事。"孔子感叹地说:"不如啊,岂止是你啊,我也比不上他。"

《史记·仲尼弟子列传》记载说:"回年二十九,发尽白,蚤死。孔子哭之恸,曰:'自吾有回,门人益亲。'鲁哀公问:'弟子孰为好学?'孔子对曰:'有颜回者好学,不迁怒,不贰过,不幸短命死矣,今也则亡。'"颜回29岁的时候头发就全白了,不幸去世了,孔子哭得很伤心悲痛,说:"自从颜回到我的门下学习,我下面的弟子都更加亲切团结。"鲁国的国君鲁哀公曾经问孔子:"你的学生中哪位最好学啊?"孔子回答说:"有个叫颜回的学生最好学了,从来不会迁怒于别人,也不会重复地犯同样的错。可不幸的是他短命过世了,现在再也没有好学的学生了。"颜回死后,他的名声反而越来越大,受到了儒家的高度赞扬。

我们在第一章为师职责中已经对颜回有了基本的介绍,那么这里就把重点放在颜子之乐上。颜回的家庭条件很差,以至于有的时候穷得揭不开锅,《史记·仲尼弟子列传》记载孔子评价颜回说:"贤哉回也!一箪食,一瓢饮,在陋巷,人不堪其忧,回也不改其乐。"意思是说颜回能够在逆境中坚持学习,哪怕缺衣少食,都不改变自己学习的决心,别人看见颜回过着这种生活都替他难过,可是他却悠然自乐。作为一个天资聪颖、"闻一知十"的贤人,按理说出去谋生应该能够很好地解决自己的生活问题,但是颜回却没有这么做,他安然地守在陋巷,过着饱一顿饥一顿的日子却还能够很快乐地生活,是什么力量支持着他呢?这正是几千年来哲人关注和讨论的重点。

最早提出这个问题的就是周敦颐。周敦颐以"孔颜之乐"教导程氏兄弟,希望他们在平时的读书学习生活中思考"孔颜之乐"到底是因什么而乐。程氏兄弟在跟从周敦颐学习的时候也对这个问题有过深入的思考,所以程颐二十四岁在太学游学的时候能够写出《颜子所好何学论》这样高妙的文章,得到天章阁侍讲胡瑗的赏识。

作为受儒家传统文化影响至深的一代大儒,周敦颐对孔子充满了崇敬之情。他在《通书》中曾经说过:"道德高厚,教化无穷,实与天地参而四时同,其唯孔子乎!"①而对于颜回,他也是夸赞不已,《告先师文》中说过:"唯(颜)子睿性通微,实几于圣;明诚道确,夫子称贤。"从他对孔子和颜回的褒赞来看,周敦颐其实很早就注意到"孔颜之乐"这个话题了,因而可以说他对于孔颜之乐也有自己的看法,《通书》记载着这样一段话:

圣希天,贤希圣,士希贤。伊尹、颜渊,大贤也。伊尹耻其君不为尧、舜,一夫不得其所,若挞于市。颜渊不迁怒,不贰过,三月不违仁。志伊尹之所志,学颜子之所学,过则圣,及则贤,不及,则亦不失于令名。②

这段话的意思是,圣人想要成为通晓天道的人,贤人则希望自己能够达到圣人的境界,普通的士人则希望自己能够成为贤能的人。人往高处走,每个人都希望自己的精神境界能够达到一定的高度。伊尹、颜回都是古时候的大贤人。伊尹的愿望就是辅佐国君成为像尧、舜一样的明君,如果这个愿望达不到,他就会觉

---

① 周敦颐:《周敦颐集》,北京:中华书局,2009年版,第42页。
② 周敦颐:《周敦颐集》,北京:中华书局,2009年版,第22页。

得很可耻。而颜回则不会随便迁怒于别人,也从来不会重复犯同样的错,坚持实践"仁",三个月不变,这在当时是难能可贵的。周敦颐推崇伊尹、颜回,他认为一个人如果将伊尹的志向作为自己的志向,将颜回的学习状态作为自己的学习状态,那么如果你超过了伊尹、颜回,你就能够成为圣人;如果勉强达到伊尹、颜回的境界,那也能成为一个不错的贤人;就算没有达到他们这样的境界,毕竟你在不断地求学、不断地进步,你也会留下美好的名声。所以说,"孔颜之乐到底"是为什么乐?这就源于孔子、颜回那种不断追求超越自己,不断学习,希望通过学习修炼达到更高的境界。另外,周敦颐在《通书》中还说过这样一段话:

> 颜子"一箪食,一瓢饮,在陋巷,人不堪其忧,回也不改其乐"。夫富贵,人所爱也。颜子不爱不求,而乐乎贫者,独何心哉?天地间有至贵至爱可求,而异乎彼者,见其大而忘其小焉尔。见其大则心泰,心泰则无不足,无不足则富贵贫贱处之一也,处之一则能化而齐。故颜子亚圣。①

周敦颐的这段话将"孔颜之乐"这个话题做了一个很清晰的解释。爱慕富贵是人的天性,而颜回不为富贵所动,也不去主动追求富贵的生活,这是因为有比富贵更值得他追求的东西,荣华富贵在这个东西面前显得非常渺小,不值得一提,这就是所谓的圣人之道。当颜回领悟到圣人的大道的时候,他就能够泰然自若,一个人泰然自若的时候也就不会在乎物质上的不足了。颜回既然已经达到了这么一个境界,那么所谓的富贵、贫穷,其实在他眼里都是一样的,既然一样,那又何必再去苦苦追求呢?这就是颜回能够被儒家推崇,被后世称为"复圣"的原因所在。

周敦颐认为:"君子以道充为贵,身安为富。故常泰无不足,而铢视轩冕,尘视金玉,其重无加焉尔!"以修身求道为富贵,这是摆脱了物质利益欲望束缚的更高远的精神上的追求。真正能够看透世俗利益,能够致力于修道的人,他的内心是很宁静的,外界的名利、富贵在他眼里都如同尘土,不值得一提。一个真正的得道之人,不只不看重荣华富贵,而且也能够有大担当的人,能够忍受常人所

---

① 周敦颐:《周敦颐集》,北京:中华书局,2009年版,第32页。

不能忍的事,受常人所不能受的苦。《孟子·告子章》有一段很著名的话:"天将降大任于斯人也,必先苦其心志,劳其筋骨,饿其体肤,空乏其身,行拂乱其所为,所以动心忍性,曾益其所不能。"这是说上天如果要将重大的任务交给一个人,就一定会使他的心志受到困苦,使他的筋骨受到劳累,使他饱受饥寒的打击,使他的身体受到困乏,在他做每件事的时候都会遇到不顺利甚至遇到打击,这样才能使他的心理承受能力加强,使他的性格变得更加坚韧,更具备担当大任的魄力。

周敦颐提出"寻孔颜之乐"这个问题,是为了恢复传统的儒家的圣人之学,并且从学习圣人之道中体验超越的精神境界和人生之乐。那么,到底要怎样才能达到圣人之道呢?周敦颐在《通书》中这样说:"圣人之道,入乎耳,存乎心,蕴之为德行,行之为事业。彼以文辞而已者,陋矣。"①所谓圣人所说的道理,听到了就存在心中,时时地去实践,将这种道内蕴为自己的德行,并且运用到为国为民的大事业之中去,这才能成为圣人之道,而那些光是把圣人之道挂在嘴边写成文章的人是很浅陋的。通过不断学习,不断在现实生活中去实践它,才能真正成为一个有道的人。

周敦颐提出"寻孔颜之乐"这样一个话题,本身是为了矫正五代以来文人学者崇尚文辞,沉溺于辞章之学的弊端。这个题目提出来以后,成为宋明理学家所讨论的重大问题,而周敦颐对"孔颜乐处"的解说也对宋明学者产生了广泛而重大的影响。

北宋关学的创始人张载就在周敦颐"志伊尹之所志,学颜子之所学"的基础上发展成了"四为"之志。所谓"四为"指的是张载的四句名言:"为天地立心,为生民立命,为往圣继绝学,为万世开太平。""为天地立心"可以说是张载的政治理想,指的是为社会建立一套以孔子所说的"仁""孝"等道德伦理为核心的价值体系,使得每个人都能够坚守"仁""孝",并且积极地去实践它,这和周敦颐所说的圣人之道"蕴之为德行"的观点差不多。"为生民立命"中"生民"指的是老百

---

① 周敦颐:《周敦颐集》,北京:中华书局,2009年版,第40页。

姓,而"命"指的就是老百姓的命运。儒家的学者一直关注的一个问题就是安身立命,只有当人的生活有了着落,精神有了寄托,才能够去创造更美好的生活。老百姓是国家的组成部分,只有实实在在地让老百姓安定下来,才能够更好地去发展国家,因而"为生民立命"实际上也是圣人一直想要实现的目标,孔子积极出仕当官,周游列国去宣传自己的政治思想,实际上也是为了天下太平安定,百姓安居乐业。

"为往圣继绝学"中的"往圣"说的就是儒家所公认的孔孟等圣人,也是儒家所认为的人格典范和精神领袖。圣人的学问从孟子之后就在世俗的冲击下被迫中断,要恢复圣人的"绝学",就要求我们在继承先圣的学问的同时还要不断地创新,使得这种学问能够和现实社会相适应。"为万世开太平""大同""太平"等观念是周公、孔子以来的社会政治理想。到北宋的时候,以范仲淹、李觏等人为代表的政治家、思想家都提出过"致太平"的主张,与他们不同的是,张载所言的"太平"不局限于当下的太平秩序,而是以更深远的视野期盼着能够达到万世的太平基业,这正是张载不同凡响的地方。

作为周敦颐弟子的"二程",对于"寻孔颜之乐"也都有自己的感悟。《程氏外传》卷七载:

> 鲜于侁问伊川曰:"颜子何以能不改其乐?"正叔曰:"颜子所乐者何事?"侁对曰:"乐道而已。"伊川曰:"使颜子而乐道,不为颜子矣。"侁未达,以告邹浩,浩曰:"夫人所造如是之深,吾今日始识伊川面。"

鲜于侁问程颐说:"颜回为什么能够不改其乐?"程颐反问他说:"颜回因为什么而快乐呢?"鲜于侁回答说:"颜回所快乐的无非是求道而已。"程颐回答说:"如果说颜回只是因为求道而快乐的话,那就不是颜回了。"鲜于侁没有听明白,因此就这个问题去询问邹浩,邹浩听他说了这件事,感叹地说:"程颐先生的造诣真是高妙啊,我今天才算真正认识到。"程颐认为颜回所快乐的事情并不是乐道,乐道就是以"道"为对象并且时时受到道限制的一种快乐,这种快乐并不是超脱的乐,是有阻碍的,而颜回的快乐是超越了一切对象而不受任何阻碍的精神上超脱的快乐。大家都知道,《论语·雍也》中记载了孔子说的一句话:"知之者不如好之者,好之者不如乐之者。"孔子将学习的境界分为三种层次:第一个层次是"知之",即不带任何感情色彩地学习某个东西,目的就是了解这个东西;第二个层次是"好之",即将学习知识当作一种爱好,为了满足自己的爱好而不断地去学习;第三个层次是"乐之",即认为学习本身就是一种快乐。周敦颐令"二程""寻孔颜乐处"就是对这个最高境界"乐之"而说的。但是我们要明白一点,"知之""乐之""好之"是学习生活中一个递进的过程。只有先"知之"了才能够发展为"好之",也只有"好之"到了一定程度才能够发展成为"乐之",进到"乐之"的最高境界,那么学习就无所不能了,程颢曾经说过这样一段话:

> 学至于乐则成矣。笃信好学,未知自得之为乐。好之者,如游他人园圃。乐之者,则己物尔。然人只能信道,亦是人之难能也。

程颢认为,学习如果能够到达"乐之"的境界就已经算是学成了。信念坚定的好学,不如乐学。好学的人犹如进到了别人家的菜园子,看着别人的菜觉得很新奇、很有趣,而乐学的人则是自己给自己建构了一个属于自己的菜园子,种上了自己的菜。这就是好学和乐学的区别所在。

"寻孔颜乐处"这一命题在宋代就已经被看作是"二程之于濂溪,口传心授"的学问,在这之后更是成为宋明理学的一个重大课题。在对这个问题的讨论上,周敦颐有开山创始之功。

第五章

周敦颐的高徒、好友及其濂溪学派

理学鼻祖周敦颐巨型石雕像

理学大家周敦颐的教育思想

第一节 周敦颐的师承

一、周敦颐《太极图》的授受源流

周敦颐的《太极图》对宋代的理学影响非常大,关于《太极图》的来源问题也存在很多争议。北宋末期的哲学家朱震写过一本书叫《汉上易传》,对周敦颐《太极图》的来源进行了一番描述:

> 陈抟以《先天图》传种放,放传穆修,穆修传李之才,之才传邵雍。放以《河图》《洛书》传李溉,溉传许坚,许坚传范谔昌,谔昌传刘牧。穆修以《太极图》传周敦颐,敦颐传程颢、程颐。

这个授受源流还得从陈抟说起。陈抟,字图南,号扶摇子、希夷先生。据道教徒推算,他生于唐懿宗咸通十二年(871),卒于宋太宗端拱二年(989),享年118岁,是道教的传奇人物之一,死后被尊奉为"陈抟老祖"。陈抟少年时饱读经史诸书,博学多才,《青琐高议前集》中说他:"年十五,《诗》《礼》《书》《数》之书,莫不通究考校。"生于唐末乱世的他有匡时济世的大抱负,希望能为国建功。虽然他多次参加科举考试,但都落榜了。后唐长兴二年(931),陈抟又一次抱着满怀的希望参加科举考试,希望能跻身仕途,施展自己的才华,但是结果还是和以前一样落榜了。经历了这么多次打击之后,陈抟心灰意冷,决心弃儒从道。他背上行囊,离开家乡,浪迹天涯,足迹遍布山东、河南、江浙等地,并且认识了两位得道高人——孙君仿、麞皮处士,三人一起谈论"《易》与《老》《庄》,七日不辍",最后经二位道人指点,陈抟来到武当山,过上了隐居修炼的生活。

陈抟以武夷山为据点,他一边修炼,一边四处云游学道传道,足迹遍布天

下。传说当时四川邛州天庆观有一位得道高人,人称"高公",擅长道家的胎息之术,陈抟慕名向高公学道,学成之后,写了一首诗:

> 我谓浮荣真是幻,醉来舍辔谒高公。
> 因聆玄论冥冥理,转觉尘寰一梦中。

从这首诗的内容来看,陈抟学得胎息之术后,更加看破红尘,一心向道了。这个时候正值五代混战时期,天下不太平,有一天,陈抟正在武当山九岩室焚香读《易》,有五个须发皆白、长相怪异的老人在旁边观看,陈抟感到很奇怪,这时老人说:"我们是武当山日月池的龙神,武当山是玄武据临之地,先生不适合在此隐居,华山才是您隐居之所。"于是陈抟离开武当山,来到奇险秀丽的华山隐居。

陈抟深明易学,精研易图。汉代人学《周易》注重象数,将《周易》作为一部占卜的书籍,用来预测未来,因而留下了很多易图。随着时间的流逝,很多图都失传了。陈抟游历天下,认识很多得道高人,也得到了《先天图》《太极图》等秘籍,他将这些图重新整理,传授给弟子,这样代代相传,经过邵雍、周敦颐等大家的努力,渐渐形成了宋明以来的易学图书之学。陈抟即是北宋图书之学的开山祖师,对后世影响非常大。

陈抟有多少图已经无可考证,他将这些图传给了他的徒弟种放,种放又传授给了穆修,穆修传给了李之才,李之才又传授给了邵雍,邵雍是北宋著名的象数大师,著有《皇极经世书》。种放又将《河图》《洛书》两幅图传授给李溉,李溉传授给了许坚,许坚传授给了范谔昌,范谔昌传授给了刘牧。刘牧著有《易数钩隐图》一卷、《卦德通论》一卷,在宋代影响较大。种放的徒弟穆修又将其中的《太极图》传授给了周敦颐,周敦颐于是作《太极图说》并将它传授给了程颢、程颐,从而影响了宋代学术的前进方向。从上面说的传授源流来看,陈抟的图分成了《先天图》《河图洛书》《太极图》三个部分,分别由邵雍、刘牧、周敦颐三人传承了下来,并且都在北宋起到了非常大的作用。

二、周敦颐的家庭教育

周敦颐出生在一个世代书香家庭,他的爷爷周智强生养了五个儿子,长子周怀识是北宋仁宗天圣五年(1027)进士,当过汀州上杭令,四子周辅成也于北宋真宗大中祥符八年(1015)中进士,后来做了贺州桂岭令,周辅成是周敦颐的父亲。周敦颐生活在这样一个家庭,受到父亲周辅成良好的文化教育,为他以后的学术和哲学思想的形成打下了坚实的基础。周辅成的原配夫人姓唐,生了两个儿子,唐氏去世以后,周辅成续弦,娶了龙图阁学士郑向的妹妹郑氏,这才生了周敦颐。

周敦颐15岁那年,父亲去世,安葬父亲以后他跟着母亲和哥哥敦文,离开家乡道县,来到开封投奔他的舅舅龙图阁学士郑向。郑向对周敦颐非常器重,喜欢他的聪敏和刻苦,对他的教育也丝毫不松懈。郑向家的子侄辈都是以"惇"字取名,因而郑向也用"惇"字为周敦颐取名,郑向对周敦颐如同对待自己的孩子,甚至超过了自己的孩子。周敦颐初来郑家的时候还属于为父服丧期。古人为亲人服丧的等级有三年、一年、九月、五月、三月五个等级,父亲去世要服三年的丧期。在服丧期间,周敦颐在舅舅的指导下攻读经史,丧期满后也没有停止读书。到周敦颐20岁那年,他已经取得了一定的收获,而且"行谊早闻于时",在当时算是小有名气了。按照宋代的制度,在朝中为官的大臣可以凭借自己的功勋让自己的亲属直接入仕为官,这被称作"恩荫",字面意思就是皇帝恩准官员的子弟在官员的庇荫之下出仕为官。这年,周敦颐的舅舅郑向得到了恩荫的机会,但是他并没有推荐自己的孩子,而是推荐了周敦颐。就这样,周敦颐开始了他的仕途生涯,成为将作监主簿,掌管"宫室、城郭、桥梁、舟车营缮之事"①,也就是负责城市建设物品的保管。就是在这一年,舅舅郑向为他张罗婚事,娶了职方郎中陆参之女,此时的周敦颐可以算得上是成家立业了。

就在周敦颐刚刚上任不久,他的舅舅郑向在杭州知府的任上去世了,安葬在润州丹徒县(今江苏省镇江市)。第二年,周敦颐的母亲郑氏也去世了,遵照母亲的遗嘱,周敦颐离开开封,将母亲安葬于润州,并且在润州的鹤林寺读书守丧,将作监主簿一职也搁下不做。经过父亲周辅成和舅舅郑向的辛勤教育,周敦颐此时已经成为一个通经明史的博学之士。在鹤林寺守丧读书的三年,周敦颐认识了很多博学的同道,据宋代度正的《周敦颐年谱》记载:"时范文正公、胡文恭诸名士与之游,独王荆公少年不可一世,怀刺谒先生,足三及门而不得见。荆公恚曰:'吾独不可求之《六经》乎。'"范文正公即范仲淹,是北宋名臣,著名的政治家、教育家、军事家,因抨击宰相吕夷简任人唯亲,被贬谪到润州。范仲淹深受儒家文化影响,并且乐于提携后进,理学大家张载年轻时曾经想投笔从戎,联络壮士进军西夏,想夺回被西夏侵占的国土。当时范仲淹正为陕西经略,因而张载向范仲淹请求支援,范仲淹看出张载非同常人,于是劝他说:"儒者自有名教可乐,何事于兵?"并且教导他读《中庸》,传承儒家道统。张载果然不负范仲淹的期望,后来成为理学支流——关学的创始人。胡宿也是深受儒道两家文化影响的大学者,他喜好象数之学,历任翰林学士、枢密副使,也是北宋重臣。周敦颐在润州与范仲淹、胡宿等人亦师亦友,这对于他以后的为官和学术生涯有一定的影响。

周敦颐在润州三年,除了结识范仲淹等儒林人士之外,还认识了不少僧人,鹤林寺的和尚寿涯即是其中之一。寿涯和尚,民间相传的麻衣道人,是宋初著名的得道高僧,也是北宋著名道士陈抟的师傅。鹤林寺是寿涯和尚的念佛求道之所,相传周敦颐和胡宿都师从寿涯和尚。

综上所述,周敦颐的师承比较复杂,父亲周辅成是他的启蒙老师,也奠定了他学问的基调——儒家文化,而舅舅郑向在周敦颐少年时教导他熟读经史百家之言,继续了他父亲没能完成的教育,为他的学问打下了坚实的基础,也为周敦颐的成家、出仕铺平了道路。在为母亲守丧的三年时间中,周敦颐在鹤林寺认识了范仲淹、胡宿等学者,受到他们的影响,此时的周敦颐已经是小有名气的学者了。周敦颐在鹤林寺的时候认识了寿涯禅师,毫无疑问,他也受到了佛教文化的熏陶,他的思想中也有佛教的影子。周敦颐的《太极图》《太极图说》来源于道教的易图,与陈抟的易图有着密切的关系。陈抟的易图流传到北宋时期,分别由邵雍、刘牧和周敦颐传承了下来,并且影响了"二程"、朱熹乃

---

① 脱脱:《宋史·职官志》,北京:中华书局,1963年版,第3918页。

至于整个宋代的学术发展。周敦颐的思想是以儒家为主，儒家文化是他以后为官从政的立身之道，是他传道授业的基本内容，也是他讲学的最主要内容。但是毫无疑问，他的经历注定了他的思想中受到佛教、道教思想的深刻影响，周敦颐擅长将佛道思想与儒家思想结合起来看问题。总而言之，周敦颐的师承和经历形成了周敦颐的基本思想体系，即以儒家思想为主，儒释道结合的思想体系。

第五章　周敦颐的高徒、好友及其濂溪学派

第二节　周敦颐的入室弟子

周敦颐在世的时候并没有当过什么大官，也没在朝廷内部担任过什么官职，他的名声在当时其实也并不是很响亮，并没有广开门户招收生徒进行讲学。更遗憾的是，他不喜欢著书立说，所以留下来的著作非常少，只有《太极图说》《通书》以及少量的诗歌、散文等。但是他去世之后，他的弟子中却出了几位很优秀、很有名望、在学界名气很大的人，加上后世学者对他学说的崇拜，使得周敦颐在宋代的学术界变得相当有名气。他的弟子、再传弟子以及对他充满敬仰的学者将他抬到了很高的地位，成为宋代道学的开山祖师之一。由于史料的缺乏，周敦颐究竟招收了多少弟子并没有详细的记载，我们这里只介绍他的两位入室弟子——程颢和程颐。

宋仁宗康定元年（1040），周敦颐为母守丧期满，离开鹤林寺，到洪州分宁县（今江西修水县）担任该县的主簿一职。周敦颐在分宁县展露了他的才华，"士大夫交口称之"，也得到了老百姓的赞许。庆历元年（1041），周敦颐调任袁州卢溪镇代理市征局事务，度正的《年谱》称"袁之进士，来讲学于公斋者甚众"。此时的周敦颐在卢溪一边处理公务，一边进行讲学活动。周敦颐在卢溪的讲学对象包括下层百姓和一般的读书人，具体有哪些人已经无从考察了，但是可以肯定的是，周敦颐在卢溪的讲学为他以后的讲学和招收生徒做了准备。

庆历四年（1044），周敦颐从袁州卢溪镇市征局调到南安（位于今江西赣州），担任南安军司理参军，由于周敦颐在分宁县审案雷厉风行，因而在南安主管当地的刑狱工作。两年以后，程珦从虔州兴国县知县任上调到南安任职，从而认识了周敦颐。程珦欣赏周敦颐的道者之风，认为周敦颐无论是为人处世还是在道

理学大家周敦颐的教育思想

德文章上都有过人之处,"视其气貌非常人,与语,果为学知道者,因与为友"①。程珦初次见到周敦颐的时候,还没有说话就看出周敦颐不是普通人,等到二人交谈过后,更加明白周敦颐是一个好学的得道者,从此两人结下了不解的友谊。不仅如此,程珦还将两个儿子托付给周敦颐,拜周敦颐为师,这就是后世大名鼎鼎的"二程"——程颢、程颐。此时的程颢15岁,程颐14岁。

"二程"出身于世代的官宦之家,祖籍是安徽徽县,他们的高祖父程羽在宋太宗时当过兵部侍郎、太子少师、吏部尚书等,可以算作是朝廷的一品大员。曾祖父程希振也曾任过尚书虞部员外郎,程希振死后葬在河南伊川县,程家因而迁入河南。"二程"的祖父程遹任过吏部尚书,因为恩荫的关系,父亲程珦补为郊社斋郎,此后外出当官,曾经出任过黄陂县县尉、庐陵县县尉、润州观察支使,后又担任过大理寺丞,兴国、龚州、徐州等县的县令。"二程"都出生于程珦担任黄陂县尉之时,程颢生于仁宗明道元年(1032),弟弟程颐出生于明道二年(1033)。庆历六年(1046),程颢、程颐跟随父亲到南安,在父亲的委托下,跟随周敦颐学习,程颐在为哥哥程颢写的《明道先生行状》中这样记述:

> 先生为学,自十五六岁时,闻汝南周茂叔论道,遂厌科举之业,慨然有求道之志。未知其要,泛滥于诸家,出入老、释者几十年,返求诸《六经》而后得之。②

这段话表面上看起来是弟弟程颐在讲述哥哥的求学经历,实际上描述的是其兄弟俩学习的经过。兄弟两人年轻的时候,受老师周敦颐的影响,对科举求官的道路感到厌倦,而有"求道"的大志向,所谓"求道",求的是儒家的道统,正如宋代大儒张载所言:"二程十四五时,便锐然欲学圣人。"中唐时期的文学家韩愈写过《原道》一文,提出了从尧、舜、禹到孔子、孟子的"道统论":

> 尧以是传之舜,舜以是传之禹,禹以是传之汤,汤以是传之文、武、周公,文、武、周公传之孔子,孔子传之孟轲。轲之死,不得其传焉。③

---

① 程颐、程颢:《二程集》,北京:中华书局,2004年版,第651页。
② 程颐、程颢:《二程集》,北京:中华书局,2004年版,第638页。
③ 韩愈:《韩昌黎全集》,北京:世界书局,1935年版,第174页。

儒家的道统即圣人之道，从尧、舜、禹以来一直是圣圣相传，传到"亚圣"孟子之时，道统中断了。"二程"毕生在追寻这个道统，但是年轻时没有找到入门的途径，于是二人在诸子百家以及佛、道等典籍之中苦苦求索，沉潜了几十年最终也没有达到这个目的，最后返回来在儒家经典的"六经"中得到了。这反映了"二程"从小所接受的就是儒家文化，因而对于儒家的思想更能够产生共鸣，儒家文化的仁、义、忠、孝等观念也为二人所倾心，但是经过了历代经学家的诠释，经学的词章训诂相当烦琐，矛盾之处也很多，而当时的佛、道等思想非常流行，并且也具有很多的闪光点。为了解决这一问题，"二程"兄弟便开始往来于儒、释、道三家，并且泛览诸子百家的著作，吸收各家的精华部分，经过改造，创立了一种以儒家思想为主导，兼容各家精华的思想体系，并且最终成为宋代理学思潮的主流大军，对后世的思想影响非常大。而启导他们"求道"大志，对少年"二程"进行教育的正是周敦颐。下面对程氏兄弟的学术、思想做简要的介绍。

一、程颢

程颢（1032—1085），字伯淳，号明道，后世尊称为"明道先生"。程颢小时候，读书很用功，把《孟子》《诗经》《尚书》《中庸》《大学》《论语》等都背得滚瓜烂熟，还研究天文、地理、世俗、人情。他一进学馆，读上好书，便着了迷，几天不出学馆门。他的弟弟程颐，却和他相反，总认为读书没什么意思，经常逃学，到山上、河边玩耍，对读书之事不甚了之。

有一天，程颐又偷偷溜出学堂，爬上一棵树去掏鸟窝。窝中的鸟受到惊吓飞了出来，程颐看到这两只鸟的羽毛艳丽，叫声像狗吠，而且鸟窝中的蛋还是四四方方。一时间，程颐不知该如何是好。想到此刻正在学馆认真读书的哥哥，程颐抓了几颗蛋就跑了回去，他心里想这次哥哥肯定也不知道这是什么了吧。程颐一见哥哥就拿出鸟蛋儿问："哥哥，你知道这是什么鸟蛋吗？"程颢其实早就知道他出去玩了，于是就想教育一下弟弟，就问他："你知道这是什么吗？"程颐说："不知道。"程颢说："这个叫丁郎蛋。"程颐眨了眨眼问道："你怎么知道？"程颢说："丁郎，丁郎，下蛋四方，叫声如狗咬，窝是灵芝草，栖在檀香树上。你看这窝是宝,树也是宝,你只抓了几个蛋回来,这有什么用处?"程颐听完瞪大眼睛,惊奇地说:"哥哥,你不是成天待在屋子里不出来嘛,怎么对外边的东西了解得这么清楚?"程颢说:"古人云:'秀才不出门,能知天下事。'关于这丁郎蛋,书里写得清清楚楚,你不读书只知道玩,所以你就不懂了。"程颐听了哥哥的话,羞得满面通红,低下了头,惭愧地说:"哥哥,从今往后我和你一起读书,再也不贪玩了。"

程颢一生除了收徒讲学、传播文化之外还从事政治活动。宋仁宗嘉祐二年(1057),程颢进士及第,第二年出任京兆府鄠县(今陕西省户县)主簿,管理当地的诉讼案件,年仅26岁的程颢在鄠县初步展露出了他在处理事务方面的才华。《二程集》记载了程颢在鄠县主簿任上发生的一个故事:

> 民有借其兄宅以居者,发地中藏钱。兄之子诉曰:"父所藏也。"令曰:"此无证佐,何以决之?"先生(指程颢)曰:"此易辨耳。"问兄之子曰:"尔父藏钱几何时矣?"曰:"四十年矣。""彼借宅居几何时矣?"曰:"二十年矣。"即遣吏取钱十千视之,谓借宅者曰:"今官所铸钱,不五六年即遍天下。此钱皆尔未居前数十年所铸,何也?"其人遂服。令大奇之。①

鄠县有一个人借住在哥哥家,有一天挖地得到很多铜钱,想据为己有。哥哥的儿子向官府告状说铜钱是他爸爸藏的,两人争论不休。县令看了这个案子也不知道该怎么办才好,就问程颢说:"这个案子没有任何佐证,该怎么办啊?"程颢微微一笑说:"这个好办。"于是程颢问哥哥的儿子说:"你父亲把钱藏在地下多久了?"哥哥的儿子回答说:"40多年了。""那么你叔叔借住在宅子里多少年了?""20多年。"于是程颢命令下属将铜钱取来细细查看了一遍,对借住的人说:"现在官府所铸的钱,不过五六年就会流遍天下。这些挖出来的钱都是几十年前铸造的,那时候你还没有住在这个地方,这钱不是你的。"这个人听见这话,只好承认了。这个疑难的案件就这么简单地被程颢解决了,县令看见程颢这么聪明能干,对他更加器重了。

鄠县有一个南山寺,寺中供着一尊石佛,当地信奉佛教的百姓很多,并且传

---

① 程颐、程颢:《二程集》,北京:中华书局,2004年版,第630页。

说佛的头部能够发出灵光,因此远近的善男信女争相来南山寺烧香礼佛,希望能够一睹佛祖的灵光。程颢知道这件事情之后不动声色,来到南山寺向寺内的僧人了解情况,并且告诫他们说:"下次礼佛有佛光出现的时候,你们先来通知我,并且把佛头取下来我看看。"从此以后就再也没听说过石佛发光的事情了。

从上面两件事情上我们可以看出,少年程颢在处理事务方面机智果断,善于察辨。嘉祐五年(1060),程颢调江宁府上元县(今江苏南京市),依旧担任主簿一职。宋英宗治平元年(1064)又调任晋城(今山西晋城市)令。程颢在晋城的时候,除了处理一般政务之外,还兴办了很多学校,提高了老百姓的文化素质。程颢让晋城县下辖各乡镇都建设学校,聘请老师宿儒进行讲习,闲暇时间自己也亲自下乡讲授。如果发现请来的老师不合格就立即更换,从而保证了教育的质量。晋城本来是个缺乏教育的地方,"几百年无登科者"。在程颢担任晋城令的3年,读书人越来越多,以至于在熙宁、元丰年间"应书者至数百,登科者十余人",这表明程颢的教育措施比较到位,也展现了他在晋城任职的政绩。

宋神宗熙宁二年(1069),王安石任参知政事,将要施行新法,此时程颢由地方调进京城,和苏辙一起担任属官。程颢进京以后得到神宗皇帝的重用,屡次得到召见,程颢抓住这个机会向皇帝进言,所言的事情大多是"正心窒欲""求贤育才""至诚仁爱"等,神宗皇帝觉得程颢很是迂腐,对他的印象稍打折扣。后来神宗因一事问及王安石,王安石对程颢的意见表示了否定,并且说程颢"未达王道之权",空有书生的义气,不懂得实事求是地看待问题。因而神宗对程颢也就开始疏远了。

程颢在政见上经常与王安石不合,而新法施行中出现的弊端也使得程颢对王安石的新法表示了反对。熙宁三年(1070)三月,程颢上《谏新法疏》,对新法施行过程中出现的弊端进行大肆反对。四月,程颢再上疏指责王安石"沮废公议""以邪妨正"。程颢的这番反对意见使得支持新法的神宗非常不满,就在上疏之后的第三天,程颢被贬为镇宁军节度判官。从此以后,一直到神宗元丰八年(1085)去世,程颢一直在地方上任职,而他的主要精力也没有放在处理政事上,而是潜心于教育事业和学术活动。

神宗熙宁五年（1072），程颢回到洛阳居住，"日以读书劝学为事"[1]，每天以教育弟子读书学习为主业。洛阳的一些权贵重臣也纷纷慕名前来拜访，如退居洛阳的司马光、文彦博、吕公著等人时时来拜会程颢，向他请教。此时的程颢和他的弟弟程颐专心在洛阳广招门徒，结交一些名流学者，整日以学问著书为事。

元丰二年（1079），吕大临从陕西到洛阳向程颢、程颐问学。吕大临是北宋五子之一张载的学生，后来成了著名的思想家、金石学家。吕大临虽然拜张载为师，但对程颢、程颐也十分推崇。宋神宗治平三年（1066），张载应长安京兆尹（西北的最高行政长官）王乐道之邀到长安讲学，在讲学期间，程颢、程颐兄弟也应邀到关中来讲学，吕大临听了程颢、程颐的演讲以后，觉得他们的学说很有见地，深深地被他们的学术思想所折服。熙宁十年（1077），张载去世，享年58岁。张载去世之后，吕大临无人可以问学，此时他想起了程颢、程颐兄弟，于是奔向洛阳拜程氏兄弟为师。此后，各地来跟从程颢学习的人越来越多。

元丰八年（1085），程颢病死于洛阳，享年54岁。程颢过世以后，文彦博为他题写了墓碑，赐谥号为"纯公"，封河南伯。

二、程颐

程颐（1033—1107），字正叔，世称"伊川先生"。和哥哥程颢一样，程颐早年就有积极入世的心态，热切地盼望能够参政为官，造福百姓。宋仁宗皇祐二年（1050），年仅18岁的少年程颐便以平民百姓的身份写了《上仁宗皇帝书》，提出了自己的政见，指出北宋社会的危机，开出救治时政阙失的良方，"救之当以王道"，希望能够革除社会上的各种弊端。但遗憾的是，这种书信很难递交到皇帝手中，即使能够送到，皇帝日理万机，也没有时间对一个毛头小子的书信进行答复，这使得程颐很是失望。

宋仁宗嘉祐元年（1056年），程颐24岁，随父入京师，到太学读书，主管太学

---

[1] 程颐、程颢：《二程集》，北京：中华书局，2004年版，第329页。

的教育家胡瑗曾以《颜子所好何学论》试诸生，程颐在这篇文章中写道："君子之学，必先明诸心，知所养，然而力行求至，所谓自明而诚也，故学必尽其心。尽其心，则知其性，反而诚之，圣人也。"这篇文章受到胡瑗赏识，胡瑗授予程颐"处士"的身份。此后，他的名声和影响就更大了，开始在京师（今河南开封繁塔之左）授徒讲学。

宋仁宗嘉祐四年（1059），程颐参加进士考试，落榜而归，从此以后他决意不参加科举考试，专心为学。到了英宗治平元年（1064），之前很是赏识程颐的吕公著在国子监（北宋的最高学府）任职，吕公著想要聘请程颐来国子监做学正，帮助他一起管理国子监，并且让他在这儿传道授业，教导学生，程颐此时一心只想清闲地读几年书，不想在官场奔波，因此婉言谢绝了吕公著的一番好意。这之后，虽然有好几次可以出来做官的机会，程颐都主动放弃了，转而专心于学术。在这之后的20多年，程颐一直没在朝为官，而是积极地研讨学术。宋英宗治平四年（1067），程颐的父亲程珦在四川省广汉县任职，程颐到广汉探望父亲，并且在广汉小住了一段时间。在此期间，程颐曾经和一个隐士学习《易经》，讨论《易经》中《未济》卦的相关问题。此外，程颐还和当时著名的理学家张载有过深交，两人经常通信往来，他给张载写的信件收录在《二程集》中，其中就有《答横渠先生书》《再答书》等，肯定了张载的学术态度和学术思想，同时也指出了两人在学术见解上的不同，由此结下了深厚的友谊。神宗熙宁十年（1077），张载从太常礼院罢官回陕西的时候路过洛阳，和程氏兄弟有过一次会面，此次会面，三人交谈甚欢。宋神宗元丰五年（1082），程颐在洛阳讲学，他写信给当时的宰相文彦博，请求拨地筹款在洛阳建伊皋书院。书院之所以名为"伊皋"，是因为程颐崇尚古时候的两位贤臣——伊尹和皋陶。伊尹处于夏末商初，出生于莘之野（今河南省栾川县），曾辅佐商汤王建立商朝，被后人尊为中国历史上的贤相，奉祀为"商元圣"。同时，他也是历史上第一个以负鼎俎调五味以佐天子治理国家的杰出厨师。他创立的"五味调和说"与"火候论"至今仍是中国烹饪的不变之规。因其母亲在伊水河（今栾川县伊河）附近居住，故以伊为氏。皋陶是尧舜时期的名臣，与尧、舜、禹并称为"上古四圣"。他以断案治狱出名，被后世尊奉为司法鼻祖。后世常常将伊尹和皋陶并称，用来喻指贤良之人。程颐将书院命名为"伊皋"，就是希望能够为国家培养出更多贤能的人才，能为国家建功立业。从治平四年到元丰

理学大家周敦颐的教育思想

五年，18年间，程颐教授了杨时、朱光庭、谢良佐、吕大临等著名的弟子，初步创立了自己的学术体系。

虽然潜心于学术，但是这不代表程颐就毫无政治热情，从他对书院的命名上就可以看出他其实是一个关心国家、关心政治的人。由于程颐本身没有任何官职，很少有机会能够直接见到皇帝或者向皇帝提出意见，因而他只能通过替官员代写奏折来反映自己的为政理念和政治观点。宋神宗熙宁八年（1075），程颐作《代吕公著上神宗皇帝书》，提出了他对王安石变法的一些意见。他认为社会上存在很多弊端，确实应该通过改革的方法进行革除，但是与王安石不同的是，他主张通过存天理去私欲，提高人民的道德素养，使得人人能够意识到自己的错误和不足，这样才能真正达到教化百姓的目的，从而能从根本上将社会的种种不良作风和弊端清除。平心而论，程颐的这些观点在当时都是很有远见的。

宋哲宗元祐元年（1086），54岁的程颐结束了办私学的生活，在司马光、吕公著等人的极力推荐下，先后被授予西京国子监教授、宣德秘书省校书郎、崇政殿说书等官衔。在担任这些官职期间，他给年幼的宋哲宗连着上了三道奏折，讲述了他尊崇儒学、重视培养人才、选贤与能等思想。这主要是针对皇帝身边的人而发的。宋神宗元丰八年（1085）三月，神宗赵顼病逝，其子赵煦即皇帝位，这就是宋哲宗，此时的赵煦年仅9岁，朝政把握在太皇太后手中。程颐提出这些观点的本意就是希望能够给年幼的哲宗皇帝提供一个好的教育环境，这个环境就包括辅佐皇帝的大臣、皇帝左右的内侍以及皇帝的老师三个方面。辅佐皇帝的大臣一定要选择贤能方正的正直之士，这样才能够帮助皇帝处理好政事。皇帝身边的内侍也要选择老实忠厚的人，皇帝若有小的过失，这些人也应该对皇帝进行规劝。至于皇帝的老师，负责教导皇帝做人处世之道，是皇帝接触最多的人，就显得尤为重要了，程颐认为帝师应该培养皇帝尊儒重道之心。这些观点得到了太皇太后的赞赏，因而太皇太后很放心地将小皇帝的教育问题交给了他，任命他为皇帝的侍讲官。

程颐为人正直，为官也恪于职守，当了皇帝的侍讲之后，他一门心思地想把皇帝教育好,因而对皇帝要求很严格。有一年夏天,天气非常炎热,为了保证皇帝的身体健康,侍卫们按照皇宫的惯例请求放假几天,以便于皇帝休息。皇帝休息不上课了,程颐也可以回家休息几天,这本来也是人之常情,但是程颐却大为恼火,两次给太皇太后上奏折,请求另找一个阴凉的地方上课,不需要通过放假来解暑。这样一来,程颐虽然尽到了他的责任,可是小皇帝就有点不高兴了。不仅这样,程颐还要求小皇帝在宫中的言行举止、饮食着装、一举一动都要向他报告。这听起来有点不可思议,其实程颐只是为了了解皇帝的行为,从而对他进行合理的教育。但是很显然,这些要求受到了小皇帝的全面抵制,程颐只能自讨没趣,就此作罢。夏天放假了,太皇太后便任命程颐到国子监,帮助国子监的官员修订国子监条例(相当于我们现在的校规),到国子监以后,程颐对国子监的条例提出了很多修改意见,几乎把所有的条例都推翻了,这使得国子监的官员很不高兴,非常难堪,同时也遭到主管教育的礼部官员的反对,甚至要求皇帝将他逐出朝廷。这两件事情使得程颐既得罪了太皇太后和小皇帝,又得罪了他的一部分同僚。

不仅如此,程颐在平时也对小皇帝管教很严格,经常使得皇帝不高兴。元祐二年(1087)春天,万物开始复苏,一片欣欣向荣。皇宫内的百花含苞待放,杨柳吐出了绿芽。一天上午,程颐进宫给皇上讲经结束,还没有离开。结束功课的皇帝起身活动一下身体,这时他看见了窗外柔嫩的杨柳,于是就临窗伸手拉住一根柳枝折断玩耍,玩得正高兴的时候被程颐看见了,程颐立即教训皇帝说:"春天时万物刚刚发育生长,皇上不可无故摧残折断柳枝,不然就有失天道正义。"小皇帝被他的呵斥吓住了,差点哭起来。在座的朝臣看见这一幕也很是不高兴,认为程颐对皇帝太过于严格,尤其还当场斥责皇帝,作为臣子也太失礼了,因而对程颐意见很大。后来,有人说,孟子和梁惠王谈话的时候,梁惠王说自己有"好色""好货"的毛病。孟子就对梁惠王说,只要您与民同享,好色、好货均无妨害。而现在在程颐面前,皇帝连柳条也折不得一根,可见程颐对皇帝的要求有多严格。

还有一次,程颐在给皇帝上课的时候发现皇帝患了疮疹,已经好几天没有上朝了,于是程颐就去问参政的大臣:"皇帝患病了,好几天没有上朝,你们知道吗?"参政大臣都说不知道,程颐很是气愤,厉声说道:"皇帝没有上朝,太皇太后不应该独自坐在朝堂处理朝政,况且皇帝病了,而你们这些参政大臣却一点儿都不知道,这怎么能行呢?"第二天,参政大臣们就在朝堂上纷纷议论程颐所说的话,"由是大臣亦多不悦",从此以后,很多大臣对程颐都是白眼相向。程颐的这些行为触怒了太皇太后以及大臣,遭到了大臣们的一致反对。谏议大夫孔文仲弹劾程颐,说程颐"污下俭巧,素无乡行。经筵陈说,僭横忘分。遍谒贵臣,历造台谏。腾口间乱,以偿恩仇,致市井目为五鬼之魁",意思是说程颐平时没什么德行,只懂得说些陈词滥调,还时时不顾君臣礼节,做出很多过分违礼的事情,又处处巴结权贵,公报私仇,以至于老百姓都对他十分厌恶。因而孔文仲请求皇帝将程颐"放还田里,以示典刑",其实说白了就是要将他逐出朝廷。虽然孔文仲的话说得过分了一点,但毫无疑问,程颐在朝廷确实得罪了不少人,以至于几乎没有人为他求情。元祐二年(1087),在结束了一年多的侍讲历程之后,程颐终于还是离开了京师回到洛阳,在洛阳国子监任职。从此以后,程颐虽然陆续担任过一些小官职,但是他已经无心官场,而是将主要的精力转向教书育人和学术研究之上。

宋哲宗绍圣四年(1097),程颐 65 岁,这一年新党执政,开始对以司马光为首的旧党进行大肆的打击,程颐也因为以前跟司马光等旧党人物熟识而受到牵连,被放归田里,他的著作也大多被禁。没过多久,哲宗又将程颐发配到涪州。在被发配到涪州的几年,程颐依然坚持学习和思考,笔耕不辍,元符元年(1098),程颐终于完成了他写作多年的大作《周易程氏传》,这是程颐和哥哥程颢学习《周易》的心得和体会,这本书中凝聚了兄弟二人毕生研究《周易》的成果。《程氏传》问世以后,成为世人学习《周易》的良好范本,也成为北宋一代《周易》研究的代表性著作。

元符三年(1100),年仅 24 岁的宋哲宗去世了。这年四月,程颐被赦免,恢复之前宣德郎的官职,回到洛阳。宋徽宗建中靖国元年(1101),程颐恢复了官职,但是第二年,蔡京为首的新党又推行新法。这次的变法比之前有过之而无不及,新党对旧党的打击程度也是前所未有的,朝廷专门设立了元祐党人碑,将旧党成员的名字刻在碑上,成员的名字共 309 人,其中文臣执政官员有司马光、文彦博、吕公著、范纯仁等。待制以上的官员有苏轼、范祖禹、吕希纯等人。余官则有48人，其中著名的有号称"苏门四学士"的秦观、黄庭坚、晁补之、张耒，程颐的名字也刻在余官之中。元祐党人碑公布之后的第二年，宋徽宗下诏将程颐所著的书籍全部销毁，并且命令河南府驱散程门弟子，禁止程颐再进行教育活动，同时也剥夺了他进行学术活动的权利。从此以后，朝廷对元祐党人的打击越来越严重，包括不允许元祐党人的子孙在京城为官，皇帝的宗室不能和元祐党人的子孙结为婚姻，崇宁二年（1103）十月甚至下诏说："以元祐学术政事聚徒传授者，委监司举察，必罪无赦。"凡是宣传元祐党人学术观点和政治观点的都要受到国家法律的制裁。

尽管这样，程颐还是坚持走自己的学术道路。在严酷的环境之下，他依然在伊川讲学，而他的很多弟子也坚持守在老师身边，追随着老师。此时程颐的学问更加成熟了，他的学术思想也达到了一个高峰。这段时间，程颐对儒家的经典进行了更为深入的研究，著成了很多著作，包括《诗解》《改正大学》《春秋传》《论语解》《孟子解》等。宋徽宗大观元年（1107）九月十七日，程颐因中风痹疾，卒于嵩县，享年75岁。当时正值党禁严酷的时期，程门弟子散居四方，很难聚拢，因而只有少数弟子为程颐经办丧事，将程颐安葬在伊川程氏祖坟之中。

程颐过世之后，他的学术因他的弟子而得到了很好的传播，形成了声势浩大的"洛学"一派，并且对后世的学术和教育影响极大。宋宁宗嘉定十三年（1220），朝廷追谥程颐曰"正"，此时距程颐过世已经113年了。宋理宗淳祐元年（1241），封程颐为伊阳伯。元仁宗皇庆二年（1313），诏以程颢、程颐兄弟从祀孔庙，元文宗至顺元年（1330），又加封程颢为豫国公、程颐为洛国公。

程颐为人严谨肃穆，不管在什么地方都是一脸的严肃，因而人们看见他都有几分畏惧，这一点和他哥哥程颢完全不同。程颢为人谦和大度，言语之间透露着幽默感，跟他接触的人都喜欢他这种平易近人的性格。《宋元学案》评价两兄弟说："二程子虽同受学濂溪，而大程德性宽宏，规模阔广，以光风霁月为怀；二程气质刚方，文理密察，以峭壁孤风为体。"两兄弟从小在相同的环境下生长，后来

又一起跟从周敦颐学习,但是性格上完全不相同。《宋元学案》记载了这样一个故事:

> 二程随侍太中知汉州,宿一僧寺。明道入门而右,从者皆随之,先生入门而左,独行至法堂上相会。先生自谓:此是某不及家兄处。盖明道和易,人皆亲近,先生严重,人不敢近也。①

兄弟两人在汉中(今陕西省汉中市)的时候,一起在寺庙借宿,当时有很多人也跟随着他们。程颢从右边的门进去,所有的人都跟着程颢从右边进门,程颐则一个人从左边进门,然后孤独地走向正堂,程颐自己也认为他在这一点上比不上哥哥程颢。

程颐和鼎鼎大名的文学家苏东坡之间有一点小过节,颇能表现出程颐的性格。故事发生在元祐元年(1086)十月,宋代名臣司马光去世了,程颐是司马光生前的好朋友,因而为司马光主持丧礼。事有凑巧,这一天刚好是宋神宗皇帝灵位送入太庙的斋戒日,文武百官都要到太庙去参加先帝灵位安置的仪式,这在古时候是吉礼,是非常高兴的一件事情。神宗灵位安置仪式结束以后,苏轼就带着文武百官去司马光家给司马光吊丧,没想到到了门口,程颐把大家拦住不让进去,大家吵着要进去,这时候程颐说:"你们没有读过《论语》吗?《论语》里面明确地说过'子于是日哭则不歌'。"苏轼当即反驳说:"《论语》只说过'子于是日哭则不歌',但是并没有说'子于是日歌则不哭'啊。"一句话说得程颐哑口无言,于是苏东坡顺利地带着大家进去吊丧了。程颐的严肃迂腐导致了他与朝中大臣的不友善,就连小皇帝看见他也是又惊又怕,这就是他之后被罢官的一个很重要的原因。

三、"二程"从周敦颐受学问题

有关程颢、程颐跟随周敦颐学习的问题一直存在争议,朱熹、张栻等人认为

---

① 黄宗羲:《宋元学案》,北京:中华书局,1982年版,第644页。

"二程"不仅跟从周敦颐受学,而且得到了周敦颐的亲传之道,是濂溪学的直接传承者。但是也有对这个观点持反对态度的,他们认为"二程"只是在年纪很小的一段时间跟随周敦颐学习过,在这以后就进入了自学的状态,二人之所以能获得这么大的成就在于他们自己发奋自学。程颢在讲述自己学习经历的时候也说过:"天理二字却是自家体贴出来。"也就是说程颢本人认为自己学术观点中的精华部分完全是自己在平时的学习中领悟出来的。另外,"二程"在《语录》和其他的著作中称呼胡瑗为"先生",但是对周敦颐却没有称"先生",而是直接叫"茂叔",因此清代人全祖望在编写《宋元学案》的时候就认为:"濂溪之门,二程子少尝游焉。其后伊洛所得,实不由于濂溪。"这个观点影响很大,以至于后来的学者纷纷赞同。杨柱才的《道学宗主·周敦颐哲学思想研究》一书对这个问题进行过深入的讨论,认为"二程"师事周敦颐确实是不争的事实。

上文中曾经提到,庆历六年(1046),"二程"的父亲程珦在南安州任职,此时的周敦颐也恰好在南安担任司理参军一职,掌管当地的刑狱工作。程珦因为欣赏周敦颐的才华和人品,因而将两个儿子委托周敦颐教育,请敦颐做他们的老师。这就是"二程"第一次接触周敦颐,听周敦颐讲课。遗憾的是,周敦颐给"二程"讲课还不到一年,就因为为官有道而调到湖南郴州,担任郴县县令。这样一来,周敦颐对"二程"的教导不得不就此中断。但是这并不代表"二程"在这之后就没有接受过周敦颐的教导。事实上,在庆历七、八年间,"二程"跟周敦颐还有过几次碰面。《宋元学案》中记载:"庆历六年,元公(周敦颐谥号为元公)令郴,先生(指周敦颐的好友李初平)为郡守,知元公为高贤,不以吏属之。"周敦颐在湖南任职的时候,李初平是他的上司,李初平见周敦颐学问高深,很是崇敬,并不把他当作下属看待,而且还经常找周敦颐讨论学问。李、周二人讨论学问的过程,程颐也是亲眼目睹过的,《伊川杂录》记载了一段程颐的语录:

先生曰:"古人有言曰:'共君一夜话,胜读十年书。'若一日有所得,何止胜读十年书也!尝见李初平问周茂叔云:'某欲读书,如何?'茂叔曰:'公老矣,无及也,待某只说与公。'初平遂听说话,二年乃觉悟。"

理学大家周敦颐的教育思想

李初平是武官出身，一生征战无数，却没有什么文化知识，看见周敦颐讲学，心里很高兴，也想着要学习一点儿文化知识，于是请教周敦颐说："我想要开始读书，您觉得怎么样？"周敦颐考虑到他的年纪有点大，于是跟他说："您年纪已经不小了，这时候读书恐怕不会有什么大的长进，不如我将书中的精华部分说给您听。"初平于是时时听周敦颐讲论书中的宏旨大意，不到两年时间竟然小有成就。程颐讲这个事情的目的在于启示学生，自己看书有时候并不一定能够领悟到书中的精华意蕴，而老师的宣讲有时候比自己看书更加奏效，这就是俗话所说的："听君一席话，胜读十年书。"程颐既然见过周敦颐和李初平二人的对话，表明周敦颐虽然在湖南任职，但是程氏兄弟俩跟他还保持联系。

《二程集》还记载了程颢讲述的一段话：

> 田猎，自谓今无此好。周茂叔曰："何言之易也。但此心潜隐未发，一日萌动，复如初矣。"后十二年，因见，果知未也。（明道十六七时，好田猎，十二年暮归，在田野间见田猎者，不觉有喜心。）

程颢十五六岁的时候痴迷于田猎，后来有一天却忽然说："从今天开始，再也不喜欢田猎了。"周敦颐对他说："说得这么容易，只不过是因为你现在没有田猎的心思。等到哪天忽然激起你的心思，你还会像之前一样喜欢田猎的。"过了12年，程颢在田间看见了猎人打猎，果然又萌发了田猎的心思。兄弟俩跟随周敦颐问学的时候，程颢15岁，程颐14岁，到程颢十六七岁的时候，还跟周敦颐讨论过田猎的事情，可见周敦颐一直伴随着"二程"兄弟的青年时期。《二程集》还记载了程颢所说的一句话："《诗》可以兴。某自再见周茂叔后，吟风弄月以归，有'吾与点（孔子的弟子曾点）也'之意。"《论语·阳货》记载："子曰：'小子，何莫学夫《诗》？《诗》可以兴，可以观，可以群，可以怨；迩之事父，远之事君；多识于鸟兽草木之名。'"孔子对《诗经》很是赞赏，认为读《诗经》中的篇目可以抒发自己的情感，可以体悟社会百态，可以结交亲朋好友，可以对不平之事进行规劝。从近说可以明白怎样去恭敬长辈，从远说可以了解怎样去忠君爱国，还能对大自然的生物有更多的了解，因而孔子对《诗经》的评价很高，后世儒家的学者如周敦颐、程颢、程颐等人也自然很重视《诗经》的教化作用。程颢和恩师周敦颐阔别几年之后，再次见到周敦颐，看见周敦颐"吟风弄月以归"很是潇洒，有"吾与点也"的意味。"点"指孔子的弟子曾点，孔子曾经问他的学生各有什么志向，曾点回答说："莫春者，春服既成，冠者五六人，童子六七人，浴乎沂，风乎舞雩，咏而归。"曾点的志向不在于做官，不在于治国，而是想要教书育人，因此孔子很赞同地说："吾与点也。"周敦颐淡泊名利、不求闻达，他的志向也在于教书育人。程颢的这段话说明在周敦颐离开南安之后，师徒二人还曾经见过面。

通过以上分析，我们可以知道，程颢、程颐兄弟跟从周敦颐学习的时间跨度很大。庆历六年（1046），两人在南安的时候跟随周敦颐学习了将近一年，周敦颐离开南安之后，师徒三人并没有因此而中断联系。庆历七八年间，师徒三人还有过多次会面，周敦颐在这些零散的会面中对兄弟二人有很多教导。对于两个十六七岁的少年来说，正是懂事的时候，对于老师所说的话、所讲授的知识是记得最牢的时候，因此，可以这样说，程颢、程颐兄弟年轻的时候所接受的教育来自于周敦颐，周敦颐的教导影响了程氏兄弟日后的学术道路。也可以说，程颢、程颐兄弟的学术源于周敦颐。

第三节　周敦颐的学术好友

前面说过,周敦颐喜好结交师友,尤其喜欢结交在学术上有造诣的人,早在周敦颐在鹤林寺守丧时就认识了范仲淹、王安石等才俊。他每到一个地方做官都能够结识一些学问上的良师益友。《宋元学案》中记载周敦颐的"讲友"六人,即胡宿、周文敏、傅耆、李初平、王拱辰、许渤,其中有的人的生平事迹已经无法考察,因而我们重点说说胡宿、傅耆、李初平、王拱辰四个人。

一、胡宿

上文说过,周敦颐20岁那年,他的舅舅郑向去世,葬在润州丹徒县。第二年,他的母亲也接着去世了,依照母亲的遗嘱,他从开封扶着母亲的灵柩南下往润州安葬。在润州为母亲守丧的三年时间,周敦颐住在润州的鹤林寺,从而结识了胡宿。胡宿(995—1067),字武平,常州晋陵(今江苏常州)人。宋仁宗天圣二年(1024)进士。历任扬子尉、通判宣州、知湖州、两浙转运使、修起居注、知制诰、翰林学士、枢密副使。宋英宗治平三年(1066)以尚书吏部侍郎、观文殿学士知杭州。第二年,皇帝考虑到他年龄太大,因此下令命他以太子少师的官衔退休,但是命令还没有传达到他就已经去世了,享年73岁。他在北宋仁宗、英宗两朝为官,位居枢密副使,以居安思危、宽厚待人、正直立朝著称,死后谥文恭。

胡宿为人"清谨忠实,内刚外和"。他担任扬子尉的时候,县里面发大水,老百姓的家大多被水淹了,但是县令却不想办法进行救援,这时候胡宿马上组织官府的船,再联合私人的船赶赴灾区营救被大水困住的百姓。灾难结束以后,他

第五章 周敦颐的高徒、好友及其濂溪学派

因为救援有功升为宣州通判,并且兼任集贤院校理。胡宿好学深思,传说他和周敦颐都曾经师从鹤林寺的禅师寿涯(麻衣道人)。另外,又相传邵康节(邵雍,北宋著名的易学家)的父亲在庐山遇见过胡宿,两人一起跟从庐山的一个老和尚学习《周易》。胡宿精通《周易》,也懂得阴阳五行之学,能够未卜先知。《宋史》记载:

> 庆历六年(1046),京东、两河地震,登、莱尤甚。宿兼通阴阳五行灾异之学,乃上疏曰:"明年丁亥,岁之刑德皆在北宫。阴生于午而极于亥,然阴犹强而未即伏,阳犹微而不能胜,此所以震也。是谓龙战之会,其位在乾。若西北二边不动,恐有内盗起于河朔。又登、莱视京师为东北少阳之位,今二州置金坑,多聚民凿山谷,阳气耗泄,故阴乘而动,宜即禁止以宁地道。"时以为迂阔,明年,王则果以贝州叛。①

庆历六年,京东、两河等地方地震,其中尤以登州、莱州最严重。胡宿因为精通阴阳五行,又懂得占卜,因此在上朝的时候对皇帝说:"明年是丁亥年,这一年的阴阳主于北宫。阴生于午,到亥的时候达到了鼎盛。此时阴强而阳弱,这就是地震的原因,这叫做龙战之会。如果西北两边没有什么动静的话,那恐怕河朔一代会有叛乱。另外,登州、莱州在京城的东北方向,属于少阳之位。现在这两个州有金矿,因此老百姓凿山采金,阳气都快被耗散了,因此阴气才会乘势而动。应该马上下命令禁止百姓开山。"当时在朝的大臣听到胡宿的话都很不以为然,觉得他说的话很是迂腐。但是没想到第二年,王则果然在贝州发动了叛乱。类似于这样能够预言的传说,在胡宿的一生当中还有很多,不管这种预言是不是可信,但至少能够证明胡宿在《周易》和阴阳五行方面确实是下过一番功夫的。

另外,胡宿在治理国家等方面也很有预见性。宋代的人才选举是由礼部组织的,最初礼部规定每四年进行一次人才选拔,这个规定实行不久就遭到了一些人的反对,反对的人认为四年一次时间太久了,不利于人才的选拔,可以改成两年一次。胡宿听了这件事也提出了意见,他认为,两年选拔一次会使得读书人因

---

① 脱脱:《宋史》,北京:中华书局,1963年版,第10367页。

为选举的事情而到处奔波,这样一来就没有闲暇时间用来读书,学业就会荒废,最后选举出来的人才也会大打折扣,不如改成三年一次。大家一开始并不同意胡宿的意见,还是坚持改为两年一次,但是施行了没几年,官府和学子们都觉得很不方便,最后还是听从胡宿的建议改成了三年一次。

胡宿和周敦颐的交往,历史上记载的资料很少,因而无法考证两人谈论的具体问题。两人虽然同受学于寿涯,但是治学的风格却大不相同。

二、傅耆

周敦颐喜好结交朋友,尤其是学术上的朋友,不论年纪,只要是有才华、有学问的人他都喜欢,哪怕遇见比他小很多的年轻人,他也会"不耻下问"。嘉祐元年(1056),40岁的周敦颐离开了工作两年的南昌,调到四川省合州(今属重庆市管辖)担任代理判官。合州的少年才俊听说周敦颐的学问高深,纷纷来拜访求教。周敦颐的小舅子陆丞在遂宁做官多年,这时候辞官回家,特意经过合州来看望周敦颐。看到这么多青年才俊来拜访周敦颐,陆丞很是高兴,他也给周敦颐介绍了一下遂宁那边的情况。原来,遂宁有一个青年才俊叫做傅耆,这个傅耆虽然年纪小,但是勤奋好学,年纪很小的时候就有一股少年老成的姿态。他酷爱读书学习,十四岁那年就被人举荐为官,同乡的人对他评价都很高。就在周敦颐到合州前不久,他刚刚考上进士,在当时的遂宁还算小有名气。周敦颐在合州,离遂宁很近,听说遂宁有这么一个好学的小伙子,非常高兴,于是写了一封信给傅耆。傅耆收到周敦颐的来信以后感到又惊喜又激动,给周敦颐回信说:"执事(指周敦颐)以济众为怀,神所劳赉,故得高士与施至术,而心朋远寓名方,贱子闻之,弗胜喜蹈。"[①]傅耆先是夸赞周敦颐有兼济天下的大志向,然后表达了自己对周敦颐的仰慕,"弗胜喜蹈"四个字生动地表达出他高兴喜悦的心情。两人通信

[①] 梁绍辉:《周敦颐评传》,南京:南京大学出版社,1994年版,第437页。

往来之后不久,傅耆就从遂宁到合州来拜会周敦颐,向周敦颐请教学问。周敦颐当然是倾囊相授,知无不言,两人交谈得很是愉快。住了一段时间,傅耆回到老家遂宁,并且给周敦颐写了一封信说:"违远高贤,鄙吝复萌。曩接高论,固多余意,行思坐诵,默有所得,不遂溺于时好,失于古道也。"①傅耆生活在小小的遂宁,并没有什么高贤大德的人,很久没有听到贤师良友的教诲,人渐渐也世俗起来,而在合州跟周敦颐交谈的这段时间,他感到收获很大,也摆脱了世俗的价值观。这次见面之后不久,傅耆就外出做官去了,此后,两人虽然再也没有见过面,但是从周敦颐留下来的书信可以知道,两人一直以书信的方式保持着联系。

三、李初平

周敦颐在湖南郴县任职的时候,郡守李初平很佩服周敦颐的学识和人品,于是经常以师徒之礼相待,将周敦颐看作自己的老师。虽然李初平是周敦颐的上司,但是他一点儿也不摆上司的架子,也没有将周敦颐当作下属看待,对周敦颐始终是毕恭毕敬、彬彬有礼。不仅如此,李初平还多次向朝廷举荐周敦颐,希望周敦颐这样的人才能够有更好的平台去施展自己的抱负,为国家做出更大的贡献。

周敦颐为官清廉,做官所得的一点儿俸禄也会尽量拿去帮助亲戚朋友,"所得俸禄,分给宗族,其余以待宾客。不知者以为好名,君处之裕如也"。潘兴嗣在《濂溪先生墓志铭》中对周敦颐的这种情况描写得很感人。有一回,周敦颐得了急病,眼看就不行了,他以为自己必死无疑,于是让家人找他的朋友潘兴嗣来帮他料理后世。潘兴嗣赶到以后,帮他整理遗物,翻检他的家什的时候只找到了一只破箱子,另外只有几十文钱,可见周敦颐生活的清贫。在湖南的时候,周敦颐依然这么清贫,"青黄不接"的时候就只能到处找人接济,这时候李初平也经常帮助他,使他不至于揭不开锅。

郴州在宋代属于桂阳郡,下面还有郴县、桂阳、宜章、永兴四个县,这四个县

---

① 梁绍辉:《周敦颐评传》,南京:南京大学出版社,1994年版,第437页。

中，郴县相对来说比较落后。周敦颐到任之后，第一件事情就是兴办教育，他在郴县大力兴办学校，并且亲自到学校演讲，以期从教育入手来改变这里落后的局面。除此之外，周敦颐还写了一篇《修学记》的文章，讲述发展教育、兴办学校的重要性。李初平本来出身武官，是个练武之人，没有读过什么书，周敦颐在各学校演讲的时候，李初平也常在旁边听讲。可能是周敦颐的演讲太过于精彩，激发了李初平一颗渴望学习的心，因此李初平萌发了学习文化知识的想法。有一次，周敦颐讲学刚结束，李初平就找到周敦颐，跟他说："看到您讲得这么生动，我也想重新开始学习，我想从现在开始读书，您看怎么样？"周敦颐听了之后很高兴，但是他明白读书是很辛苦的，少年时候最适合读书学习，年纪大了，读书往往会效率很低，很难克服。况且李初平作为郡守，平时政务很多，哪里来的时间读书呢，于是他跟李初平说："您年纪大了，直接读书可能会比较吃力。不如我把书中的精华部分讲给您听，您看怎么样？"李初平很是高兴，于是经常跟在周敦颐的身边听他演讲，周敦颐也尽心尽力，每天都会抽出一点时间给李初平讲授知识，这样坚持了两年，李初平的学识大有长进，学问也已经积累到了小有收获的程度。

就在李初平学问日益长进的时候，他不幸患病了，病魔很快夺走了他的生命。皇祐元年（1049），李初平去世，留下了年幼的儿子无人照顾。李初平去世以后，周敦颐给他料理后世，将他送回家乡安葬，并且"往来经纪其家"，哪怕是自己窘迫的时候都不忘帮助李初平的家里。黄百家在《宋元学案》中有过这样一段话：

> 先生（指李初平）为元公上官，有谓不当列弟子者。夫学以传道为事，岂论势位。自古至今，有弟子而不能传道多矣。以先生之虚怀问业，悉心听受，二年有得，与二程同列诸弟子之班，足见先生之盛德，又何嫌哉！又何嫌哉！[①]

李初平是周敦颐的上司，因而有人认为他不适合称为周敦颐的弟子，但是学问就是以传道授业为要务，韩愈的《师说》也说过："生乎吾前，其闻道也固先乎吾，吾从而师之；生乎吾后，其闻道也亦先乎吾，吾从而师之。吾师道也，夫庸知

[①] 黄宗羲：《宋元学案》，北京：中华书局，1982年版，第529页。

其年之先后生于吾乎？是故无贵无贱，无长无少，道之所存，师之所存也。"年纪比我大的，读书明道也比我先，我跟着他学习，他就是我的老师。年纪比我小的，读书明道在我前面，我照样跟从他学习。我学习的是道理和知识，为什么要在乎老师是比我年纪大还是比我年纪小呢？学习本身没有高低贵贱之分，也无所谓年纪大和年纪小。只要是道理明白得比我多，就值得做我的老师。李初平虽然官职比周敦颐大，但是跟随周敦颐学习的两年中，一直以师徒之礼相待，当然可以算是周敦颐的弟子了。

四、王拱辰

王拱辰（1012—1085），原名王拱寿，字君贶，开封府咸平（今河南省通许县）人。王拱辰自幼家境贫寒，在他很小的时候，父亲就去世了，抛下了孤寡的母亲和四个孩子。王拱辰是长子，自然就肩负起家庭的重担。他对母亲很是孝顺，对弟弟们也极尽关爱，因此受到了乡亲百姓们的赞许。除了担负养家的重担之外，王拱辰还是一个读书的种子，他喜欢读书，而且非常勤奋，经常天刚刚亮就起床读书，到他十几岁的时候已经能够写一手好文章了。宋仁宗天圣八年（1030），19岁的王拱辰参加科举考试，获得了进士第一，成为状元，从此开始了他的仕途之路。仁宗皇帝看见这位状元郎很是赏识，并且将他的名字——王拱寿改为王拱辰。

王拱辰状元及第以后，皇帝派他到怀州当通判，后来又入集贤院，历监铁判官，为皇帝修起居注（记录皇帝每天的言行举止）。庆历元年（1041），皇帝任命王拱辰为翰林学士。这之后，王拱辰官运亨通，累拜御史中丞，累官武汝军节度使。王拱辰为人聪明机灵，应变能力很强，有一次，北边的契丹国派使者来向大宋求取关南地区的十个县，并且责备宋朝攻击燕地是出师无名。这些话说出来，朝中的大臣哑口无言，不知道怎么回答这个使者。这时候王拱辰站出来说道："我们的正义之师本来是去讨伐河东地区，而你们既然跟我们交好，却又去支援贼人。皇上为这件事情大发雷霆，于是才命令回军攻打燕地。这怎么能叫出师无名呢？"契丹使者的嚣张气焰被他的一句话噎住了。仁宗皇帝听到王拱辰这番话很高兴,退朝后对身边的大臣说:"要不是拱辰深明这里面的玄机,恐怕很难对付契丹使者啊!"从此以后,皇帝对他也越来越赏识。

王拱辰为官刚正不阿,办事也雷厉风行,不拖泥带水。对于贤能的人总是极力向皇帝推荐,唯恐国家损失一名人才,而对于不称职的官员,他也非常看不惯。在他担任开封府长官的时候,夏竦从外地调进京城担任枢密使(相当于宋代的宰相,掌管兵权),王拱辰就这件事情上奏皇帝说:"夏竦曾经在军中当过将领,并没有见他有什么功劳,现在让他担任枢密使这么大的官,怎么能够服众呢?"皇帝起初并没有采纳他的意见,但是拱辰据理力争,非常强硬,最后皇帝只好听从他的建议,罢免了夏竦枢密使的职位。过了一段时间,他又向皇帝进言说:"滕子京在庆州当官太过于屈才了,希望您可以将他招到京中来当官。"皇帝并不采纳他的意见,于是他就将自己关在家里不出来,并且要求将自己贬官。皇帝看他一片忠心,于是批准了他的建议,将滕子京迁到岳州做官,并且召见王拱辰,对他说:"言事官第自举职,勿以朝廷未行为沮己,而轻去以沽名。自今有当言者,宜力陈勿避。"①意思是说王拱辰作为朝中劝谏皇帝的言事官应该履行自己的责任,应该要举荐的人才就应该不遗余力地举荐,但是朝廷如果不答复也不应该沮丧,不应该轻易地离职。虽然皇帝一开始并不同意他的观点,但是后来还是认识到自己的错误,听从了王拱辰的建议。为此,皇帝特意宽慰他,勉励他尽忠尽职,希望从今以后,遇到应该进谏的应直言不讳。

《宋史·王拱辰传》记载了这样一件事情:

  僧绍宗以铸佛像惑众,都人竞投金冶中,宫掖亦出赀佐之。拱辰言:"西师宿边,而财费于不急,动士心,起民怨。"诏亟禁之。②

京城有一个法号绍宗的和尚发动了一个铸造佛像的运动,号召大家一起捐钱。城中很多百姓都被他蛊惑,纷纷捐出钱来铸造佛像,甚至皇宫之中也拿出大笔

---

① ② 脱脱:《宋史》,北京:中华书局,1963 年版,第 10360 页。

钱来作为资助。王拱辰看到这个现象非常气愤,于是向皇帝报告说:"边疆的军队还在拼命地保护家园,而我们却将钱财用去铸造佛像。这样的话,将士们的军心就会动摇,老百姓的怨气也会加重,到时候国家就有危难了。"皇帝认为他说得很有道理,于是下令停止铸造佛像。

王拱辰大周敦颐5岁,他们的父亲是好朋友,因此两家可以算是世交。但是由于王拱辰很小的时候父亲就去世了,因而实际上他和周敦颐接触得非常少。关于两人的交流,《宋史》没有记载,程颐作为周敦颐的弟子,见过两人之间的往来,留下了一点线索。程颐曾经说过:"君贶(王拱辰)初见茂叔(周敦颐),为与茂叔世契,便受拜。及坐上,大风起,说《大畜卦》。君贶乃起曰:'某适来,不知受却公拜。今却当请纳拜!'茂叔走避。"①王拱辰与周敦颐初次见面的时候,周敦颐因为年纪比王拱辰小,两家又是世交,因而向王拱辰下拜,王拱辰也安然接受了。两人坐下来交谈,不一会儿刮起了大风,两人谈论起了《易经》里面的《大畜卦》,也许是周敦颐的讲解太过于精彩,显出了他学问的高深,王拱辰听到周敦颐的讲解,大为叹服,起身向周敦颐下拜说:"刚才来的时候不知道您的学问这么高深,还接受了您的下拜。现在应该向您下拜了。"周敦颐连连摆手躲避着王拱辰,不敢接受。王拱辰在朝为官,见过不少学问名家,但是当他听见周敦颐的演讲之后显出了由衷的钦佩,可见周敦颐学问的高深,也可想见他的演讲技巧比较高妙,能够将复杂的东西讲得婉转动听。

周敦颐一生没有在朝中做过大官,一直在小地方任职,担任的官职也不大,但是他重视教育,喜欢结交人才,他的朋友大多是学术上的好友。他与朋友们有过很多学术上的交流和探讨,但是由于有关周敦颐的资料非常少,很多细节我们都已经无从考察了。

---

① 黄宗羲:《宋元学案》,北京:中华书局,1982版,第530页。

理学大家周敦颐的教育思想

第四节　周敦颐的主要思想及其创立的濂溪学派

周敦颐出生在湖南的边缘地区,家里也并不富贵,就他的履历来说,他做过的官都是小官。但是值得注意的是,他的影响极其深远,甚至直追孔子、孟子等圣贤,这的确是我国文化史上一个相当大的奇迹。周敦颐过世以后,留下的著作不满三千字,其中最重要的是《通书》和《太极图说》,北宋著名学者胡宏为周敦颐的《通书》作序,大大称赞了周敦颐学术的影响,他说:

> 今周子启程氏兄弟以不传之妙,一回万古之光明,如日丽天,将为百世之利泽,如水行地,其功盖在孔、孟之间矣。①

周敦颐的出现,使得晦暗了几千年的学术重现光明,他教导的程氏兄弟后来也成为宋代理学的传道者,培养了一大批人才。因此,周敦颐的功劳直追孔子、孟子,居功至伟。胡宏接着又说:

> 人见其书之约也,而不知其道之大也;见其文之质也,而不知其义之精也;见其言之淡也,而不知其味之长也。顾愚何足以知之?然服膺有年矣。试举其一二语,为同志者启予之益乎!患人以发策决科、荣身肥家、希世取宠为事也,则曰"志伊尹之所志",患人以知识闻见为得而自画,不待贾而自沽也,则曰"学颜子之所学"。人有真能立伊尹之志、修颜子之学者,然后知《通书》之言包括至大,而圣门之事业无穷矣。故此一卷书,皆发端以示人者,宜度越诸子,直以《诗》《书》《易》《春秋》《语》《孟》同流行乎天下。②

---

①②周敦颐:《周敦颐集》,北京:中华书局,2009年版,第117页。

《通书》虽然文字短小精悍,但是其中所讲的道理,所包含的意味是非常深远、耐人寻味的。胡宏的老师杨时和侯仲良是程氏兄弟的学生,因而从师承关系上来说,周敦颐是胡宏的师祖,因而胡宏对周敦颐学术还是有一定的了解,他对周敦颐的夸赞就是基于他对周敦颐学术的了解。在胡宏看来,周敦颐是一个好学深思的学者,不仅自己好学深思,还处处为别人着想,希望能通过自己的学说超脱其他人。他担心别人以高官厚禄、荣华富贵作为奋斗的目标,因此提出人应该将自己的志向定得高远,把伊尹治国安邦的志向当作自己的志向。他担心别人学到一点知识就自高自大、故步自封,因此提出要将颜回的学习目标作为自己的学习目标。如果说真的能够有人将伊尹的大志向作为自己的志向,将颜回的学习劲儿用在自己平时的学习生活中,那么他就一定能够有超强的责任感,能够理解《通书》中包含的修身、养性、治国、平天下等大道理,也能够明白孔孟之道有多么高深和伟大。

宋代的著名诗人黄庭坚仰慕周敦颐的学问和人品,他曾经评价过周敦颐,说他"人品甚高,胸怀洒落,如光风霁月。廉于取名,而锐于求志;薄于徼福,而厚于得民;菲于奉身,而燕及茕嫠;陋于希世,而尚友千古"[①]。周敦颐的人品和胸怀成为当时学者盛赞的对象,而他锐意进取的精神,以天下为己任的心胸更是宋代理学家所仰慕的。他的弟子程颢讲过这样一件事情:"周茂叔窗前草不除去。问之,云:'与自家意思一般。'"周敦颐窗前长了很多杂草,他也不去清理,就任这些杂草疯长。程颢看见杂草这么多,老师也不去清理,就问周敦颐为什么不把草清理掉,周敦颐回答说:"与自家意思一般。"杂草生长得茂盛,一般人都会去清除,而周敦颐却任它生长,这正表现了周敦颐的仁者之心,与天地万物为一体,故而不愿意清理。周敦颐的这个做法深深影响了程氏兄弟,《宋元学案·明道学案》记载了张横浦的一段话:

> 明道书窗前有茂草覆砌,或劝之芟,曰:"不可!欲常见造物生意。"又置盆池畜小鱼数尾,时时观之,或问其故,曰:"欲观万物自得意。"草之与鱼,人所共见,唯明道见草则知生意,见鱼则知自得意,此岂流俗之见可同日而语![②]

---

① 周敦颐:《周敦颐集》,北京:中华书局,2009年版,第87页。
② 黄宗羲:《宋元学案》,北京:中华书局,1982年版,第578页。

理学大家周敦颐的教育思想

程颢受老师周敦颐的影响，窗前虽然长满了杂草也不去清理，家人劝他将杂草除去，他说："不行，我想要经常见到造物者造物的生机。"不仅如此，他还准备了一个盆养了几条小鱼，有事没事就去看看鱼。有人问他为什么要养鱼来观赏，程颢回答说："我观看的不是鱼，而是万物的怡然自得。"草和鱼都是我们日常生活中常见的东西，一般人看见了也不会有什么感觉，而程颢看见了草就能想到万物的生机，看见鱼就能想到万物的怡然自得，这就是他跟流俗之人的不同之处。从程颢的这个故事我们也能够看出，周敦颐对于程氏兄弟二人的影响绝对不能小觑。

一、周敦颐的主要学说

北宋的理学可以分成濂、洛、关、闽四个派别，其中洛学是程颢、程颐创立的学派，因为两兄弟居住在洛阳，讲学也在洛阳，因此称为洛学；关学的创始人是张载，张载世居关中，人称横渠先生，因而他所创立的学派叫做关学；闽学创始于朱熹，朱熹主要的活动地带是福建，他在福建建阳结草堂而居，并且在这里讲学，因而后人称其学派为闽学。濂、洛、关、闽四大学派以濂为首，这个濂就是周敦颐创立的濂溪学派。

（一）周敦颐的道德观

濂溪学派的主要学说来源于《周易》，周敦颐的宇宙观混合了道家"有生于无"的思想和儒家的"中庸"思想。《太极图说》开篇就说"无极而太极"，无极和太极是宇宙生成的根本，而太极又是从无极而来。太极生成以后又有动静之分，太极动的时候产生阳，太极静的时候产生阴，阴阳二气通过不断的交感变化生成五行——金、木、水、火、土，五行的相互作用就生成了天地万物，这就是周敦颐的宇宙观。周敦颐的宇宙观在现在看来有很多不足的地方，但是在当时还是比较符合儒家传统思想的。当然，周敦颐留给后人最主要的影响还是他的伦理道德观和修养论，这也是他教导学生最重要的内容。

古人的伦理道德包括孝、悌、忠、信、礼、义、廉、耻等,这些是作为一个对社会有用的人所必须具备的道德素质,也包含了维持人与人之间关系的各种方法:对待父母长辈要孝,兄弟之间要和睦友好,对待君主、国家要忠,朋友之间的交往要讲信用、讲义气等。周敦颐认为道德是伴随着人的出现而出现,并且随着人的变化而调整,他在《太极图说》中说:

> 乾道成男,坤道成女,二气交感,化生万物。万物生生而变化无穷焉,唯人也得其秀而最灵。形既生矣,神发知矣。五性感动而善恶分,万事出矣。圣人定之以中正仁义而主静,立人极焉。故圣人与天地合其德,日月合其明,四时合其序,鬼神合其吉凶。君子修之吉,小人悖之凶。故曰:"立天之道,曰阴与阳;立地之道,曰柔与刚;立人之道,曰仁与义。"①

乾坤代表天地,也代表阴阳,阴阳二气交感而产生世间万物,万物之中,人是最得天地灵气的生物。宇宙在生生不息之中不断发展,在发展的过程中出现了人类,人类在自身不断发展的过程中慢慢地产生了智慧,并且形成了人类社会。作为群居动物的人类,必须依靠互相之间的交往来维持自己的生存,比如打猎、种植以及彼此之间的商品交换都需要人与人之间的互动,有了这种交往就一定会产生矛盾,要消除这些矛盾就需要有一个秩序,这种秩序就是道德。因此,道德其实就是伴随着人类生活的出现而产生的。

周敦颐的道德观和他的宇宙观在某种程度上很相似,在他看来,道德并不是产生于人类现实的经济生活中,而是可以追溯到宇宙的生成过程中。周敦颐认为,宇宙生成的过程中产生了一种能够维持宇宙运作并且能够维持人类之间关系的东西,这就是"诚"。正是由于"诚"的存在,宇宙才能称其为宇宙,万物才能够蓬勃地生长,人类才能够有序地生活。他在《通书》中明确地宣称:"诚者,圣人之本。"又说:"诚,五常之本,百行之源。"也就是说"诚"是"仁、义、礼、智、信"五常的根本,是"孝、悌、忠、信"等百行的源头。

---

① 周敦颐:《周敦颐集》,北京:中华书局,2009年版,第5页。

周敦颐所说的"诚"是一种自然生成的东西,也是周敦颐道德修养方面的基本思想。在周敦颐的著作《通书》中,处处是以"诚"来立意的,不但以"诚"作为开篇,而且关于"诚"的篇幅也最多。他认为"无极"和"诚"是构成宇宙万物的两个基础性的东西,"无极"能够转化为世间万物,而"诚"则赋予万物意识,因而"诚"和"无极"一样,都是万物的来源。"诚"虽然是万物的本源,但是它是看不见、摸不着的,它是万物共同具有的属性,因而可以通过万物将它表现出来。如"诚"通过人表现出来就是道德,就是仁、义、礼、智、信等美好的道德品质,而所有的不美好的东西都是"诚"的对立面,正如周敦颐所说:"匪仁、匪义、匪礼、匪智、匪信,悉邪也。"[①]一切违背仁、义、礼、智、信的行为都是"邪",也都违背了"诚",因此,人要通过道德约束的方法来祛邪归正。

(二)周敦颐对五常中"仁、义、礼"的界定

五常即仁、义、礼、智、信,它贯穿于中华民族的伦理发展中,一直是中国传统价值体系中最为核心的部分。周敦颐讲道德也是围绕五常来讲的,他对于五常有自己的理解,他在《通书·诚几德》中明确说过:"德:爱曰仁,宜曰义,理曰礼,通曰智,守曰信。"[②]在周敦颐的著作中,我们可以明确地看到他对五常中仁、义、礼三者的描述。

1. 仁

仁位居五常之首,在儒家思想中占据了很高的地位,《白虎通·情性》篇说过:"仁者,不忍也,施生爱人。"也就是说仁是一种善,是能够主生的,和杀相反,周敦颐也认为:"天以阳生万物,以阴成万物。生,仁也;成,义也。"阴阳二气是万物生长必不可少的东西,而万物的生长就是仁义的表现,正如古人常说的"上天有好生之德",这种好生之德就是仁。《论语·颜渊》记载:

> 樊迟问仁。子曰:"爱人。"问知。子曰:"知人。"樊迟未达。子曰:"举直错诸枉,能使枉者直。"樊迟退,见子夏,曰:"向也吾见于夫子而问知,子

[①] 周敦颐:《周敦颐集》,北京:中华书局,2009年版,第18页。
[②] 周敦颐:《周敦颐集》,北京:中华书局,2009年版,第16页。

曰：'举直错诸枉，能使枉者直'，何谓也？"子夏曰："富哉言乎！舜有天下，选于众，举皋陶，不仁者远矣。汤有天下，选于众，举伊尹，不仁者远矣。"

樊迟是孔子的学生，孔子出门的时候他经常给孔子驾车。有一次，樊迟问孔子什么是仁，孔子回答说："爱人。"又问什么是智，孔子回答说："善于了解别人。"樊迟想了半天也没想明白孔子说这话是什么意思，于是再次问孔子，希望孔子能够讲明白，孔子回答说："将正直的人置身于不正直的人身边，那么不正直的人就会变得正直起来。"樊迟听到这句话也不明白，就把这件事情告诉同门好友子夏，说："我之前跟着老师出去，问老师什么是仁，什么是智，老师回答我时说：'将正直的人置身于不正直的人身边，那么不正直的人就会变得正直起来。'这说的是什么意思啊？"子夏一听，感叹道："老师这句话的内涵好丰富啊。当年舜帝执政的时候，举荐皋陶为官，于是不仁的人都远离了；当年商朝的国君汤执掌天下的时候，让全国的老百姓选举贤能的人帮助他治理国家，老百姓选举出了伊尹，于是不仁的人也纷纷远离了。"仁者爱人，这个成语就是来源于这里。周敦颐对孔子的观点很是认同，他在《通书·爱敬》中说："故君子悉有众善，无弗爱且敬焉。"君子之所以能够"悉有众善"，是因为他能够从别人的缺点中学到优点，对于别人的不足也尽量帮助，如朱熹所说："善无不学，故悉有众善；恶无不劝，故不弃一人于恶。"仁者爱人，无论善人、恶人，都是仁者关怀的对象。

2.义

义经常和仁一起被人提及，周敦颐认为"宜曰义"，也就是说合理的就是义，行事合乎道德伦理就叫义。所谓合乎道德伦理，就是要求我们在平时行事过程中要严格地遵守我们的价值观，既不能够违反道德，也不能够过度，而应坚持中庸，不偏不倚，客观地对待就是"宜"，也就是"义"。周敦颐在《通书·师》中说："刚善，为义，为直，为断，为严毅，为干固；恶，为猛，为隘，为强梁。"在周敦颐看来，义一旦过度就会导致过度的善，而过度的善或者过度的恶都是不好的品行。过度的恶固然能够对社会带来很大的危害，但是过度的善一样能够危害社会，过度的善会造成姑息养奸，纵容不良行为的存在，这本身就是一种极大的危害。

3.礼

古代的君王治理国家一定要修起礼乐。礼能够区别尊卑贵贱，突出帝王与臣子之间的区别,使得人人各司其职,这样国家的政治才不至于混乱。汉高祖刘邦出身平民,他带领军队平定战乱以后建立了大汉朝。刘邦即位以后,手下的将领们都论功行赏,当上了大官,但是这些将领们也都是平民出身,根本就不懂什么规矩,见了皇帝也不跪拜,喝醉了就用刀剑乱砍皇宫的柱子。刘邦虽然出身也贫贱,但毕竟当上了皇帝,看到臣子们这么没有规矩也很是头痛。这时候手下一个儒臣叔孙通站出来给皇帝出主意,建议刘邦参照秦代的礼仪制定一套朝仪来区分上下级关系,所有的臣子都必须遵守这个朝仪。朝仪制定出来以后,文武百官人人遵守,秩序井然,刘邦非常高兴地说:"我到今天才知道皇帝是这么的尊贵啊。"

周敦颐在《通书·礼乐第十三》中明确地说过:"礼,理也;乐,和也。阴阳理而后和,君君、臣臣、父父、子子、兄兄、弟弟、夫夫、妇妇,万物各得其理,然后和。"[①]礼就等同于理,那么什么是"理"呢?东汉许慎的《说文解字》解释"理"说:"理,治玉也。""理"这个字可以分为形旁和声旁,它的形旁王实际上就是古时候的玉字,这表明"理"这个字和玉有关系,它实际上就是解剖玉的意思。清代学者段玉裁注解的《说文解字》认为:"玉之未理者为璞,是理为剖析也。玉虽至坚,而治之得玉之未理者为璞,是理为剖析也。玉虽至坚,而治之得鰓理以成器不难,谓之?理以成器不难,谓之理。"玉作为一种天然的矿石是包裹在石头之中的,刚刚开采出来还没有来得及解剖的玉叫做璞,而将璞解剖打磨成玉的这个过程就叫做"理",玉的纹理细密,解剖起来非常难,因而后世把处理艰难事情的过程都叫做理,如打理、处理、治理等等。人与人之间的关系也要依靠理才能和谐,而处理的规范和标准就是礼,所以周敦颐才说"万物各得其理,然后和",每个人都有自己在社会上的职责,各司其职,不违背礼,天下才能和谐,君主有君主的样子,臣子有臣子的样子,做父亲的履行做父亲的责任,做子女的尽子女的义务,这就是周敦颐所说的礼。

(三)周敦颐的治国思想

1.治国要效法天道

在周敦颐的思想中,道德起源于"诚",人的一切善的行为都是守"诚"的结

[①] 周敦颐:《周敦颐集》,北京:中华书局,2009年版,第25页。

果,而一切不诚、不善的东西都是恶邪所致,因而人们在日常生活中应该努力立"诚",抛弃伪妄的东西。治国之道更是如此。周敦颐认为国家的治理应该效法天道,在《通书·刑第三十六》中说:

> 天以春生万物,止之以秋。物之生也,既成矣,不止则过焉,故得秋以成。圣人之法天,以政养万民,肃之以刑。①

上天虽然有好生之德,使得万物在春天能够尽情地生长,然而好生却不能够放纵其生,因此秋天的时候万物开始凋零,到冬天就冷冷清清了。圣人治国也是这样,用宽宥的政策来治理百姓,使得老百姓能够安居乐业,但同时又制定刑法来管理百姓,使得社会能够井然有序,这就是圣人取法于天的道理。周敦颐的这个观点其实最初的来源是《周易》的《系辞》:"天地之大德曰生,圣人之大宝曰位。何以守位曰仁,何以聚人曰财。理财正辞,禁民为非曰义。"同样,周敦颐在《通书·顺化第十一》中也明确地说:

> 天以阳生万物,以阴成万物。生,仁也;成,义也。故圣人在上,以仁育万物,以义正万民。天道行而万物顺,圣德修而万民化。大顺大化,不见其迹,莫知其然之谓神。故天下之众,本在一人。道岂远乎哉!术岂多乎哉!②

周敦颐在这段话中以圣人比天,用圣人治理万民与天生万物作对比。万物的生长要依靠天的阴阳之气,因此天也就具备了"仁""义"等道德属性。圣人处在治国的位子,也以仁义来管理百姓。天道大行,所以万物顺化,而圣人之道大行也同样能够使百姓顺化。所以说天下的治理如果能够效法天化生万物,就能够大化、大治了。

2.治国应该"纯心"

治理国家单单靠效法天道还是不够的,治国者要不断地培养自身的德行以与天道相配,这就要求治国者要重视自己的修养,这就是周敦颐所说的"纯其心"。

---

① 周敦颐:《周敦颐集》,北京:中华书局,2009年版,第41页。
② 周敦颐:《周敦颐集》,北京:中华书局,2009年版,第23页。

理学大家周敦颐的教育思想

周敦颐在《通书·治第十二》中说：

> 十室之邑，人人提耳，而教且不及，况天下之广，兆民之众哉！曰：纯其心而已矣。仁、义、礼、智四者，动静、言貌、视听无违之谓纯。心纯则贤才辅。贤才辅则天下治。纯心要矣，用贤急焉。①

治理国家不能够靠宣传和鼓舞，周敦颐举了一个例子：如果治理者只知道挨家挨户去宣传、去劝告的话，那么一个只有十几户人家的小乡镇他都不能够治理好，更何况天下这么大，百姓这么多！真正的治理，首先要求治理者有很高的道德修养，也就是先要"纯其心"，所谓的"纯其心"指的就是仁、义、礼、智、动静、言貌、视听等等。周敦颐的这个思想来源于《尚书·洪范》，《洪范》是《尚书》中讲述治国之道的重要篇章，相传是商代遗臣箕子向周武王讲述"天地之大法"以帮助武王治理国家。

箕子是商代君主帝乙的弟弟，也是商代最后一个国君商纣王的叔叔。他为人耿直，忠君爱国，为商代的繁荣和建设立下过汗马功劳，商纣王即位的时候，他已经官至太师，在朝中威望很高。《史记》中记载了这样一个故事：

> 纣始为象箸，箕子叹曰："彼为象箸，必为玉杯；为杯则必思远方珍怪之物而御之矣！舆马宫室之渐，自此始不可振也。"②

商纣王当上国君以后，每次吃饭都必须用象牙做的筷子。本来国君用奢侈一点儿的物品并不奇怪，而箕子听说这件事情后却非常担忧，他感叹着说："君王现在用象牙做的筷子，那么用的杯子一定是玉石做的，用玉石做的杯子就一定还会去找一些更加珍贵奢侈的东西来享用，这样所有的宫室车马都不能满足他，国家从此以后就要慢慢衰败了。"箕子对商纣王的暴政很担忧，因此经常向纣王进谏，但是纣王一点儿都听不进去，有人对箕子说："你多次进谏，已经尽到

---

① 周敦颐：《周敦颐集》，北京：中华书局，2009年版，第24页。
② 司马迁：《史记》，北京：中华书局，1963年版，第1933页。

做臣子的忠心了,君王既然不听,你何不离他而去呢?"箕子说:"作为臣子,向君王进谏,君王不听就离去,这是把君王的不对暴露给天下人,我不能这么做。"箕子怕遭到杀身之祸,于是就在家装疯,最终逃过一劫。

武王伐纣以后,箕子便和他的族人带着商代的礼仪和制度定居于朝鲜半岛,建立了"箕子朝鲜"。《洪范》一文是箕子和周武王谈论治国方略的文章。箕子认为治国应该"敬用五事",所谓五事,指的是"一曰貌,二曰言,三曰视,四曰听,五曰思。貌曰恭,言曰从,视曰明,听曰聪,思曰睿"。唐代的学者孔颖达解释这一段说:

> 貌是容仪,举身之大名也。言是口之所出,视是目之所见,听是耳之所闻,思是心之所虑。一人之上,有此五事也。貌必须恭,言必可从,视必当明,听必当聪,思必通于微密也,此一重即是敬用之事。貌能恭,则心肃敬也,言可从则政必治也,视能明则所见照晰也,听能聪则所谋必当也,思通微则事无不通,乃成圣也,此一重言其所致之事。《洪范》本体与人主作法,皆据人主为说。貌总身也,口言之,目视之,耳听之,心虑之,人主始於敬身,终通万事,此五事为天下之本也。

孔颖达认为,人作为一个本体,平时的言行举止不离貌、言、视、听、思五个方面。貌指的是人的容仪,是最容易被人看到的部分,古人讲"喜形于色"指的就是貌。国君治理国家,对于自身的修养一定要严格把握,尤其是貌、言、视、听、思五者一定要慎重敬用。貌必须恭敬才能使人心生肃敬;言语一定要可以被人听从才能治理好政事;眼睛一定要保持清明,所有的事情都能够判断清楚才能使政治清明;耳朵一定要兼听,不要被小人蛊惑,这样才能下达正确的决策。心中所想所思的东西一定要条理井然。如果能够做到这五个方面,那么就能够达到圣人的境界,国家也就能够长治久安。《洪范》中讲的治国之道其实只是针对国君来说的,国君如果能够在自身的修养上达到以上境界,那么国家的治理也就不成问题了。因而《洪范》将这五事提升到很高的地位,认为这五事是"天下之本"。

周敦颐"纯其心"的思想就是从《洪范》中而来,只不过将《洪范》中所说的

"五事"增加成了仁、义、礼、智、动静、言貌、视听,其本质并没有多大的改变。然而,国家的治理单凭国君一人的能力是远远不够的,还需要大量贤能的人来辅佐才能够将国家治理好。周敦颐则认为,国君只要内心诚心地做到这些,那么天下的贤能之人都会望风而来,纷纷投奔到国君身边并为这样的好国君效命。

3.天下在势

"势"指的是事物发展过程中不可逆转的趋势。社会同样也是在势的支配下不断发展,因而治理国家要乘势而作,不可逆势而为,否则就会遭到很大的阻力。明代末年的思想家王夫之曾经说过:"凡言势者,皆顺而不逆之谓也;从高趋卑,以大包小,不容违阻之谓也。"周敦颐在《通书》中专门写了一章来讨论势的问题,他说:

> 天下,势而已矣。势,轻重也。极重不可反。识其重而亟反之,可也。反之,力也。识不早,力不易也。力而不竞,天也。不识不力,人也。天乎?人也,何尤!①

朱熹解释这段话说:

> 一轻一重,则势必趋于重,而轻愈轻,重愈重矣。极重不可反。识其重而亟反之,可也。重未极而识之,则犹可反也。反之,力也。识不早,力不易也。反之在於人力,而力之难易又在识之早晚。力而不竞,天也。不识不力,人也。不识,则不知用力;不力,则虽识无补。天乎?人也,何尤!问势之不可反者,果天之所为乎?若非天,而出于人之所为,则亦无所归罪矣。②

周敦颐认为决定天下发展的是"势",势有轻有重,而势的发展往往是趋向于势重的那方面,因此势重的会变得越来越重,而势轻的则会变得越来越轻。人如果要扭转势,就必须在势达到最重之前就能够有眼光看破势的轻重;势没有

---

①周敦颐:《周敦颐集》,北京:中华书局,2009年版,第34页。
②周敦颐:《周敦颐集》,北京:中华书局,2009年版,第34页。

达到最重的时候能够看出来并且采取手段去阻止它,就还有机会能够反转。势的反转还需要依靠一个重要因素,就是人力,人力包括人对于势的判断力和人的实际能力,具有强大判断力和能力的人,能够在势没有形成或者形成以后还没有强大起来的时候,就可以做出准确的判断,从而能够扭转局势。当然,如果没有判断力,即使能力再强大也无济于事;反过来说,没有能力而有判断力也是没有用的。

二、周敦颐濂溪学派的影响

周敦颐的出生地湖南,在宋代并不是很发达的地区,算是边陲之地。他从小所接受的教育算不上很好,也没有得到多少名师的指导。同时,周敦颐为人处世比较低调,也没有做过朝廷的大官,留下来的著作少得可怜,不足几千字,但是他对后世的影响绝对可以说是源远流长。他是宋代人中率先开始研究理学的,并且创立了对后世影响极其深远的濂溪学派。周敦颐在北宋时期就已经较有影响,不只是理学家对他有过赞扬和褒奖,就连苏轼、黄庭坚等文学家对周敦颐也是同样推崇备至。苏轼欣赏并且崇拜周敦颐的为人,可惜一直无缘见到周敦颐,他在杭州做官的时候认识了周敦颐的儿子周焘,为了表示对周敦颐的崇敬之情,他写了一首《茂叔先生濂溪诗呈次元仁弟》送给周焘,对周敦颐的学问和人品大加赞赏:

> 世俗眩名实,至人疑有无。怒移水中蟹,爱及屋上乌。坐令此溪水,名与先生俱。先生本全德,廉退乃一隅。因抛彭泽米,偶似西山夫。遂即世所知,以为溪之呼。先生岂我辈,造化乃其徒。应同柳州柳,聊使愚溪愚。

熙宁五年(1072),周敦颐离开了官署,开始过起了归隐田园的生活,他早年曾经在庐山出资修建过一个濂溪书堂,因此晚年的周敦颐就隐居在庐山,一直到他去世。苏东坡的这首诗描写的就是周敦颐在庐山之后的生活,诗中运用了很多典故,前几句"世俗眩名实,至人疑有无。怒移水中蟹,爱及屋上乌",说的是周敦颐的为学不同于其他人,在苏轼看来,周敦颐可以算得上是"至人",也就是超脱世俗的人,因而周敦颐的思想和其他人的思想有着很大的区别。中间几句"坐令此溪水,名与先生俱。先生本全德,廉退乃一隅。因抛彭泽米,偶似西山夫。遂及世所知,以为溪之呼",说的是周敦颐在庐山濂溪的生活,其中"彭泽米"和"西山夫"两句运用了两个典故,"彭泽米"讲的是晋代诗人陶渊明的故事。前边已经讲过,此处不再累赘。苏轼在这里用陶渊明"不为五斗米折腰"的典故来讲周敦颐,说他为人清高,有骨气,不为功名利禄所动,是因为周敦颐晚年隐居庐山,这和陶渊明的经历有着相同之处,两人性格上也有着共同点。"西山夫"讲的则是西周初年伯夷、叔齐的故事。伯夷和叔齐是商末孤竹君的两个儿子,都是当时的贤人。孤竹君将王位传给小儿子叔齐,而叔齐谦让,想将王位给自己的哥哥伯夷,但伯夷也不是贪心的人,不愿意接受王位,这样一来,两个人互相谦让,最后都逃到了周国。过了一段时间,周武王率兵攻打商纣王,伯夷、叔齐认为臣子不应该攻击国君,于是百般劝阻。后来武王灭掉商纣,建立周朝之后,伯夷、叔齐非常失望,两人一起逃到首阳山,绝食而死,后人因而也称之为"西山饿夫"。苏轼之所以将周敦颐比作伯夷、叔齐,就是为了赞扬周敦颐高尚的人格。诗的最后几句"先生岂我辈,造化乃其徒。应同柳州柳,聊使愚溪愚"中的"柳州柳"和"愚溪"则运用的是柳宗元的典故。柳宗元仕途不顺,曾经一度被贬官,他最后做过的官是柳州刺史,因此后世也称他为"柳柳州"。他在湖南永州做官的时候写过一篇《愚溪诗序》,以愚来给溪水起名,慨叹愚溪这样美好的风景被遗弃在僻远的荒野中无人赏识。同时,他感觉自己的命运和愚溪有着相通之处,因而他也借助愚溪来倾吐自己的抱负以及倾诉自己的才能被埋没、遭打击的不平。这篇散文很快就受到大家的欢迎,因而柳宗元又被人称为"柳愚溪"。周敦颐也是在地方做官,并没有担任过大官,可以说,他的仕途也并不是很顺畅,因而苏轼将他和柳宗元相比,也为周敦颐旷世的才华没有得到重用感到无限的惋惜。

(一)濂溪学派被封建王朝立为官学

中国传统的学术主流是经学,而经学的发展并不是一成不变的,它经历汉、宋之争,也就是说汉代的儒者所研究的经学和宋代人研究的经学有很大不同。汉代的古文学家认为经学的研究一定要从认字,识字义、字音开始,古人将这些学问叫做文字、音韵、训诂之学，统称为"小学"，而将经学称为"大学"，因而汉代的经学家研究经典首先要将经典的文字订正读懂，然后再来探讨先圣、先贤在经典中所要表达的意思。宋代人研究经学则注重从经典中发挥出深奥的道理，因此北宋五子包括后来南宋的朱熹等人对于经典的文字不是很重视，甚至断章取义地理解经典中的言语。汉学、宋学的出现都和它所处的时代有很大关系。

在东汉之前，中国传统的学问主流是儒学，因此，学术的发展自然是按照孔子等先贤留下来的思路继续前行。东汉时期，佛教传入中国，开始在全国各地兴建寺庙，其中洛阳的白马寺就是我国兴建的第一座佛教寺庙。佛教的传入一开始受到了我国传统文化的冲击和抵抗，但是由于佛教宣扬的一些因果报应思想对于平民百姓具有很大的诱惑力，因而佛教在民间有很大的市场。唐代诗人杜牧曾经写过一首《江南春》来形容魏晋南北朝时期佛教的兴盛：

千里莺啼绿映红，水村山郭酒旗风。
南朝四百八十寺，多少楼台烟雨中。

从唐代开始，中国的学术经历了很大变化，儒、释、道三家从一开始的排斥状态渐渐地开始融合。到了宋代，儒、释、道三教基本上是你中有我、我中有你的状态。佛、道两家除了思想之外，还兼有宗教的性质，因而擅长哲学思辨和发挥，这样一来，很多儒家的学者也都慢慢地接触和学习这种思辨性的哲学，并且运用到对儒家经典的解读之中，周敦颐、邵雍、张载、程颢、程颐这五个人对于儒家经典的研究就是这样。北宋五子对于经典的诠释具有哲学思辨性，常常能够针对一些经典提出前人没有说过的新观点，这使得大家耳目一新，并且对理学这一新的事物趋之若鹜，因此对后世的学术也产生了深远的影响。也正因为如此，后人对于宋代理学评价非常高，如清代的乾隆皇帝在《钦定精义》一书当中就对宋代的理学家大加赞赏，他说：

治统源于道统，学不正则道不明。有宋周、程、张、朱子于天人性命、大本大原之所在，与夫用功节目之详，得孔、孟之心传，而于理欲、公私、义理之界，辨之至明，循之则为君子，悖之则为小人。为国家者，由之则治，失之则乱。实有裨于化民、成俗、修己、治人之要,所谓入圣之阶梯,求道之涂辙也。学者精察而力行之,则蕴之为德行,学皆实学;行之为事业,治皆实功。此宋儒之书,所以有功后学,不可不讲明而切究之也。①

乾隆皇帝认为国家的治理离不开教化,而教化的道理都是从儒家一脉相承的"道统"中来。韩愈在《原道》一文中说过,儒家的思想是一脉相传的,尧传给舜,舜传给禹,禹传给商汤,商代灭亡又接着传给了文王、武王、周公,然后经过孔子和孟子之后,道统就此中断,一直到韩愈才又重新接续起来。宋代的周敦颐、程颢、程颐、张载、朱熹等儒者深明天道,对于孔孟所传下来的儒家正统思想都研究得很详细和透彻。乾隆皇帝认为他们留下来的思想对于治国安邦、教化百姓有着非常巨大的作用,如果按照他们的思想去做那就是君子之风,如果违背了他们的思想,那就是小人。在治理国家的过程中,按照他们的方式和方法去做,就能够天下大治,而如果违背了他们的意愿,那么国家就会混乱甚至衰败。因而理学家们的思想对于教化百姓、化成风俗、修身治人都是非常有帮助的,它是我们追求自身修养的阶梯,也是我们求取儒家道统的路径。不仅如此,理学家们的思想对于学者的治学也有很大帮助,学者们如果能够学习它并且坚持不懈地去实践它,就一定能够成就一番事业。

周敦颐作为理学的最初研究者,拉开了宋代理学的序幕,这对于中国学术来说具有举足轻重的作用,而他的学说能够取得这么大的影响,和他的两个授业弟子——程氏兄弟有着密不可分的关系。程颐、程颢兄弟作为宋代理学中洛学的创始者,在宋代影响很大,招收的门徒众多,两人的弟子和再传、三传弟子将他们的理学发扬光大。在"二程"的语录中,两人多次提到少年时跟从周敦颐学习的经历,因而他们的弟子在研习老师的学问的时候很自然地就要追溯老师学问的由来,这样一来对于周敦颐学说的关注就顺其自然地发生了。黄百家在《宋元学案》中对周敦颐有过这样的评价:

孔孟之后,汉儒止有传经之学,性道微言之绝久矣。元公(指周敦颐)崛起,二程嗣之,又复横渠诸大儒辈出,圣学大昌。故安定、徂徕卓乎有儒者之

---

① 梁绍辉:《周敦颐评传》,南京:南京大学出版社,1994年版,第394页。

矩范,然仅可谓有开之必先。若论阐发心性义理之精微,端数元公之破暗也。①

孔子和孟子都可以算是儒家的开山之祖,他们的思想在当时是先进的,但是自汉代以来,儒家的学者们纷纷研究起孔子和孟子留下来的经书,研究孔子和孟子的思想。但很少有人能够有新的思想出现,因而黄百家说汉儒只有"传经之学",就是因为他们只会继承而很少有自己的发明。到了宋代,这种情况基本上得到了改观,周敦颐的濂溪学派的出现,以及"二程"洛学的建立打破了这种局面,学者们不但很好地继承了儒家传统,并且开始对儒家文化展开思考和讨论,对心性义理的发挥逐渐增多,并且影响了之后几百年中国学术的走向。这并不是黄百家对周敦颐的过分评价,而是宋明以来学者们共同的评价,宋代名相魏了翁也评价周敦颐"嗣往圣,开来哲,发天理,正人心"。

不只是学者们对周敦颐赞赏有加,历代的统治者也很关注周敦颐和他的学说,虽然周敦颐已经去世几百年了,但是历朝历代加在他身上的光环越来越多。宋宁宗嘉定十三年(1220),赐赠周敦颐谥号为元公。宋理宗淳祐元年(1241),理宗下诏追封周敦颐为汝南伯,并且从祀孔庙,从祀孔庙也就是将周敦颐的牌位放入孔庙中,和孔子一起接受后世学子的祭祀,这是古代读书人的最高荣誉,此时周敦颐已经逝世168年。宋代灭亡以后,少数民族入主中原。元代的统治者虽然是蒙古人,不是很重视文教,但是为了巩固自己的统治,他们对周敦颐等影响重大的学者也很重视。元仁宗延祐六年(1319),加封周敦颐为道国公。从宋代一直到清末,周敦颐的濂溪学派一直处于不可动摇的官学地位。

上有所效,下必行焉。一个学问如果受到了政府的高度重视,那么它必定也会受到民间老百姓的大力支持。官方对周敦颐的推崇自然就会导致民间兴起一股学习周敦颐的学风。历代的统治者对于周敦颐如此重视,频频给他添加封号,并且从祀孔庙,和孔子等历代的大儒一起接受天下读书人的朝拜,这种无上的荣耀就注定了周敦颐的学说会盛行于世。从南宋末年开始,学子们读周敦颐书的风气就非常浓厚。前面说过,宋代的文学家黄庭坚和苏东坡就经常高度地赞扬周敦颐其人其书,经过"二程"及其弟子的推广,到南宋时期又有朱熹、陆九渊

---

① 黄宗羲:《宋元学案》,北京:中华书局,1982年版,第482页。

等人的推广，学习周敦颐的人渐渐地多了起来，以至于到了后来兴起了学习周敦颐的专题书院——濂溪书院，很多地方还修建了濂溪祠来纪念周敦颐，这表明周敦颐的影响越来越大。据梁绍辉先生的《周敦颐评传》统计，南宋以来不但兴起了读周子书的风气，全国很多地方纷纷兴建起了讲周子之学的濂溪书院和供奉周敦颐的濂溪祠：

> 计湖南有道州濂溪书院、道州濂溪祠、故里濂溪祠、永州濂溪书院、柳州濂溪书院、桂阳濂溪书院、衡阳濂溪书院、邵阳爱莲书院、宁远会濂书院等24处；江西有南安道源书院、江州濂溪书堂、赣州濂溪书院、南康濂溪祠、万安濂溪书院、江州濂溪祠等15处；广东有广东宪司先生祠、韶州先生祠等4处；四川有合州濂溪祠堂等两处；江苏有苏州濂溪祠；北京有燕都太极书院、燕都周子祠堂。此外广西、湖北等地亦有濂溪书院、濂溪祠或三先生祠多处。①

濂溪书院和濂溪祠的修建，得到了官方和民间的大力支持，以上所列的这些书院和祠堂就是在官方和私人的不断努力中建立的。从遍布全国各地的濂溪书院和濂溪祠堂的建立我们可以了解到，周敦颐的学说对于我国封建时代的读书人有着重大而且深远的影响。

(二)濂溪学派与湖湘学派的关系

湖湘学派是专门指兴起于湖南地区的学术派别，这包括湖南人创立的学说以及非湖南人在湖南建立的学说。我国古代各地区的人才之间交流起来比较困难，所以一个地方有贤才，本地的好学之士就会争着前去学习，而其他地区由于交通不畅，往来十分不便，所以很少有外地人来求学。因而中国古代各个地区的学术往往会具有自己独特的特点，比如说四川地区兴起的蜀学、福建地区兴起的闽学、陕西地区兴起的关学、河南地区兴起的洛学等，都是由于自身学说的不同特点而自成一派，都所在的地区而得名，同样，湖湘学派也是如此。

湖湘学派创立于胡宏，胡宏(1102—1161)，字仁仲，号五峰，人称五峰先生，

---

①梁绍辉：《周敦颐评传》，南京：南京大学出版社，1994年版，第394页。

崇安(今福建崇安)人,他是南宋著名学者胡安国的儿子。从学术渊源上来看,我们可以发现,胡宏的学术渊源于周敦颐,他的老师杨时是"二程"的门人,也就是周敦颐的徒孙。杨时是"二程"门下相当重要的一个人物,他早年师从于程颢,程颢过世以后,又跟从程颐游学,是弟子中对"二程"最尽心尽力的学生,成语"程门立雪"讲的就是杨时向程颐求学的故事。杨时是"二程"的希望所在,《宋元学案》记载说:

> 杨时,字中立,南剑将乐(今福建将乐)人。熙宁九年进士,调官不赴,以师礼见明道于颍昌。明道喜甚,每言杨君会得最容易。其归也,目送之曰:"吾道南矣!"①

从这段文字中我们可以想见,程颢对杨氏非常器重,俨然将他看作自己学问的传承者了。胡宏师从杨时,他的思想观念、学术道路不得不受到"二程"学术的影响,从这个意义上来说,胡宏的思想是导源于周敦颐的。由此看来,周敦颐的濂溪学对于湖湘学派的成立有着极其深远的影响。梁绍辉也认为,湖湘之学源自濂溪,创于胡宏而盛于张栻,并且经历了明清学人的继承和发展,渐渐地形成了以湖南岳麓书院为核心的学术群体。

南宋时期的儒学家张栻是湖湘学派又一个代表人物,张栻在教学具体方法方面主张循序渐进、学思并进和培养学生的独立思考能力。他认为学习必须循序渐进,即所谓"学者之于道,其为有渐,其进有序"。在学与思的关系上,孔子曾经说过:"学而不思则罔,思而不学则殆。"张栻认同孔子的思想,主张"学思并进",而不能偏废任何一方。张栻在南宋时期与朱熹、吕祖谦齐名,三人被并称为"东南三贤",张栻不仅仅继承了胡宏的思想,还广招生徒讲学,将湖湘学派发扬光大。

宋代淳熙七年(1180),张栻去世后,湖湘学派由于没有一位声名卓著的学者来领导,从而出现了分化,大部分学者转投其他名师,如张栻弟子胡大时改从陈

---

① 黄宗羲:《宋元学案》,北京:中华书局,1982年版,第655页。

傅良、朱熹问学,后来又师事陆九渊等。从此,湖湘学派作为独立的地域性学派已不复存在,其影响也大大地减弱了。一直到清代康熙年间编修《岳麓书院志》的时候才专门写了"湖南道统"一节,为胡安国、胡宏、张栻及其他湖南学者列传,称之为"湖湘学派"。乾隆时,乾隆皇帝又为长沙岳麓书院亲书"道南正脉"匾额,以表彰湖南学者传播理学之功。尤其是在晚清的时候,湖湘地区的学者更是名家辈出,人才济济。如曾国藩、胡林翼、左宗棠、郭嵩焘、罗泽南等人都是晚清著名理学经世派的代表。又如魏源、陶澍、贺长龄、贺熙龄等人虽然潜心于学术,通贯经史,但他们"以经术为治术",主张经世致用。他们的这些思想特性,都继承了湖湘学派的思想传统和作风,而从学术的道统上来看,湖湘地区的学术深受周敦颐的影响。

参考文献

[1][北宋]周敦颐.周敦颐集[M].北京:中华书局,2009.
[2][北宋]周敦颐.周敦颐集[M].长沙:岳麓书社,2007.
[3][清]阮元校刻.十三经注疏[M].上海:上海古籍出版社,2011.
[4]王文锦译解.礼记译解[M].北京:中华书局,2001.
[5][西汉]孔安国.尚书正义[M].上海:上海古籍出版社,2011.
[6][西汉]司马迁.史记[M].北京:中华书局,1963.
[7][东汉]班固.汉书[M].北京:中华书局,1964.
[8][唐]房玄龄.晋书[M].北京:中华书局,1974.
[9][北宋]欧阳修.新唐书[M].北京:中华书局,1975.
[10][元]脱脱.宋史[M].北京:中华书局,1977.
[11][魏]何晏.论语注疏[M].上海:上海古籍出版社,2011.
[12]杨伯峻译注.论语译注[M].北京:中华书局,1980.
[13][东汉]赵歧.孟子注疏[M].上海:上海古籍出版社,2011.
[14]孟轲著,杨伯峻译注.孟子译注[M].北京:中华书局,2005.
[15]韩非著,张觉校注.韩非子校注[M].长沙:岳麓书社,2006.
[16]庄周著,王世舜注译.庄子注译[M].济南:齐鲁书社,2009.
[17][清]黄宗羲.宋元学案[M].北京:中华书局,1982.
[18][东汉]许慎.说文解字[M].北京:中华书局,1963.
[19][南宋]朱熹辑.二程语录[M].济南:齐鲁书社,1997.
[20][北宋]程颐,程颢.二程遗书[M].上海:上海古籍出版社,2008.
[21][北宋]程颢,程颐著.二程集[M].北京:中华书局,2004.
[22]黎靖德编.朱子语类[M].北京:中华书局,1985.
[23][北宋]邵雍.邵雍集[M].北京:中华书局,2010.
[24]傅璇琮.全宋诗[M].北京:北京大学出版社,1995.